版权声明

Nurturing Natures: Attachment and Children's Emotional, Sociocultural and Brain Development (Second Edition) by Graham Music

© 2017 Graham Music

Authorized translation from the English language edition published by Routledge, a member of the Taylor & Francis Group, LLC.

All rights reserved. No part of this book may be reprinted or reproduced or utilised in any form or by any electronic, mechanical, or other means, now known or hereafter invented, including photocopying and recording, or in any information storage or retrieval system, without permission in writing from the publishers.

Copies of this book sold without a Taylor & Francis sticker on the cover are unauthorized and illegal.

保留所有权利。非经中国轻工业出版社"万千心理"书面授权，任何人不得以任何方式（包括但不限于电子、机械、手工或其他尚未被发明或应用的技术手段）复印、拍照、扫描、录音、朗读、存储、发表本书中任何部分或本书全部内容，以及其他附带的所有资料（包括但不限于光盘、音频、视频等）。中国轻工业出版社"万千心理"未授权任何机构提供源自本书内容的电子文件阅览、收听或下载服务。如有此类非法行为，查实必究。

Nurturing Natures
Attachment and Children's Emotional,
Sociocultural and Brain Development
(Second Edition)

养育与天性

儿童的依恋、情绪、大脑和社会性发展

（原著第2版）

［英］格雷厄姆·穆西奇（Graham Music）● 著

李凌　孙璐 ● 译

中国轻工业出版社

图书在版编目（CIP）数据

养育与天性：儿童的依恋、情绪、大脑和社会性发展：原著第2版／（英）格雷厄姆·穆西奇（Graham Music）著；李凌，孙璐译. —北京：中国轻工业出版社，2023.3（2024.5重印）

ISBN 978-7-5184-4135-8

Ⅰ.①养… Ⅱ.①格… ②李… ③孙… Ⅲ.①儿童教育-家庭教育 Ⅳ.①G782

中国版本图书馆CIP数据核字（2022）第169169号

责任编辑：潘　南　　责任终审：张乃柬
策划编辑：戴　婕　　责任校对：刘志颖　　责任监印：吴维斌

出版发行：中国轻工业出版社（北京鲁谷东街5号，邮编：100040）
印　　刷：三河市鑫金马印装有限公司
经　　销：各地新华书店
版　　次：2024年5月第1版第2次印刷
开　　本：710×1000　1/16　印张：24.25
字　　数：248千字
书　　号：ISBN 978-7-5184-4135-8　定价：98.00元
读者热线：010-65181109
发行电话：010-85119832　010-85119912
网　　址：http://www.chlip.com.cn　http://www.wqedu.com
电子信箱：1012305542@qq.com
版权所有　侵权必究
如发现图书残缺请拨打读者热线联系调换
240540Y1C102ZYW

推荐序

儿童发展研究与客体关系取向的交会
——解读亲子关系的双视角

大约十年前，笔者刚开始在英国的塔维斯托克中心[1]受训时，除了每年都要研习的精神分析理论之外，第一年的另一门理论课是儿童发展研究，此课程主要的教科书就是格雷厄姆·穆西奇（Graham Music）的《养育与天性——儿童的依恋、情绪、大脑和社会性发展》（*Nurturing Natures: Attachment and Children's Emotional, Sociocultural and Brain Development*）；第二年的课程则是人格发展理论，主要的教科书之一是马戈·沃德尔（Margot Waddell）的《内在生命——精神分析与人格发展》（*Inside Lives: Psychoanalysis and the Growth of the Personality*）。在我心目中，这两本书是儿童青少年精神分析取向心理治疗师（以下简称儿童心理治疗师）旅程的起点。《内在生命》一书的中译本已出版多年，于是我满怀渴望地将《养育与天性》推荐给中国轻工业出版社"万千心理"，在编辑与译者的努力下，此书的中文版即将得以付梓。出版前夕恰逢穆西奇先生首度在中国开展线上系列讲座，主题为依恋关系理论。我们期望通过讲座与本书的出版，与更多人分享依恋关系理论的思路及其应用。

位于伦敦的塔维斯托克中心设立于1920年，至今有超过一百年的

---

[1] 塔维斯托克中心（The Tavistock Centre）是提供各种心理专业人员培训的中心，也是进行各种临床工作的诊所，所以也称作塔维斯托克诊所（The Tavistock Clinic）。

历史。它是英国儿童心理治疗师的主要培训机构之一，也提供针对成人心理治疗师、家庭治疗师和其他许多类型专业人员的培训。塔维斯托克中心儿童心理治疗师培训的发展与第二次世界大战后开始得到重视的儿童心理健康有关[1]。战争期间，大量的儿童在没有父母陪同的情况下从伦敦撤离到乡村或其他城市，这些孩子在返家后，出现了各种适应困难以及情绪和行为上的问题。这一现象引发了约翰·鲍尔比（John Bowlby）等人的质疑，认为儿童在没有父母陪伴下进行撤离时，分离对儿童造成的负面影响可能更甚于与父母一起待在战时的伦敦。

在鲍尔比的诸多重大成就中[2]，除了他提出的依恋理论对儿童发展研究与心理治疗具有深远的影响，还有他对战后的儿童心理健康议题的关注，当时在塔维斯托克中心的他认为这些儿童应该接受心理治疗。为了更好地帮助大量需要心理治疗的儿童，鲍尔比认为，除了传统的儿童精神分析之外，还需要更贴近社区大众、工作方式更具有弹性的专业人员。于是他邀请了埃斯特·比克（Ester Bick）组织儿童心理治疗师的培训。这一培训造就了一类新的专业人员。这类专业人员以精神分析的理论为基础，能够开展短程与长程的心理治疗；并且具有工作模式上的弹性，既可以提供高频和非高频的儿童青少年个体心理治疗，也可以开展与父母的工作。这就是儿童青少年精神分析取向心理治疗师培训的起源。

比克在 1948 年开创的婴儿观察随后成了塔维斯托克中心具有标志性的培训之一。婴儿观察是让观察员在自然情境（即婴儿的家庭）下观察婴儿与主要照顾者的互动，常见的是观察母亲与婴儿之间的非言语、言语及情感交流。从婴儿出生后不久，开始进行一周一次、每次一小时、持续两年的观察，观察员在此过程中尝试找到并维持在一个不介入

---

1 Rustin, M. (2009). Esther Bick's legacy of infant observation at the Tavistock—Some reflections 60 years on. Infant Observation, 12(1), 29-41.

2 Rustin, M. (2007). John Bowlby at the Tavistock. Attachment & human development, 9(4), 355-359.

也不疏远的中立位置，在此位置上观察母婴之间的互动，并对过程中自己被母婴互动引发的感受保持开放性。观察员在观察后凭借回忆进行纪录，并将观察纪录带到婴儿观察小组中进行讨论，以不带有批判性的视角，尝试理解母婴互动过程中的经验，以及婴儿的心智发展。婴儿观察被视为儿童心理治疗师培训的核心，儿童发展研究和人格发展理论的学习，并非要让受训者在婴儿观察的过程中验证这两门学问之所学，而是让受训者在讨论婴儿观察和与儿童的工作时，能够有更多的思路来形成对儿童心智的理解。

塔维斯托克中心的儿童心理治疗师培训逐渐变得更加系统化，并且形成了以严谨闻名的培训模式。时至今日，塔维斯托克中心完整的儿童心理治疗师培训包含硕士级的临床前培训，以及博士级、以临床实务为核心的临床培训。其中硕士级的临床前培训，由鲍尔比与比克的学生——玛莎·哈里斯（Martha Harris）从20世纪70年代开始推广给各种与儿童和青少年工作的其他专业人员，如教师、社工、护理师、保姆等。这样的推广使心理治疗师以外的专业人员也能够通过参加培训，发展更多元的视角，从而理解与他们工作的儿童和青少年。这一硕士级的培训，包含了精神分析理论、儿童发展研究、人格发展理论、婴儿观察、幼儿观察（2—5岁）和工作讨论团体。

儿童发展研究是以科学的研究方法，在行为、现象、亲子关系模式、生物学与神经学、心理与情绪等层面对儿童的发展进行客观的描述。精神分析的客体关系取向，则关注生命早期的亲子互动经验，以临床工作与自然情境的婴儿观察为研究方法，形成概念或理论，从而理解婴儿与外在他人（外在客体）和内化的他人（内在客体）之间的关系、各个年龄段的心智状态、个人的内在世界等。儿童发展研究针对儿童发展的现象提供了客观且精准的描述，而客体关系理论则对个体的内在历程和内在世界进行思考与概念化。这两者的交会，如同两只眼睛看向同一个物体，这两个视角经过整合而形成了三维的立体视觉，为亲子关系构筑丰富且具有深度的解读。这是塔维斯托克中心的儿童青少年精神分析取向心理治疗师的核心训练目标之一。

在进行父母咨询和面向社会大众的讲座经验中，我体验到现代父母的艰难。一方面，这个时代各领域知识的急速发展与更新，让人觉得难以跟上或总觉得自己所知不足；另一方面，现代社会对于心理健康的重视，让父母的育儿责任变得更加多元、更加沉重。可能加倍艰难的是，在现代父母过去被养育的经验中，也就是在上一代的养育之下，孩子的心理健康与情绪需求并非如同现代一样被重视，甚至"严父慈母"这种带有性别刻板印象的父母形象是被社会广为接受和运用的。然而，到了现代社会，随着两性平权的发展、大众对心理健康的重视，父母的角色需要具有弹性，而非固着于性别刻板印象。这些随着时代演变而衍生的新任务，一方面让父母的角色更加具有挑战性，另一方面，父母未必能够以过去自己被养育的经验为参考，这使得许多人感到身为父母的责任不仅沉重，还有一种缺乏内在"装备"或资源的感觉。

儿童发展研究在这个时代的意义可能超出了儿童发展及心理学的专业范畴，而可以成为一种贴近父母的支持与帮助。本书内容并非在强调父母该做什么、该成为什么样的父母，而是在拓宽父母的视角与思路，使父母能够思考孩子的情绪与需求，甚至是进一步思考，自己身为父母带给了孩子什么样的经验、孩子的特质给自己带来了什么样的影响，以及双方如何交互影响亲子关系。这些视角与思路，也可以让父母反思自身被养育的经验。在对自己有更多的观察和反思之后，父母也许能在一定程度上跳出过去与自己父母既定的关系模式，更能够如实地看见自己的孩子——也就是从代际传递的议题中松绑。我认为，除了专业人员之外，无论是父母、准父母，还是对自己的生命经验感到好奇的人，都能从这本书中得到启发。

翁欣凯
英国塔维斯托克中心认证儿童青少年心理治疗师

译者序

学习理论是临床工作者在职业发展上的必经之路。脱离了理论，我们就无法深入系统地理解临床个案，干预技术也变成了无本之木。现今可供选择的理论取向繁多，治疗师总能找到一两个适合自己的方向深入钻研，这样做的好处和必要性是显而易见的。

与此同时，忠实于理论也会带来一些问题。出于对自己所属取向的情感，我们会倾向于认为自己信奉的理论才真正洞悉了问题的真相、治疗的根本（虽然现有的研究表明，没有一种治疗模式普遍适用于所有个案，也没有哪种疗法明显优于其他疗法）。理论为我们建造了一个从容自信的幻境，认为一切都可以被解释、被掌握，而忽视了临床个案的复杂多变常常会超出某种理论的解释范围。如果治疗不是从个案出发，而是从封闭的理论出发，就会变得相当危险。

在理论体系的精准自洽，以及面向经验的灵活开放之间，保持平衡并不容易。如果我们有能力保持好奇、放下自恋、容纳冲突，就可以利用其他方面的经验和证据，来丰富和修正自己的理论体系。在心理治疗这个充满流动性的场域内，我们可以在驰骋想象力的同时尊重事实，这正是我在翻译本书时的切身体验。

本书回顾了大量科学研究，行文方式深入浅出、贴近现象，对习惯依靠个人经验和直觉工作的临床工作者而言非常友好，这可能得益于作者本人就是一位经验丰富的治疗师。作者非常善于把握与临床工作相关的重点议题，即使涉猎内容广泛，但都紧密围绕情绪发展这一主题展开。在文中我们会看到一些熟悉的概念，如依恋、共情、创伤、心智化；也会看到心理学中一些基本研究内容（如记忆、语言、性别、文化差异）与情绪发展的关系，以及表观遗传学和神经生物学方面的有趣知识。此外，作者还关注了容易被临床工作者忽视的一些方面，如同伴和集体的作用。如果我们允许这些来自科学研究的证据与我们自身的理论观点和临床经验相碰撞，这势必给我们的临床工作注入一股活水，促使我们从不同的视角出发，去反思自身的临床工作。抱着这种态度，我在翻译过程中收获很多，或许这也可以成为本书的一种打开方式。

本书的翻译工作由我和孙璐两位译者共同完成。其中我承担了第1—13章的翻译工作，孙璐承担了第14—21章的翻译工作。由于译者能力所限，译文中若有不妥之处，敬请读者批评指正。

李凌

2022 年 6 月 30 日

中文版序

得知《养育与天性》一书的中文版面世，并有幸为此作序，我十分激动。本书是我长期以来心血的结晶。我试图将各个领域的观点汇集在一起，提供一组视角来阐述儿童的发展，以及如何为发展中的儿童提供最佳的照料。近年来，依恋、神经科学和儿童发展领域的研究呈井喷式增长，通俗读物和严谨的同行评审研究论文的数量都在成倍增加。因此，我在几年前就认为有必要编写一本书，将最核心、最可靠的研究结果整合为可读性强、可信度高的表述，既筛选出心理学中与大众有关的一些最新的主张，同时也明确说明专业工作者和家长需要了解什么，才能有益于儿童乃至社会的生活和未来发展。

研究的世界发展很快。几十年前，当我第一次在塔维斯托克诊所开始该领域的研究时，相关的研究论文几乎凑不满一份课程阅读清单。现在，我们却可以连续几年教授这一课题，而仍有大量的内容未被提及。因此，我认为有必要编写一本书，对如此庞大的研究结果进行初步消化，使之变得易于理解。

这本书植根于一系列传统。我是一名精神分析背景的儿童心理治疗师，与遭受虐待的儿童工作了30多年。我目睹了虐待和忽视对后代的影响，比如我在这些孩子的父母身上所看到的。尽管依恋理论和儿童发展的学说已经广为人知，但专业工作者和公众仍然常常缺乏足够的知识来为家庭和儿童提供帮助。为儿童提供最佳的机会，使其能够发展成为情绪健康的人，能够过上更舒适和幸福的生活，这项工作仍然任重道远，而办法之一，就是确保现有的知识能够为实践和决策提供参考。

我将本书看作各种观点的结合。尤其是，其中包含了精神分析所强调的父母在涵容和调节儿童情绪状态方面的作用,并将其与更新近的、研究驱动的观点联系起来,后者对临床理论起到了丰富和细化的作用。本书意在说明良好的早期经历是如何使人终身受益的。它们塑造了我们的大脑,"编码"了我们的激素,也建立了我们的情绪世界。

我们现在知道不良经历的长期影响是多么深远。它们会影响一个人生活的方方面面——从人际关系、工作前景到精神健康,再到身体健康,甚至会让寿命缩短。创伤、虐待和忽视尤其会在细胞和心理层面产生长期影响。不过,本书无意做出评判,尤其是无意评判母亲,而是试图对一些现象做出解释,比如为什么可能形成不安全依恋,为什么可能出现高水平的压力、冒险和冲动,以及为什么这些行为事实上可能常常是对不可预测或暴力环境的适应性反应。这并不是在指责谁,而是在阐述可以进行干预的各个层面,无论是针对母亲和婴儿、个别儿童、家庭、学校、社区,还是针对更宽泛的宏观社会尺度。

本书中文版的面世为我们打开了许多其他视角。本书的一个核心思想就是尊重文化差异的重要性。这在一定程度上是为了避免过于规范化地看待父母应该如何做父母。对于好的育儿方式是什么样,每种文化和历史时代都有自己深信不疑的信念,而且大部分人都坚定地认为自己的方式是正确的。但我们现在知道,有许多育儿理念是彼此矛盾的。

书中述及的一个重要差异在于:有些文化对世界的理解更具集体主义或社会中心的特点,这与美国和英国等国家的个人主义文化形成了对比。中国以及其他亚洲文化通常被视为社会中心主义价值观的典型,本书概述的经典实验表明,在社会中心的文化和自我中心的文化两者之间,人们对世界的感知存在巨大差异。西方的许多人,包括我自己,都怀着极大的敬意看到社会、团体和家庭在中国这样的文化中继续受到重视;而在西方,这种重视正在丧失。

文化差异是本书的重要主题,比如婴儿是否要和母亲一起睡觉,以及一起睡觉意味着什么。我的理解是,西方人认为婴儿应该在很小的时候就学会独立和自主，这在许多社会中心的文化中是违背常理的，这些文化希望婴儿学着成为一个社会存在，而不仅仅是一个个体。我深切地希望本书呈现的研究和观点具备足够的文化差异意识，以便能与中国的专业工作者和家长对话，并能有效地补充目前对儿童发展的理解。

对于向中国读者呈现这本书，我在兴奋之余又略感紧张，我希望本书的内容足以引人入胜、值得一读，也希望读者能够原谅任何文化偏见和反常现象。

格雷厄姆·穆西奇（Graham Music）
2022年10月于英国伦敦

本书献给

我深爱并深切缅怀的父亲

致　谢

许多人在本书成书的过程中功不可没。对本书做出最大贡献的莫过于我的病人、来访者和受督者，他们促使我不断地重新思考自己需要掌握哪些内容，才能给他们提供更好的帮助。同样重要的是在这一领域起到引领作用、为我们铺平道路、启发灵感的作者、研究者和教师，我希望我在文中已经给予了他们充分的肯定。

本书得到了许多人慷慨的帮助，尤其是他们阅读了各个章节并提出了他们的看法。我要感谢 Liz Anderson、Lindsay Barton、John Cape、Colin Campbell、Robert Chapman、Ginny Clee、Geraldine Crehan、Hilary Dawson、Martin Doyle、Simon Edwards、Rich Faulding、Amanda Glass、Danny Goldberger、Paul Gordon、Jeremy Holmes、Juliet Hopkins、Sally Hodges、Rob Jones、Krisna Catsaras、Andy Metcalf、Helen Odell-Miller、Nick Midgely、Graham Puddifoot、Jane O'Rourke、Asha Phillips、Sara Rance、Roz Read、Michael Reiss、Janine Sternberg、Allan Sunderland、Annie Swanepoel 和 Helen Wright。我要特别感谢 Teresa Robertson 和 Lawrence Dodgson，他们的插图让描述神经科学的章节变得更加生动。

我还要特别感谢我教过的所有学生，他们促使我理清思路，他们的热情极大地鼓舞了我。

非常感谢心理出版社的编辑团队，特别是 Lucy Kennedy 和 Michael Fenton。

最后，我最要感谢的两个人是 Sue 和 Rose，感谢她们容忍我的缺点，感谢她们在我频繁而长时间地沉浸在电脑、网络和厚厚的书本中之后，仍然陪伴、支持着我。

关于本书的说明

有些词和概念可能不为读者所熟知，因此我在本书的最后附上了一个术语表。表中的单词在文中首次出现时都使用了黑体。另外，由于没有找到更好的词汇，我在文中经常用"西方"一词表示主要来自欧洲和美国的社会、文化及经济影响，以及大部分学术思想（如心理学）所属的知识传统。我非常清楚，这个词无法囊括上述所有含义。

目 录

第1章　引言：盲人摸象　/ 1
　　天性与养育　/ 1
　　多重视角　/ 3
　　未经教养的野孩子　/ 7
　　各章内容提要　/ 9

第一部分
情绪的开端和社会性发展

第2章　生命之初：从受孕到出生　/ 17
　　观察未出生的婴儿　/ 19
　　父母的影响从哪里开始？生物与心理的相遇　/ 21
　　持久的影响，社会影响　/ 24
　　出生过程　/ 26

第3章　与生俱来的联结倾向　/ 29
　　不成熟　/ 29
　　联结：人类不是灰雁　/ 30
　　婴儿的模仿与偶联性　/ 35
　　同调、情感调节和标记　/ 37
　　对母性本能的质疑：弃婴和杀婴　/ 39

　　　　　　同步性、文化以及成为我们的一员 / 40

第 4 章　婴儿的应对机制，关系中的错误匹配与修复 / 44
　　　　　　孤掌难鸣：盲婴、早产儿和敏感婴儿 / 45
　　　　　　早期的情绪防御 / 49
　　　　　　错误匹配与躲避 / 51
　　　　　　母亲抑郁和其他精神健康问题的影响 / 55

第 5 章　共情、自我和他人心智 / 60
　　　　　　理解他人心智的早期条件 / 60
　　　　　　从 9 个月开始的跳跃式发展 / 63
　　　　　　心智理论 / 67
　　　　　　镜像神经元与里佐拉蒂的猴子 / 69
　　　　　　例外情况：被忽视、虐待的儿童和孤独症儿童 / 71

第二部分
基本的思想体系

第 6 章　依恋 / 77
　　　　　　依恋理论的第二阶段：安斯沃斯的陌生情境测验和克里滕登的动态成熟模型 / 79
　　　　　　内部依恋 / 83
　　　　　　依恋的传递 / 85
　　　　　　依恋理论与文化 / 88
　　　　　　依恋与障碍 / 90

第 7 章　文化的重要性 / 94
　　　　　　不同文化中存在的一些区别 / 96
　　　　　　社会中心与自我中心，二元关系与群体 / 98
　　　　　　何为普遍性与天性？母乳喂养与情绪 / 103

发展方面的文化差异 / 105

文化塑造了我们的思想、生理和大脑 / 107

第 8 章　生物学与大脑 / 110

大脑的基础：神经可塑性与神经胶质 / 110

大脑、神经系统与身体 / 113

进化与脑区 / 117

激素与阿片类物质 / 121

共情、大脑半球、注意与创造性网络 / 125

不当对待 / 127

希望还是绝望？ / 129

第 9 章　表观遗传学、进化论以及天性与养育的相遇 / 132

表观遗传学与进化论 / 132

天性与养育的相互作用 / 134

兰花与蒲公英 / 137

"父辈之罪"与拉马克 / 139

基因对自我和他人行为的影响 / 140

基因与环境的互动以及需要注意的问题 / 141

第三部分
与发展相关的能力和发展阶段

第 10 章　语言、文字与象征 / 147

父母语和儿向语 / 150

文化和语言 / 152

主体间性和语言学习 / 154

语言与脑 / 156

语言与情绪加工过程 / 158

语言能力与社会优势 / 159

第 11 章　记忆：知道我们是谁、我们期望什么 / 163
　　作为未来预测者的大脑 / 163
　　对事件与事实的记忆 / 166
　　情景记忆与自传体记忆 / 169
　　创伤、记忆与遗忘 / 171

第 12 章　游戏：乐趣、象征、实践与嬉闹 / 177
　　早期的游戏 / 179
　　其他物种的游戏与追逐打闹 / 180
　　不同类型的游戏，不同类型的学习 / 182
　　游戏是心灵之窗 / 185
　　游戏、假装、象征与心智发展 / 187

第 13 章　男孩、女孩与性别 / 192
　　社会学习 / 193
　　不同的文化，不同的性别 / 195
　　不确定的性别 / 197
　　哪种性别更脆弱？性别与早期经历的影响 / 200
　　金星与火星：语言与不同星球 / 203
　　性别偏好 / 204
　　不同的性别，不同的心理表现 / 205
　　再述睾酮与其他激素 / 207

第四部分
不仅仅是母亲

第 14 章　由母亲以外的其他人提供的儿童照护 / 213
　　领养是某些社会中常见的现象 / 215

　　　　　由他人提供的收费儿童照护：托儿所 / 217
　　　　　托儿所、保姆、祖母和幼儿托管员 / 223

第 15 章　童年中期、兄弟姐妹、同伴和集体生活 / 227
　　　　　兄弟姐妹和早期人际互动 / 229
　　　　　转折点：同伴、父母和依恋 / 231
　　　　　集体的力量 / 233
　　　　　同龄人是最重要的吗？ / 237
　　　　　气质 / 239

第 16 章　父亲的角色 / 243
　　　　　生物学上的启动效应 / 245
　　　　　父母双全的儿童 / 248
　　　　　亲生父亲缺位的儿童：单亲妈妈、女同性恋双亲和继父 / 250
　　　　　有关父亲的研究提供的实践经验 / 253

第 17 章　向成年期发展 / 257
　　　　　青春期的大脑 / 260
　　　　　电子设备、互联的世界和其他成瘾物 / 265
　　　　　逐渐减少的依恋 / 269
　　　　　性和浪漫 / 272
　　　　　风险、问题和心理弹性 / 274

第五部分
早期经历的影响

第 18 章　创伤、忽视及其影响 / 281
　　　　　忽视 / 282
　　　　　虐待、创伤和暴力 / 287
　　　　　混乱的依恋 / 289

　　　　　长期影响 / 291

第 19 章　心理弹性和良好的感受 / 295
　　　　　积极情绪与健康 / 296
　　　　　乐观是儿童的天性 / 300
　　　　　心理弹性 / 302
　　　　　矛盾情感和情绪复杂性 / 306
　　　　　幸福感：实现论和享乐论 / 308
　　　　　心理弹性、治疗干预以及近端和远端影响 / 311

第 20 章　道德发展、反社会和亲社会行为 / 316
　　　　　为善良做好准备 / 316
　　　　　依恋与共情 / 318
　　　　　压力是如何降低我们的亲社会性的 / 320
　　　　　冲动、自我控制和攻击性 / 322
　　　　　攻击性：热血型和冷血型 / 324
　　　　　情绪与理性 / 327
　　　　　基因 / 329
　　　　　发展出协作和竞争的能力 / 331
　　　　　他们和我们 / 333

第 21 章　结语：早期经历及其长期影响 / 335
　　　　　早期经历的心理影响 / 337
　　　　　不良经历与身体健康 / 339
　　　　　哪些改变是可能的？ / 340
　　　　　结论 / 346

术语表 // 351

参考文献 // 361

第 1 章

引言：盲人摸象

本书讲述的是人类婴儿如何从生物学上的一小团遗传物质，发展为一个心理、情绪和社会层面的独特个体。我描述了许多日趋严谨又令人兴奋的新近研究发现，这个主题庞大而复杂，对于人类如何从具有各种潜能的婴儿发展为独特的成人，以及早年的经历如何影响日后的功能，我们的认识已经有了长足发展。新的研究不断迅速涌现，因此本书也迎来了第 2 版。虽然有关这些主题的文献已经相当多了，但它们通常散见于浩如烟海的学术著作和期刊文章中，而我的目标是将这些研究用一种易于理解的方式提炼出来，从而建立一个坚实的知识基础，为进一步的探索做好准备。

天性与养育

天性与养育孰轻孰重的问题贯穿本书始终。一个人的人格是与生俱来的，还是主要受到养育和经验的影响？自人类有记录的历史以来，人们一直为这个问题争论不休。在第二次世界大战结束后的一段时间里，许多人认为人类生来是一块"白板"，可以由父母和他人塑造（Pinker, 2002）。相反的观点则认为，儿童发展的主要影响因素是基因而不是父母（Harris, 2009）。两种观点都过于简单化，而我们现在知道，天性和养育任何一边的影响都不是决定性的。儿童生来具有不同的**气质**（temperament）和基因禀赋，如果有一百个孩子经历了类似的境遇，那么每个孩子的反应都会不一样。然而我们还是会看到一些共同的模式。例如，与大多数人相比，那些在条件很差的孤儿院长大、与人接触很少的孩子，更难发展出良好的语言技能、建立安全的依恋关系，也更难深刻地理解他人的想法和情绪。

在本书中，我始终在强调这样一个事实，即人类的发展总是与环境密不可分。身为精神分析学家和儿科医生的温尼科特（Winnicott, 1958）有句名言：从来没有婴儿这回事。这句话的意思是说，我们想要理解婴儿，就必须将婴儿与其生命中的重要人物关联起来。同样，系统论的思想家们也始终认为，对个体的理解必须联系其所处的环境（Bateson, 1972）。我试图始终牢记的一点是：我们需要从生物生态学的角度来理解人类的发展（Bronfenbrenner, 2004），既考虑生物遗传的作用，也考虑儿童所处的各个系统，其中既包括家庭、学校、社区等微观系统，也包括更大的社会宏观系统。

我们越来越清楚的是，环境是复杂的，而发展是以非线性的方式进行的。从性行为发生的那一刻开始，甚至在此之前，一系列的影响就已经产生了。在受孕时，父母双方的基因会直接遗传给胎儿。新受孕的胎儿既带有各种生物倾向性，同时也与环境发生着相互作用，影响着环境的同时也被环境影响。在不同的文化背景中，子宫内的胎儿会听到和记住不同的声音，接收不同的气味，感受到不同的节律。有些胎儿与其双胞胎兄妹共享一个子宫，这又是一种不同的体验。如果母亲的心理状态是高度焦虑的，那么压力激素就会通过胎盘影响未出生的孩子。基因遗传与产前经历的影响会导致有些婴儿变得不稳定、难以安抚，而有些则比较强健或平静。不同的父母存在胜任力上的差异，父母所处环境的稳定性和支持功能也有差异，因此，每一对母婴的相遇都会产生独特的关系模式和潜在可能。

我会在本书中探讨：是什么让人格发展变得可以理解，甚至可以预测。有许多因素会影响日后的发展结果。一个婴儿的成长过程中，是否有对他产生影响的哥哥姐姐？这个婴儿是在一个身边总有许多成年人的文化中长大，比如狩猎采集社会，还是在一个孤独的、没有经验的、不快乐的母亲身边长大？这个婴儿所处的文化认为婴儿应该一直被背着抱着，还是认为婴儿应该放在花园一角的婴儿车里？婴儿的出生是家人期盼已久的，还是一个意外的结果？如果母亲不是很自信，那么旁边是否有经验丰富的父亲、朋友，或是祖父母？父母的生活是相对富裕还是贫困，抑或是生活在城市的堕落和暴力之中？

对于诸如此类的成长轨迹，我们的理解已经大大提高了。然而，发展很少遵循"X一定导致Y"的线性路径，如今的研究常常遵循一种更为"模糊"的逻辑（Kosko，1993）。例如，我们不能再径直地问，由父母之外的其他人提供照护，对幼儿好还是不好。我们要问的是，儿童照护属于哪种类型（托儿所、保姆还是幼儿托管员），质量如何；所针对的儿童具有什么样的基因，来自什么背景，处在什么年龄；不同形式的儿童照护可能会对儿童的认知、社会或情绪发展产生什么样的影响。方程中每多一个因素都会增加复杂性，但同时也能增进我们的理解。

本书第1版提到过，天性与养育的争论现在已经没那么突出了；在过去的几年里，蓬勃发展的表观遗传学研究让我们坚信，基因会根据我们经历的不同而有相当不同的表达。尽管人们对人类基因组计划抱有巨大的希望，但我们现在知道，生物遗传虽然具有极大的影响力，但绝非决定着一切，这一点会在之后的许多章节中有更清晰的体现。

多重视角

在今天，我们想要真正理解人类的发展，就需要考虑众多不同的视角。我们所做的事就好像"盲人摸象"的寓言那样。在这个寓言中，每个盲人都摸到了大象身体的不同部位，比如象牙、象鼻或象腿，每个人对大象真正的模样都有不同的看法。摸到象腿的盲人坚信大象就像一根柱子，而摸到耳朵的盲人则确信大象就像扇子一样。在思考儿童的发展时，同样的情况也会出现。我们现在已经对神经生物学、对不同经历如何影响大脑发育有了更多的了解，但这些知识只是整体之中的局部。人类学家和历史学家可以告诉我们，儿童的养育在不同文化和时代有着什么样的差异，而其他重要的视角，如依恋理论、发展与社会心理学、母婴互动、精神分析和系统理论、行为和认知科学、遗传学和进化理论，都在阐述这头难以捉摸的大象的其他方面。

有时我会引用针对老鼠或猴子等动物所做的研究。当然，对其他动物适用的规律，放到人类身上不一定适用。典型的例子是对亲子联结（bonding）研究的错误解读：灰雁可能会与出生后看到的第一个生物建立亲子联结，但人类不会。然而，动物研究却能够说明人类的发展，尤其是因为我们的许多生物和大脑系统与其他物种具有共通性。典型的例子是人类在应激或恐惧的情况下，会动用与大多数哺乳动物相似的生物系统和大脑系统。

由于篇幅所限，我无法详细描述本书引用的研究中使用的各种研究方法。但我仍希望大家能够了解到研究者设计实验的非凡智慧；对研究方法的细节感兴趣的读者可以阅读这方面的专著（如 Breakwell, 2006; Coolican, 2009）。例如，尽管婴儿不会说话，但研究者还是可以发现婴儿喜欢什么，比如他们喜欢人脸。而我们获得这一认识的方法，是通过观察婴儿对什么样的图片观看的时间最长，或是通过测量心率等生理指标。有些研究则着眼于童年经历的细节，例如婴儿出乎意料地失去了母亲关注时的躯体反应。这类研究大多是**定性**（qualitative）的，运用观察和解释的方法来探究个体的体验。还有一些更为"宏观"的**定量**（quantitative）研究，常使用纵向研究中的复杂运算来考察大量的数据样本，例如，对一个庞大的出生队列进行研究，以探究虐待等经历对个体造成的影响。

有些研究是在自然情景中进行的，比如观察语言是如何在家庭中发展的；另一些研究则在实验室中通过人为设计的实验而进行，比如研究人们在观看惊悚图片时，大脑的哪些部分会被激活。每一种形式的知识都能为整体性的认识添砖加瓦。我们的研究可以从特定的现象入手，比如大部分一岁的孩子在母亲离开、只剩自己的时候都会哭。同时，我们还需要结合其他相关的现象来拓展我们的理解，比如为什么并非所有的1岁孩子在母亲离开后都会哭。我们可能会发现，有些婴儿天生在气质上更爱哭，有些婴儿习惯了独处，学会了不哭。按照这个思路，我们就可以观察样本（或许是那些不哭的婴儿），去探究某些类似的早期经历是否会产生类似的长期影响。每一种研究都有其优势和缺陷。微观研究往往规模太小，其结果难以推广；而大规模的元分析，如各种文化中情感忽视造成的影响，其研究中包含的现象未必是同质和可比的。我写作的依据大部分来自已发表的**同行评审**（peer reviewed）文章，其中一些文章可以从方法论上被批判性地"解构"，还有一些可能会在之后被取代或重新解释。我希望总体而言，本书所引用的研究能对该领域中的重要问题加以阐明，并具有较高的信度。

　　研究者的期望和无意识偏见也会影响研究结果。早先的一个经典例子是，实验者被告知他们用于实验的大鼠经过培育后非常擅长走迷宫（其实并非如此），结果这些大鼠在迷宫中辨别方向的能力远胜于被标记为不擅长走迷宫的同类老鼠（Rosenthal and Fode, 1963）。观察者常常会影响观察对象，尤其是在观察对象是具有感知能力的活物时。另一个早期的实验（Rosenthal and Jacobson, 1968）也体现了这一点：实验中的教师们被告知，测验显示出他们班上的一部分学生有突出的学习潜力。其实这并非事实，学生们只是被随机贴上了标签。然而这一标签对教师们的无意识期望产生了影响，乃至那些特定的学生在成就水平上出现了大幅提升。由于这种微妙的偏见会悄然渗透到研究性实践中，因此我们总是需要在一定程度上保持谨慎。

　　研究中使用的假设也可能出现错误。一个很好的例子是20世纪

50年代在美国的一项早期研究,据说它"证明"了在男孩的生活中,父亲在场会使男孩更具男子气概(Leichty, 1978)。证据似乎确实存在:研究者开发了男性气质的测量工具,并发现得到父亲陪伴的儿子具有更多的男性特质。而如今的研究发现,与父亲相处时间较多的儿子往往具有较好的社交技能和较灵活的性别角色(Barker et al., 2004)。儿童当然喜欢模仿他们喜爱和崇拜的对象;在20世纪50年代的美国,强硬的男子气概是一种榜样,而如今则不那么受欢迎了。最初的研究者也许尽其所能地回答了这个问题,但他们使用的假设是错误的。伯曼(Burman, 2007)特别提出,要用批判性的方式看待发展心理学研究,他还告诫人们注意其中隐藏的规范性和道德性假设。关于什么是"正常"的观点中,往往隐藏着与文化和其他因素相关的偏见。

不加批判地接受研究方法从来都是没有好处的,我一向提倡阅读时要带着批判的眼光。在我看来显而易见的是,对真理的认识会随时间发生变化,而科学家们可能只是看到了现实的一个侧面(Kuhn, 1970),而且他们的视角往往取决于其所处的文化(Feyerabend, 1993)。我也同意波珀(Popper, 1959)的观点,即我们"应该"持续不断地检验我们的观点,优秀的科学家总是做好了被证伪的准备。我的工作基于这样的假设:根据我们目前对真理的定义,我们可以努力地逼近我们所能认识的真相。知识总是暂时的,我们都仿佛黑暗中摸索的盲人。然而,我更感兴趣的是我们从研究中能够学到什么,我的目标并不是对尽可能多的研究结果进行批判性解构。在这个激动人心的时代,我们可以从许多不同领域获得大量的信息,这能帮我们更有把握地摸索出越来越可靠的观点。

本书的内容必然无法面面俱到。由于篇幅有限,我没有系统阐述儿童的认知发展,我相信大多数传统的发展心理学著作对这个主题已经有了充分的论述。同样,书中也没有涉及身体发育及其各个阶段。我试图将重点主要放在情绪、社会和生物心理层面的议题上。

未经教养的野孩子

从受孕开始，人的发展就受到环境的影响，同时也影响着环境。有些儿童得到了充满关爱和同调（attuned）的照护，有些儿童则遭受暴力或虐待，还有一些儿童被置于不管不问、任其自生自灭的境地。人类之所以能在地球上成功地生存繁衍，是得益于适应不同环境的非凡多样性。就像人类在北极雪地、缺氧的高海拔地区，乃至撒哈拉沙漠里都能茁壮成长一样，人类在关爱和共情的照护下、严格的管制下，甚至是虐待和忽视的情况下，也都可以生存和发展。在这些不同的情况下，大脑的发育也会不同。这就是所谓的**经验依赖**（experience dependence），即大脑的发育会因个体经验的不同而出现差异。

还有一种现象被称为**经验预期**（experience expectance），它是指人类已经预先准备好接受某些东西的输入，如果没有这些东西，某些常见的特质就不会得到发展。在生理层面上，人类需要食物、水和氧气，这是一些显而易见的例子。小猫需要光照才能使视觉能力得到发展，如果在视觉发展的关键时期被蒙住了眼睛，那么它将永远无法获得正常的视力（Hubel and Wiesel, 1970）。人类婴儿同样需要特定的经验，才能使能力（如语言能力）得到充分发展。在环境极其恶劣的孤儿院中遭到忽视的儿童从来不曾具备这样的经验（Rutter et al., 2007）。稍后我会提到，有研究显示这些儿童中只有一部分"追上"了同龄人，而其他人则在语言、社交能力和身体发育等方面落后了。我们将会看到，我们需要特定的经验，才能使共情或利他主义等能力得到发展。

这就否定了"高尚的野蛮人"（Rousseau, 1985）的观点，即认为未受文明污染的人可以茁壮成长。这也表明，一个人需要特定的经验才能成为"真正的"人类，无论我们认为真正的人类是什么样。缺乏与人应有的接触会给个体带来毁灭性的后果。许多这样的儿童被形容为

"野孩子"，这通常意味着他们"没有受到文明的影响"，是"次等人"或"像动物一样"。这样的儿童缺乏大部分人自诞生起就能体验到的东西，比如基本的照护、从亲密关系中积极地学习等。儿童接受文化规则和存在方式的熏陶并成为其中的一部分，也就是社会学理论家布迪厄（Bourdieu, 1977）所说的惯习（habitus）。然而，有些儿童对人类生活的经验过于贫乏，因此他们无法适应，也无法从经验中学习。

几个世纪以来，关于"野孩子"的报道比比皆是，据说这些儿童是在没有人类参与的情况下长大的，他们有的人甚至与动物一起生活。尽管这些故事更多的是传闻而非科学报告，但也足以归纳出一些共性。一个典型的例子是1725年在德国汉诺威附近的森林里发现的野孩彼得（Peter）。在对他的报道中，关于他"是人还是兽"的说法不绝于耳。他会爬树，狼吞虎咽地用手抓肉吃，没有道德感，不会说话，也没有能力认真理解他人的观点。与之相似的还有据称在印度的一个狼窝里发现的卡玛拉（Kamala）和阿玛拉（Amala），其他有名的报道还提到了卡斯帕·豪泽尔（Caspar Hauser），以及法国阿韦龙的野孩维克多（Viktor），他被描述为"一个恶心、邋遢的男孩，受到痉挛的影响，不时有抽搐的动作……对所有人都漠不关心，对任何事都无动于衷"（Itard, 1802, p.17）。虽然这些故事不一定都是准确的，但如果把它们与关于被严重忽视的儿童的新近证据放在一起，就可以表明，儿童需要经验预期性的输入，才能发展为文化和社会意义上的个体，缺乏这些输入给儿童造成的影响是具有共性的。不管教育者付出多大的努力，这样的儿童往往再也不能充分掌握语言，对自己和他人的情感也只有粗浅的感觉。他们中的许多人会偷东西，而且毫无悔意。这样的故事解释了人类可以发展为多种形态，但如果缺少了某些经验，儿童就无法茁壮成长。究竟什么是人之为人所"必需"的，目前仍有争议，而人们所谓的"必需"，很多是基于文化上的信念或偏见。这类问题将会是本书的核心。

这些发现引出了本书另一个核心主题。要成为一个拥有自体感[1]的"人"，就需要在生命的早期从他人那里得到大量的输入，并通过周围人的眼睛和心智反映出我们对自己的体验（Winnicott, 1996）。因此，出乎意料的是，一个人先是存在于他人的心智中，然后才能由此产生自体感；没有前一种体验，自体感根本无从发展。本书的中心思想是，一个人的自体感是社会性的、共同建构出来的，书中的许多研究都说明了这一点。Rochat（2009, p.8）对这一点有很好的论述："如果有自我这样的东西，那它不仅仅存在于一个人的内部，更存在于个体与他人互动的交叉点上。"本书的大部分内容更为详尽地解析了这一核心观点。

各章内容提要

我之所以认为本书有必要更新第 2 版，是因为过去 5 年中涌现出了大量的新研究。我对书中的每一章都进行了更新和编辑，并增添了新近的参考资料。有些章节的内容经过了大幅的重新编写，如关于神经生物学、表观遗传学和青春期的内容；我还增加了一章全新的内容，涉及道德发展、亲社会和反社会行为的起源。

前几章介绍了早期发展的一些关键要素。我会从产前阶段和出生过程开始说起。我们会看到胎儿是一个活跃的生命体，能够进行学习和互动，并且已经在形成自己的性格，但也会受到母亲心理状态的影响。接下来，我会描述新生儿与他人建立关系的先天能力，及其对自己所处的特定情感环境的适应和回应，无论这种环境是充满关爱还是冷漠、快乐还是抑郁。在第 4 章中我会描述，在应对诸如被忽视等艰难处境时，即便是年幼的婴儿也不得不采用特定的策略和防御性的状态，而这些有时

---

[1] 在温尼科特理论归属的精神分析语境下，"self"一词一般译为"自体"，区别于经典精神分析人格结构理论中的"自我（ego）"；在发展心理学中，self 一般译为"自我"。——译者注

可能发展为性格特征。这些策略总是出现在关系过程中，不同的养育方式会给儿童造成不同的影响，但同样，儿童本身的特点也会影响父母的养育方式。之后的第 5 章介绍了共情和理解他人心智的能力如何发展，以及其助长因素和阻碍因素，特别阐述了成年人对儿童感受和想法的关注会对儿童理解自己和他人的情绪有什么样的影响。

接下来的 4 章探讨的主题提供了一个视角，让我们可以由此审视书中的许多研究。首先，第 6 章介绍了依恋理论，也阐述了父母敏感性的不同会如何导致儿童形成不同的依恋类型。其后，第 7 章对文化给予了关注；与依恋类似，文化差异既需要作为一个独立的主题来理解，同时它也是思考众多其他议题的核心。我探讨了不同社会中育儿实践的巨大差异，尤其是集体主义文化和个人主义文化之间的差异。第 8 章正式介绍了神经生物学，这一思想体系近年来有了迅猛发展，本书中我特别关注大脑的发育如何受到经验的影响，以及创伤和**压力**（stress）对神经元结构、神经系统以及激素编程（hormonal programming）的影响。接下来是本版新增的第 9 章，本章介绍了近年来蓬勃发展的**表观遗传学**（epigenetics），以及基因和环境之间复杂的相互作用。

接下来的每一章都会阐述发展的一个基本方面。第 10 章聚焦于语言，以及语言如何与情绪发展和社会性发展交织在一起。我概述了母婴交流的音乐性中蕴含的语言的前身，以及语言习得和**心智理论**（theory of mind）技能是如何紧密相连的。在第 11 章中，我阐述了过去的经验如何影响日后的经验，并概述了不同种类的记忆（包括能够进入意识的记忆和体现在习惯中的存在方式），还讨论了饱受争议的、被压抑记忆的问题，以及记忆是如何出了名地不可靠。第 12 章探讨了游戏、游戏对儿童发展的意义，以及游戏是如何促进儿童发展的。我既从**象征性**（symbolism）的角度，也从愉悦感和"乐趣"的角度，阐述了游戏如何揭示出儿童的心理状态。该部分的最后一章涉及另一个颇有争议的领域——性别差异，梳理了生物因素和社会因素对性别认同的相对作用，以及男孩和女孩是如何发展出共性和差异的。

与本书类似的作品往往会过度关注母亲，尤其是许多关于儿童的研究都特别关注母亲如何与婴儿互动，这样的视角是有风险的。它可能导致我们去指责母亲、批评教养过程。为了纠正这一点，在第 14 — 17 章中，我将重点放在了除母亲以外对儿童发展有重要意义的其他人身上。这几章关注的问题是，人类如何通过进化而与其他照护者集体抚养孩子。这里的其他照护者有时被称为**替代父母**（alloparent），如祖父母和青春期的女孩。此外我还评估了不同类型的儿童照护（如托儿所）的影响。在第 15 章中，我阐述了儿童如何受到同龄人和兄弟姐妹的影响，尤其是当他们进入童年中期以后。我概述了儿童在这个年龄段的心理和神经生理发展，并阐述了群体过程和群体资格的重要性。在第 16 章中，我将焦点从母亲转移到父亲身上，讨论为人之父的文化差异，以及是否有某些独特的东西是只有父亲才能提供给孩子的。接下来讨论的是青春期，总体而言，在这个阶段，父母在孩子生活中不再那么重要了。我们会发现青春期既与童年早期相关联，又是一个独特的阶段，也会看到青春期的大脑是如何快速发展的。本版新增了有关网络和屏幕设备所带来的影响的研究。

在本书接近尾声时，我提出了这样的问题：早期经历对个体日后的生活轨迹究竟有什么影响？第 18 章涉及一个不太令人愉快的主题，即创伤和忽视会对儿童及其日后发展有什么样的影响。我概述了创伤和忽视之间的区别，并重点讨论了一些依恋的变体类型，如**混乱型依恋**（disorganised attachment）。第 19 章的关注点转向积极体验、心理弹性，以及哪些因素能增进情绪健康。第 20 章是本版的新内容，主要讨论道德发展、亲社会和反社会特质的根源，以及道德生活在多大程度上依赖于情绪和认知能力。在最后一章中，我对本书内容进行了总结，并重新回顾了早期经历的长期影响这一问题。

本书的核心任务是报告研究，因此本书需要具备准确性和可靠性。

然而，很少有人能中立地阅读我考察的这些研究。对婴儿期、幼儿期、教养方式或出生过程这些问题的思考，会激发强烈的情感和坚定的观念，这些都会搅动我们的记忆、愿望、遗憾和伤痛，因此我们不可避免地难以从纯事实的角度去看待这些主题。虽然在意识层面和无意识层面，我也持有一些偏见，但我尽可能不去偏颇地认为某种方式是好的或正确的。这与其说是秉承科学的中立性，不如说是我认为科学和道德的确定性都是暂时的、转瞬即逝的。我更希望这里所讨论的研究结果能说明，婴幼儿与儿童的心理和情绪发展的可能性是多种多样的。

本书中提出的问题不仅仅具有学术上的意义。例如，如果政治家们认为父亲应该花更多时间陪伴孩子，而单亲家庭对儿童的成长不利，那么我们就可以回顾研究数据，看看这些主张是否有可靠的根据。同样，研究也可以说明儿童照护实践以及与儿童工作的方法的效果，从而为父母和专业工作者提供信息。尽管这本书的重点不在于"怎么做"，也不会提供直接的建议，但我希望这些研究能够告诉人们要如何与儿童和家庭进行工作，以及为他们提供的服务是如何组织的。我的工作地点是英国伦敦的塔维斯托克和波特曼诊所，几十年来，诊所将高质量的心理治疗服务与研究、培训（面向成千上万的专业工作者）相结合。鲍尔比（Bowlby）在这里创立并发展了依恋理论，英国最早的儿童心理治疗培训和家庭治疗培训也是从这里开始的。本书中引用的这类研究，从根本上指导着像我这样的专业人员如何开展工作。

在了解人类发展的方方面面时，强烈的感受是不可避免的。我们都曾经历过父母或其他照护者各种各样的对待，都曾有难过和失望的时刻，有些人还遭遇过可怕的丧失或极为糟糕的经历。许多读者自己也为人父母，他们有些人的情绪发展历程也影响了自己与孩子的互动。有些人很晚才接触到这些知识，但他们真心希望在自己养育孩子时，或自己还在受到父母的照护时，这些知识就能为人所知，他们伤感地想着，这样事情可能会因此而变得多么不同。

神经科学和心理学研究告诉我们，当我们的唤起程度既不太高也不太低时，吸收知识的效果最好，因此我希望读者能得到足够的情绪刺激以保持学习的兴趣，既不会无动于衷，也不会过度唤起。我的目的是尽可能清晰地阐述目前可获得的、对生活和工作有所助益的研究发现。这些知识能改变我们对儿童与家庭的思考和反应，也会改变我们与之互动的方式。研究也可以促使我们去探讨我们采取的实践和政策，热情和强烈的情绪感受可以在这些领域得以释放。我的目标是让读者了解到新近的研究，它们阐述了人类儿童是如何在环境中发展的。最后，我由衷希望读者能够从阅读中得到启发，进而对儿童和家庭生活有新的理解。

第一部分
情绪的开端和社会性发展

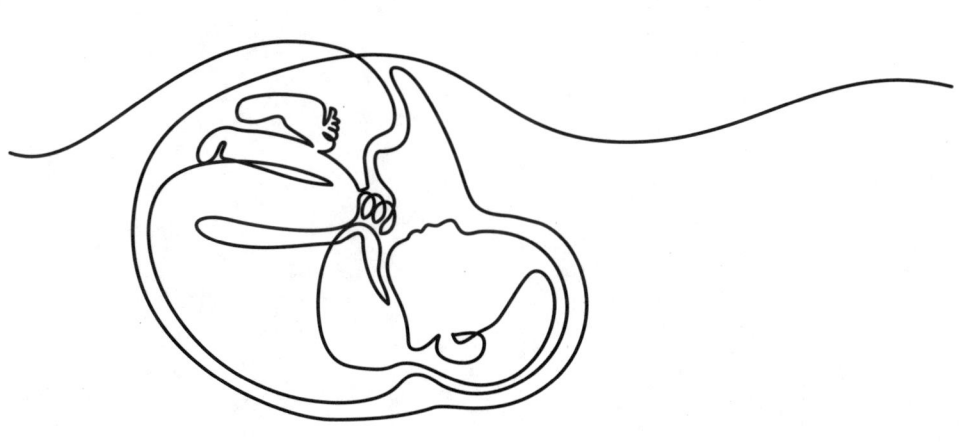

第 2 章

生命之初：从受孕到出生

在出生之前，一个生命的很多方面看似纯粹的生理过程，却也可以从心理、社会和神经生物的角度来思考。人从胚胎成长为胎儿，直到出生的历程，是一个复杂而不可思议的过程。在成功受孕后，受精卵（此阶段称为胚胎）会沿着输卵管缓慢移动，在母亲的子宫内膜中安家落户，不断地分裂和生长。7 周大的胚胎只有 10 毫米长，但心脏、肺、大脑和面部已经在逐渐形成。到了 8 周左右时，我们开始称之为胎儿（foetus），这个词的意思是"幼小的人"。到了 14 周时，胎儿有了强有力的心跳，内脏器官已经形成，头发、眼睫毛和其他的细节部分也长出来了。每个胎儿都会受到众多因素的影响，每一个都在独特的母亲体内发育，都具有特定的基因遗传，并生活在独一无二的宫内环境中。营养物质和氧气穿过胎盘，通过脐带进入胎儿的血液中，而药物、酒精和各种激素也同样会进入。本章将试着阐明影响儿童成长的一些产前因素。

胎儿是一个独立的生命，有自己的节奏、需要和生理期望。胎儿的到来部分地将母亲的身体转变为自己的宿主，一旦插入子宫壁，胎儿就会扰动母亲的控制机制，因此有人将胎儿比作控制航天器的宇航员。胎儿决定了其在怀孕和分娩时的位置，事实上也决定了分娩的时间。它有感觉，会回避痛苦的刺激（Goodlin and Schmidt, 1972），表现出惊人的选择能力。胎儿可以主动寻找食物（Bradford and Maude, 2014），事实上早在1937年，就有实验（Bradley and Mistretta, 1975）表明，当羊水中加入了糖精时，胎儿就会吞咽更多的羊水；而注入苦味物质后，胎儿的吞咽频率就大大下降。胎儿可以习惯一开始令其不安的刺激，例如，第一次遇到震动刺激时胎儿可能会动，但之后再遇到类似的情况时往往就不太在意了（van Heteren et al., 2001）。到了8—10周，胎儿的四肢就会活动了。胎儿不是一个惰性的细胞集合体，而是活跃的、有反应的，幸福地沐浴在羊水中。

然而，胎儿还是深刻地受到环境的影响。胎儿会对音乐信号做出反应，随着节奏同步进行运动（Sallenbach, 1993）。在16周时，胎儿的面部表情就会对音乐做出积极的反应（López-Teijón et al., 2015）。在怀孕头3个月，如果羊水穿刺针碰到胎儿，胎儿就会跳动，并避开医生的听诊器（Goodlin and Schmidt, 1972）；当孕妇吸烟时，胎儿的心率也会上升（Lindström et al., 2013）。超声波视频显示，胎儿对吸烟和巨大的噪音都有反应，看起来像是在哭（Bellieni, 2012；Gingras et al., 2005）。我们已经看到了天性与养育之间的互动；胎儿以自己的方式存在，同时又在与外界交流。胎儿能学着识别特定的声音，并在出生后更喜欢这类声音（Krueger and Garvan, 2014）。同时，胎儿的口味也会受到文化影响，例如，如果母亲在怀孕期间吃了大蒜，那么新生儿就会对大蒜的味道表现出较少的厌恶感（Mennella et al., 2011）。

当我们在孕妇的胃部施加一个微小的声音或震动刺激时，超声波显示，抑郁的母亲所怀胎儿的心率高于不抑郁的母亲的胎儿。之后，抑郁母亲的胎儿恢复到心率正常基线值的时间是不抑郁母亲胎儿的3.5倍。与抑郁母亲的胎儿相比，不抑郁的母亲的胎儿反应更灵敏，也能更快地平静下来（Dieter et al., 2008）。这与长期紧张焦虑的儿童或成人的情况不谋而合，他们在遇到令人惊慌的刺激后恢复的速度较慢，这提示着他们对自己体验到的世界所做的一些产前适应。

无论是胎儿还是儿童，都不是生活在一个母婴和谐的完美世界里。

冲突是人类本性中根深蒂固的部分，正如精神分析学者和进化心理学者指出的那样：比如，特里弗斯（Trivers, 2002）曾说，子女只继承了父母一方一半的基因，他们既有共同的利益，也有冲突。通过胎盘传送尽可能多的养分，这符合胎儿的利益，而并不符合母亲的利益。胎儿将激素传递到母亲的血液中，可能使母亲血压升高，有时会引发从小腿肿胀到子痫前期等不同严重程度的症状，而这一切都是为了增加胎儿自身的营养供应。胎儿会重塑母亲的动脉，让母亲在不至于饿死的前提下，不会收缩供应胚胎的血管。事实上，胎儿建立了对领土的控制权，以保证自身的生长发育。母亲的身体会对胎儿的需求做出自己的反应，这样就会形成一个复杂的相互调节的过程，这个过程在通常情况下是运转良好的。但有时，这种平衡会被打乱，比如孕妇可能在胎盘激素影响下血糖升高，进而患上糖尿病（Hrdy, 1999）。胎儿和母体的关系中充满了这种"拔河比赛"一样的微妙平衡。

胎儿自身也是无数冲突的中心，其中记录在案最多的是男性和女性基因组之间的冲突。Haig（2004）研究了基因印记，即同一基因会由于是来自父亲还是来自母亲而有不同的表达。在一项设计精良的小鼠实验中，来自父系和母系的指令会交替变得不活跃，一个胚胎只由父母其中一方的**基因组**（genome）"掌控"。由母亲基因组控制的胎儿出生时体型较小，但大脑较大，特别是大脑中与智力和复杂情绪反应相关的部分较发达；而父亲的基因组控制的胎儿出生后则较为强壮，但不那么聪明！即使在怀孕期间，利益的冲突也会深深地体现在我们的基因和细胞结构中。

观察未出生的婴儿

超声波技术的出现为观察胎儿期生活打开了新窗口。我们观察到胎儿会打哈欠、移动身体、有痛苦的表情、经历快速眼动（rapid eye movement, REM）睡眠，男性胎儿还会有勃起的现象。12周的胎儿手掌被碰到时会产生抓握动作，嘴唇受到刺激时会吮吸，眼睑被摸到时则会眯起来。

通过对双胞胎的扫描和仔细观察，我们可以看到某些类似于个性的东西在子宫内就已经开始发展了。例如，我们可以看到一对双胞胎中，一个踢了另一个，另一个就退缩移开了；而另一对双胞胎中，被踢的那个则会进行反击、回推一把。有例子表明，双胞胎在出生后也会表现出类似的人格特质，例如，在子宫里表现比较平静温和的一方，在儿童期与更具攻击性的另一方相处时，也会表现得更加平静温和。意大利精神分析师皮翁泰利（Piontelli, 1992）以一种新的方式运用了最初由比克（Bick, 1968）于20世纪40年代在伦敦塔维斯托克诊所开创的婴儿观察法。她通过超声波观察胎儿，发现每一对双胞胎各自所处的宫内环境都大不相同。例如，其中一个可能会索取更多的空间和资源，以牺牲另一个为代价获得成长。双胞胎出生前的环境显然并不相同，尽管一些有关双胞胎的纵向研究不这样认为。一些双胞胎对接触感到反感，而另一些则积极地寻求接触。皮翁泰利记录了一些亲昵的双胞胎，他们隔着一层羊膜互相抚摩对方的头，而出生后他们同样会隔着帘子抚摩对方。还有些双胞胎在子宫里就有暴力倾向，仿佛在对彼此拳脚相加，而在之后的成长过程中，这种互动模式也一直存在。这些现象仅仅是由于双胞胎的气质所致，还是母亲情绪状态（比如压力或愤怒）以及随之释放出的激素穿过胎盘影响了宫内环境呢？皮翁泰利的描述颇有趣闻逸事的感觉，其机制还有待解释，但这些记录表明，至少人格的某些方面在子宫中就已经开始发展了。天性和养育、生理和心理一向很难分开。这类研究提出了关于产前生活与产后生活之间连续性的重要问题。

父母的影响从哪里开始？生物与心理的相遇

本书的一个核心主题是照护者如何影响儿童的心理和情绪发展；一个有趣的现象是，孕妇的心理状态可以预测婴儿出生后一年甚至更长时间内的行为。霍华德·斯蒂尔（Howard Steele）和米里娅姆·斯蒂尔（Miriam Steele）开展了一项引人入胜的实验研究（Fonagy et al., 1991），他们对初次怀孕的母亲进行了**成人依恋访谈**（Adult Attachment Interview, AAI），该访谈可以评估一个成年人处理自己情绪历史的能力。母亲的访谈结果以惊人的准确性预测了尚未出生的孩子未来的依恋状况。类似的研究结论还有，安全型依恋的孕妇往往能对出生后的婴儿进行更好的同调（Sohye Kim et al., 2014），而那些带有创伤性依恋风格的母亲（Bernstein et al., 2014）则不太能够准确地解读婴儿的面部表情。通常情况下，叙事和自我反思故事连贯一致的成年人，其孩子在1岁时往往会被归为安全依恋类型。如果母亲的叙事是混乱的、前后矛盾的，或者母亲在情感上是隔离的，那么孩子往往会发展出不安全的依恋。因此，母亲在怀孕时的心理能力会极大地预测孩子在出生一年后对压力情境的反应。正是母亲对自己和他人情绪体验的敏感性带来了上述影响。

这些发现意味着，对情绪有敏感反思能力的人对孩子的心理状态也会比较敏感，而且母亲在孕期和产后的心理状态很可能具有连续性。

然而，产前经历本身就会产生持续的影响，无论母亲产后心理状态如何。一个众所周知的例子是在第二次世界大战时期，一群忍饥挨饿的荷兰母亲甚至不得不吃郁金香充饥（Lumey et al., 2007）。这些挨饿的母亲所怀的胎儿出生后，食物短缺的情况已经不复存在，但他们成长的过程中，新陈代谢仍然非常"节俭"，更多地积蓄脂肪。上述研究描述的现象被称为"胎儿编程（foetal programming）"，即婴儿还未出生就已经学会了为以后的生活做准备，在上面的例子中，他们学到的就是要节约稀缺的食物。这样胎儿就发展出了一种身体策略，而事实上在战后的荷兰，这种策略是没有必要的，并且导致了该样本中的很多人出现了身体问题和精神问题。

出生体重等产前因素对个体疾病的预测可以一直持续到成年期。出生时体重过低，对成年后的各种疾病（如冠心病、2型糖尿病等）具有很强的预测作用；如果排除遗传和社会经济状况等因素，出生体重过低甚至可以预测早逝（Barker, 2013）。

然而，出生体重等看似是生理上的因素，却常常反映出心理和情绪方面的问题。有一致的证据表明，怀孕期间的高应激水平会增加出生并发症和低体重的可能性（Wadhwa, 2005），同时也会影响胎儿的记忆和**习惯化**（habituation）的能力，而且这种影响在出生后仍然持续存在。**皮质醇**（cortisol）可能是最为人熟知的压力激素，它会穿过胎盘影响胎儿的发展。恐惧情绪会让母亲的心跳发生变化，通常会导致动脉收缩、输送给胎儿的氧气减少，进而可能影响出生体重（Monk et al., 2000）。母体和胎儿的皮质醇水平之间存在相关性（Glover, 2015），而高皮质醇水平又与低出生体重相关（Bolten et al., 2011）。宫内应激对健康状况和细胞表达的预测可以持续到成年期（Entringer et al., 2011）。产前应激会影响免疫系统，在检查胎盘时，可以看到这方面的明显迹象（Lan et al., 2015）。

还有一些我们熟知的对胎儿有威胁的因素，如母亲饮酒、使用药物——其中既包括合法的药物，如抗抑郁药（Huybrechts et al., 2014）和抗精神病药（Kulkarni et al., 2014），也包括非法药物（Ross et al., 2015; Yip et al., 2014）——这些都会影响胎儿大脑和神经系统的发育。与海洛因成瘾的新生儿工作过的临床医生描述道，这些婴儿绝望的抽搐是多么让旁观者揪心（Emanuel, 1996）。然而到目前为止，对发育中的胎儿来说，最有害的消遣性物质还是酒精，它会对发育中的神经系统产生破坏性影响。有些儿童完全患上了胎儿酒精综合征（Mohammadzadeh and Farhat, 2014），其面部具有一系列典型的畸形特征，情绪和心理生活也会受到巨大影响。还有些婴儿没有面部特征的改变，但却患上了"胎儿酒精谱系障碍"（Riley et al., 2011）。对这些孩子来说，涉及记忆和冲动控制的脑区受到了重大影响，这常常会深深地改变他们的生活（Kodituwakku and Kodituwakku, 2014; Rangmar et al., 2015）。

即使排除了生物遗传、社会阶层、饮食、吸烟等其他因素，孕妇的压力、焦虑或抑郁对胎儿发展的影响仍然存在（Glover, 2015）。这里再次涉及天性与养育的相互作用。一项研究考察了产前应激的影响，参与研究的孕妇有些怀的是自己的孩子，有些是通过体外受精（in vitro fertilisation, IVF）怀上了不携带自己基因的孩子（Rice et al., 2010）。产前应激对孩子日后的行为问题都有明显影响，但对携带孕妇基因的孩子的影响稍大一些。换言之，一些日后的行为确实受基因遗传影响，但不是完全由基因决定的；基因和环境都会起作用。

孕妇的压力确实可能导致胎儿出生体重低以及其他问题，但我们绝不能指责经历应激状态的孕妇影响了后代的身心健康。这项研究的视角远超了父母作为个体的责任。压力、焦虑、抑郁以及其他的心理问题并不是随机或凭空出现的；那些在社会经济上被边缘化的人，尤其是不平等社会中的穷人（Wilkinson and Pickett, 2009），或者种族歧视（Hilmert et al., 2014）、家庭暴力、家庭虐待的受害者，更容易面临应激状况。但也有例外情况，比如原本功能良好的孕妇经历了创伤性事件，如"9·11"事件（Yehuda et al., 2005）、台风或冰暴（Currie and Rossin-Slater, 2013; Walder et al., 2014）。经历了创伤后应激症状的孕妇，其子女的应激反应和皮质醇水平会发生改变。然而，一般情况下，造成应激最普遍的原因还是社会性因素，如贫困或人际创伤。可以说，母亲的压力水平是社会、政治、经济和文化问题的一个指征。如果要追究责任，那么责任在于整个社会，而不在个人。

持久的影响，社会影响

妊娠期的压力和焦虑会影响婴儿的出生体重，而且是出生并发症和早产的诱发因素（Glover, 2015; Sanchez et al., 2013）。孕妇在童年期的应激性不良经历（如创伤）是早产的预测因素（Christiaens et al., 2015）。因此，指责母亲是无济于事的。但如果我们想改变发展的轨道，就要重视研究的发现。高应激水平可能会改变胎儿大脑的结构和功能，导致个体日后出现心境障碍和焦虑障碍（Talge et al., 2007; Wyrwoll and Holmes, 2012），并降低婴儿的免疫功能（O'Donnell et al., 2009）。母亲非常焦虑、出生体重偏低的婴儿，可能在之后的一生中都有较高的皮质醇水平，其应激反应系统也可能会发生永久性改变（Phillips, 2007）。出生体重偏低的人成年后，在面对贫困、失业等应激状况时，更容易在生理方面受到影响（Barker et al., 2001）。这就仿佛未出生的婴儿已经在试着预期将要面对什么样的世界。事实上有研究表明，产前和产后环境之间的连续性，往往会带来更好的心理和精神活动结果，即便这个环境是一个抑郁的母亲（Sandman et al., 2012）。

严重的产前应激会影响调节情绪的激素水平，如**多巴胺**（dopamine）和**血清素**（serotonin），并与一系列儿童情绪和行为问题相关（Beijers et al., 2014），如注意缺陷/多动障碍[1]（attention-deficit/hyperactivity disorder, ADHD）；严重的产前应激也与青春期和成年后的问题相关（Bosch et al., 2012）。在剔除性别、父母教育水平、孕期吸烟、出生体重和产后母亲焦虑等因素的影响后，上述影响仍然稳健地存在。虽然我们仍不知道，例如妊娠期应激在妊娠的不同时期具有怎样的影

---

[1] 注意缺陷/多动障碍俗称"多动症"，为方便阅读，后文将统一使用该名称。——译者注

响，以及为什么会这样（Van den Bergh et al., 2007），但我们知道的是，产前应激通常具有深远的影响（不过并非总是如此）。当然，如果婴儿出生后仍然与高应激水平的父母生活在一起，那么产前应激的影响就会增大，但产前应激仍具有独立的影响。这样的研究加强了为孕妇提供心理和社会支持的观点。事实上，一些干预措施已经显示出深远的长期效益，例如家庭护士合作项目（Family Nurse Partnership），其措施包括在产前和产后探访母亲（Olds, 2012）。

一些应激情况可能来自一次性的经历，而不是长期的经历，例如母亲在怀孕期间经历了亲人亡故，这时，如果母亲得到了充分的支持，那么后续的积极影响就会减弱婴儿受到的冲击。更为不幸的情况是同时存在多种决定性因素，如母亲一直生活在贫困中、压力很大、遭受暴力且缺乏社会支持。这样的母亲生下的婴儿更有可能体重偏低、出现出生并发症，而这反过来又会导致亲子关系困难。如果再加上这样一些可能性，如医疗护理是侵入性的、母乳喂养的可能性偏低、同调的互动偏少、居住条件恶劣、缺乏支持，那么婴儿之后的发展状况就会加倍恶化。

社会力量、生物因素和心理因素之间的关联性是令人惊叹的。例如，如果一个女孩的早年生活充满压力或创伤，那么她更有可能过早地开始青春期发育，甚至怀孕（Ellis and Essex, 2007），而与父亲关系亲密似乎能预测青春期发育较晚（Maestripieri et al., 2004；Belsky, 2012）。进化理论家认为（Sieff, 2014），在压力大的成长环境中，由于条件艰苦，婴儿的存活率不高，雌性就会早早地繁殖，而不会等待，因为这样才最有可能将自己的基因传递下去。我们往往意识不到我们采取某种行为的力量来自哪里。

出生过程

本章的主要内容是产前生活，但出生过程的各个方面也与心理过程有根本性的联系。由于人类大脑体积相对较大，加上数百万年前，我们祖先成为双足动物时形成了窄小的骨盆，因此人类的出生比大多数物种更加危险和痛苦（LaVelle, 1995）。可能正是因为以上原因，人类婴儿出生时是相对不成熟的。

不同文化中有关分娩的风俗习惯各不相同，而且，在某个时代被认为是"自然而然"的做法，在另一个时代可能会显得不可思议。直到最近，在西方的医院里，分娩时使用脚蹬仍然符合习俗；在中国，人们常常通过针灸来减轻分娩时的疼痛（Y. Chen et al., 2014）。在整个西方世界，剖宫产的数量在增加，但同时许多女性也主张自然分娩，而且分娩时经常有丈夫在场（近年来男性才开始参与分娩过程，之前人们对此鲜有所闻）。

有关出生的观念在不同的文化和历史时期差异巨大。例如，西非的本恩人（Beng; Gottlieb, 2004）相信婴儿来自一个叫拉格比（wrugbe）的灵界，是祖先的转世重生。戈特利布（Gottlieb）描述了这样的情境：一位本恩族女性在分娩困难时叫来了一位占卜师，占卜师说，母亲只有叫出孩子在灵界里的名字，孩子才会出来。在母亲照做之后，人类学家看到，分娩开始快速进行。这在我们看来可能无法解释，我也不想把这种观念说成是原始的或奇特的，我只是想指出：一种文化认为奇怪的做法在另一种文化中可能很正常。虽然在本书中我尝试用最新的研究来理解儿童的发展，但我也不会忽视文化差异和文化偏见。今天我们认为最前沿的知识，在日后看来可能就是古怪的迷信，而基于不同文化世界观的观点对我们的挑战尤其大。

压力等心理因素会影响分娩的质量。缺乏支持的孕妇通常具有更高的皮质醇水平，出现早产、难产以及产后抑郁的风险也更高（Yim et al., 2015）。如果孕妇能得到支持性的、共情的、有经验的他人陪伴，那么分娩会更加容易，且出现并发症的风险也会降低（Hodnett et al., 2005）。早在 20 世纪 70 年代，克劳斯（Klaus）和肯内尔（Kennel）就试行了这样的举措：在孕妇分娩的整个过程中，让其他女性提供陪伴和支持，该举措的结果是分娩更加迅速，并发症也减少了（Klaus et al., 1993）。在一项研究中，240 名首次生育的妈妈被随机分为两组，控制组的分娩过程接受"正常"的管理，另一组配备名为"产妇陪护（doula）"的持续支持性同伴。得到支持的母亲出现剖宫产、胎粪污染羊水以及胎儿窘迫的情况都更少，而且在产后数月间住院的可能性也更小。事实上，研究表明，持续的助产照护能够缩短分娩时间，并减少出生并发症（Sandall et al., 2013）。拥有一个支持性的伴侣并处于相互的安全依恋关系之中，与较低的疼痛水平相关（Krahé et al., 2015）。心理支持的重要性从很早就体现出来了。

这里的关键可能在于**催产素**（oxytocin）的释放，因为当我们与另一个人建立关系、感觉良好、做爱，以及分娩时，都会释放催产素。催产素能增强免疫反应，帮助我们抵御身体疼痛；当我们感觉得到了支持和关怀时，就会产生更多的催产素。许多其他化学物质也会自然释放，如肾上腺素和去甲肾上腺素，以及 β-内啡肽，这些物质都能帮助我们抵御疼痛，使分娩过程更加可控。

有关产后创伤后应激障碍的研究表明，分娩经历的品质会对母婴关系产生间接影响（Andersen et al., 2012）。受到创伤的母亲常常会对婴儿感到排斥，母婴关系也会难以修复（Ayers et al., 2006; Kendall-Tackett and Barnes, 2014）。我们将会看到，一个好的开始虽然不是儿童心理健康必不可少的条件，但它肯定具有积极的作用。如果出生过程顺利，婴儿就更有可能在情绪上有一个好的开始，而良好的支持可以增加婴儿顺利出生的机会。同样，当母亲在情绪上感到安全、被关怀时，就更有能力与婴儿建立良好的联结纽带，从而降低出现其他问题（如产后抑郁症）的风险（Sockol et al., 2013）。

当然，有时出生过程中会出现厄运，生理上的并发症也会产生。但总体而言，研究表明心理、社会和生物因素是相互作用的，通过情绪支持降低应激水平，一般而言至少会让怀孕更健康、分娩更容易、出生并发症更少，其他方面的结果总体也更加积极。我们会在本书中大量看到本章提到的研究所显示的心理与情绪支持的重要性。这也表明，为了让怀孕和出生对母婴而言更顺利，我们能做的还有很多。

本章要点 >>>>>

- 心理生活在身体出生前已然开始。
- 胎儿是一个活跃的存在，有自身的倾向性。胎儿会对环境有所响应，并能从环境中学习。
- 母亲的情绪健康和处理情绪的能力，对发育中的胎儿具有深远影响，影响的方式包括经由胎盘传递压力激素和更为有害的物质。
- 胎儿可以被"编程"，例如：由于压力激素的作用，婴儿生来对应激源更为敏感。
- 给母亲提供情绪上的支持，能让怀孕和生产过程更容易，这体现出从生命周期的最初开始，心理健康的重要性。

第3章

与生俱来的联结倾向

不成熟

人类婴儿出生时极不成熟，在最初的几个月里几乎无法独立做任何事。婴儿需要一直得到身体和情感上的照护才能存活下来。在本章中，我将探讨婴儿如何预先具备了惊人的社会互动能力。婴儿会试着激发自己生存发展所需的人性化响应，他们对自己所处的社会环境也具有惊人的回应能力。婴儿的气质类型和遗传潜能差异很大，而每个成人对婴儿的回应方式也大不相同。人的生命是在天性与养育的微妙互动中发展起来的，是婴儿的先天潜能与成人所带来的文化、社会和个人影响相遇的综合产物。

上述两方面的相遇在婴儿出生后立即就会显现出来。克劳斯（Klaus, 1998, p.1244）描述了新生儿惊人的能力，出生后片刻，他们就能爬向母亲的乳房并找到乳头，用腿缓慢地向前移动，压住母亲的腹部，最终"靠近乳头，大大地张开嘴，经过几次尝试后，完美地把嘴放在乳头的乳晕上"。大多数婴儿都能做到这一点，前提是婴儿出生后没有经过清洗，也没有接受过太多的医疗干预。这里的关键是气味，如果右边的乳房被清洗过了，那么婴儿就会爬向左边的那只，反之亦然；如果两边的乳房都被清洗过了，那么婴儿就会爬向沾有母亲羊水的那一只。

婴儿在出生时就能识别出母亲的气味。在一项早期的经典实验中，新生儿被放在小床上，其亲生母亲的母乳气味通过乳垫被吹到小床的左侧，而另一个母亲的气味则从小床右侧吹来。婴儿会转过身，努力向自己母亲的气味靠近，当乳垫被调换过来后，婴儿就会靠近相反的方向（Macfarlane, 1975）。

这种本能的运动显示了婴儿对环境的适应能力，也说明婴儿积极地渴望接近母亲。在母亲与婴儿的皮肤接触中，母亲的身体让没穿衣服的婴儿能够保持适宜的温度，形成了一个双人的稳态系统。母亲哺乳时会释放催产素，它会诱发爱的感觉，并降低疼痛感。鼓励母婴之间多接触能降低抛弃婴儿的风险。对于养育可能存在问题的母亲而言，每天只要增加几小时婴儿与母亲相处的时间，就能使抛弃、虐待和忽视婴儿的情况减少5倍（O'Connor et al., 1980）。有些父母无法马上与婴儿建立联结，这时，给予一些有益的推动能带来巨大的变化。研究表明，当母婴联结得到促进时，例如通过支持母乳喂养，遗弃孩子的情况就会大大减少（Dumas et al., 2013）。对新手妈妈的支持可能至关重要（Olds, 2012），它能增进母婴身体上的亲密，引起**加压素**（vasopressin）和催产素等激素的释放，从而让母亲对婴儿产生更好的感觉，也使婴儿有更好的感觉。

联结：人类不是灰雁

人们一直以来存在一种误解，认为婴儿出生后必须马上建立联结，否则就会造成不可挽回的损失，这种观点是由动物行为学研究流传开的。例如，灰雁会与它们看到的第一个生物建立联结并跟随其后，不管这个生物属于什么物种；绵羊会在羊羔的身上留下气味标记，拒绝气味不同的羊羔接近。但人类不同，人类在出生后并没有一个必须立即发生联结的关键时期。人类与大部分婴儿都可能建立联结，并不限于自己的婴儿，并且这种联结很少会立刻建立起来，而是通常需要时间去发展。依恋理论的创始人约翰·鲍尔比（Bowlby, 1969）发现，是长期的照护和亲密催生了他所说的"**情感性（affectional）**"（意指情绪性）联结。

母亲的投入绝不是必然的，而且人类的联结是一个双向的过程，它通常是渐进发展的，而且可以通过支持来促进其发展。这一点在怀孕期间就能显现出来，母亲在看了扫描图像以后往往会对胎儿更加尽心和投入（de Jong-Pleij et al., 2013），尤其是当胎儿发育良好的时候。婴儿倾向于从照护者那里获得关注，这能增加他们的存活机会，因此新生儿的样子往往惹人怜爱。例如，斜叶猴的婴儿出生时，全身都是耀眼的白色，并且从头到脚贯穿着一道深色条纹。大多数人都觉得人类婴儿可爱，这种感觉也可以延伸到其他有婴儿长相特征的生物身上，比如大眼睛的海豹。

母乳喂养能增进亲子联结，降低女性对心理应激源的反应性，这种效果可能部分来自催产素的释放（Johnson and Young, 2015）。母乳喂养对婴儿的免疫系统也有很多好处，其中初乳的作用尤其大，这是在一般的奶水之前分泌的富含营养的乳汁。当然，母乳喂养并不是生母的专属。在中世纪的欧洲贵族阶层中，由**乳母**（wet nurse）喂养的婴儿与母亲本人喂养的婴儿存活率一样高，而且乳母喂养对促进生育和提高婴儿存活率都有好处。在法国，乳母在各个阶层中的流行持续到18世纪中叶（Fildes, 1988）。直到今天，在世界上某些地区，乳母仍很常见。

母乳喂养会刺激其他有益激素的释放，如**催乳素**（prolactin），它能增强母亲对婴儿的保护欲和注意力。事实上，研究发现采用母乳喂养的母亲表现出的保护性带有更强的攻击性（Hahn-Holbrook et al., 2011），即所谓的"熊妈妈"效应。在婴儿出生前后，甚至连父亲的催乳素水平也会增高（Gettler et al., 2012）。催产素只存在于哺乳动物中，且更多是在单一配偶的动物中，它有助于依恋的形成。催产素甚至可以诱发积极的情感，让我们看不到他人的过错，让我们过于轻信！催产素水平高的母亲，往往对婴儿更加敏感，联结更强，形成更为紧密的依恋，她们对婴儿有更多的积极注视，更多的深情抚摸（Galbally et al., 2011）。母亲对婴儿常见的近乎痴迷的爱，不仅有类似于恋爱的特征，也和强迫症的症状类似。莱克曼（Leckman, 1994）认为，母亲的警觉性，如不断检查躺在小床上的婴儿还有没有呼吸，与强迫症患者反复检查烤箱有没有关的行为有着相似之处。高焦虑和催产素水平，甚至与所谓的"相思病"也存在关联（Clark-Polner and Clark, 2012）。不过，总体而言，与催产素相关的是一些好的感觉，而并不是焦虑；婴儿时期高水平的催产素会催生更多的催产素受体，使身体在之后的生活中能够产生并使用更多的催产素。

幸运的话，在婴儿出生后花时间与其相处，能催生亲密感并增进彼此的感情；抚摩和怀抱能使婴儿得到安抚（Fairhurst et al., 2014），并调节婴儿的心率和血压（Esposito et al., 2015）。能够抚摩婴儿的母亲更不容易罹患抑郁症（Sharp et al., 2012）。当然有些母亲难以形成紧密的联结，无论是出于社会因素（如生活极度贫困），还是心理因素（如抑郁或遭受暴力）。事实上，似乎只有在安全而不是危险的环境中，催产素才能对联结起促进作用（Bartz et al., 2011; Olff et al., 2013）；理所当然地，在面临诸如暴力、严重经济压力或个人精神疾病的情况下，联结的可能性就会降低。这其中不仅仅是催产素的作用，我们已经越发认识到，母婴关系的质量决定着大脑的皮质-边缘环路中哪些部分会被激活（Swain et al., 2014）。当母亲看到自己的婴儿时，特定的脑区会被激活，而看到陌生人的婴儿时则不会（Wan et al., 2014）。研究者一直在辨别与婴儿联结得好的母亲的哪些大脑网络得到了激活（Feldman, 2015）。

婴儿会主动试图获得成年人的照护，并已经准备好了与人和面孔建立关系。不久前，人们认为婴儿出生时没有视力，但事实是他们从出生时就能看见，尽管只能看到约30厘米的距离（von Hofsten et al., 2014），大约就是乳房与脸之间的距离。婴儿最先出现的许多感知能力都是为了让自己成为一个社会性存在。几十年前，布雷泽尔顿（Brazelton and Tronick, 1980）就展示了婴儿会如何用不同的方式对待人类和无生命物体，这一点已经得到了新近研究的证实（Baker et al., 2014）。在录像中，一只玩具猴子被线绳拴住，悬挂在婴儿可以够到的位置。婴儿看到猴子后很兴奋，但只是把它当作某种可以探索、触摸和抓取的东西，而婴儿对母亲的反应则完全不同，他们把母亲当成一个可以互动的人，他们会寻求母亲的反应，对母亲微笑，回头看母亲，或是离开母亲。与无生命的物体相比，婴儿普遍对面孔表现出更大的偏好（Kwon et al., 2013），不过随后患上孤独症的婴儿往往是例外（Jones and Klin, 2013）。在生命最初的几分钟，婴儿的注意力可能会被脸部的黑白画像所吸引，但不会被更为模糊不清的其他变体所吸引。婴儿出生后，母亲和婴儿都常常会寻求眼神接触；新生儿更喜欢自己母亲的面部照片，而不是陌生人的照片（Wagner et al., 2013）。事实上，到了3个月大的时候，婴儿甚至会更喜欢与自己同一种族的面孔，这一点或许令人担忧（Gaither et al., 2012）。婴儿更喜欢看睁眼的面孔照片，而非闭眼的照片，也更喜欢看放置方向正确的面孔（Dobkins and Harms, 2014）；他们对类似人脸的形状注视时间更长，如类似眼睛、嘴巴和鼻子的线条。婴儿面孔识别的这种特点能引起积极的照护反应。

  婴儿识别面孔的能力是与生俱来的，但如果没有与之调谐的外部事物输入，这种能力就会变得迟钝。盲人母亲生下的有视力的孩子对他人眼睛的注视会更少（Senju et al., 2015），而在孤儿院长大的、情感上遭到剥夺的孩子，识别面孔的能力明显较差（Nelson et al., 2013），相应的脑区也不那么活跃（Moulson, Fox, et al., 2009）。但婴儿生来具有巨大的情绪识别和社会学习潜力，尤其是通过声音和面孔。如果你给婴儿看许多面孔的图片，之后再呈现两张面孔，一张是他们之前看过的，另一张他们从未看过，但后者是之前看过的所有面孔的"平均值"，那么他们会对平均值的那张更感兴趣（Walton and Bower, 1993）。婴儿会进行类推，但有趣的是，他们更容易识别第一次在父母身上看到的情绪表达（Walker-Andrews et al., 2011）。他们可以主动运用这种技能去判断可以信任谁，可以向谁敞开。事实上，7个月大的婴儿已经能通过巩膜（即眼白）的变化觉察复杂的情绪状态，比如恐惧（Jessen and Grossmann, 2014）。更小的婴儿甚至能通过观察身体运动来识别他人的情绪，即便他人的面孔是被遮挡起来的（Zieber et al., 2014）。

新生儿能识别出父亲和母亲的声音，但明显更偏爱母亲的声音（Lee and Kisilevsky, 2014）。当听到母亲而不是陌生人的声音时，胎儿的心率就会降低（Kisilevsky et al., 2009），婴儿也会有同样的反应（Rand and Lahav, 2014），这表明他们都有惊人的能力，知道自己需要什么并会向其靠近。婴儿听到自己母亲的声音时，与听到其他女性的声音时所产生的脑电波是不同的，即便外人往往很难区分这两种声音。不过，菲尔德（Field, 1984）提出，如果母亲是抑郁的，那么不管是胎儿还是新生儿的这种能力都会减弱，他们在面孔和言语的辨别测试中都会表现得较差。因此，不同的体验会开启或关闭这些潜能的发展。

在一项精彩的早期实验中，德卡斯珀和斯宾塞（DeCasper and Spence, 1986）计算出了婴儿常规的吸吮速率，因为婴儿的吸吮速率通常各不相同。然后，在婴儿的吸吮速率比平时高或者低的时候，他们就会用扬声器播放母亲声音的录音。当婴儿以常规的速率吸吮时，他们会听到另一位女性的声音。果然，这些刚出生不久的婴儿为了听到母亲的声音，会故意加快或放慢吸吮乳头的速度，改变自己的行为以便接近母亲。婴儿甚至能分辨出母亲朗读的故事书与自己在子宫里听到《戴帽子的猫》的不是同一本，尽管两本书的作者都是苏斯博士，且具有相似的风格和韵律。这些能力很可能对婴儿的生存有作用，能帮助他们找到母亲并引发来自母亲的互动，这反过来又可能增强母亲与婴儿互动的欲望。

仅有几周大的婴儿就已经发展出了高超的学习能力。他们能够将从一种感觉通道（如视觉）接收到的经验转化为另外一种（如触觉）。在一项早期的实验中（Meltzoff and Borton, 1979），实验者蒙住婴儿的眼睛并给予他们不同形状的安抚奶嘴，有些是球形的，有些上面有突出的奶头。婴儿通过口部的触觉和感觉了解到了这些奶嘴，然后实验者摘掉他们的眼罩。令人难以置信的是，婴儿对他们刚刚吸吮过的奶嘴注视的时间更长，这意味着，对于自己之前通过一种感官（触摸和吸吮）体验到的东西，他们能够通过另一种感官（视觉）辨认出来。类似的情况也见于其他感官通道中，例如声音和形状（Ozturk et al., 2013）。与上面的实验类似，如果有人以某种节奏抚摸新生儿的脸，那么之后新生儿会更愿意看到其他婴儿的脸以相同的节奏被抚摸，而不是以不同的节奏被抚摸（Filippetti et al., 2013）。婴儿可以整合不同的体验，使生活变得可以预测和可以理解。与一些早期心理学的描述不同，婴儿其实知道自己看见的东西（如乳房）与自己所感受到的东西（如自己吸吮的乳房）是同一个。婴儿有着理解人类世界的非凡能力。

婴儿的模仿与偶联性

婴儿与生俱来的人际关系技能的潜力，需要同调的互动才能得到发展。例如，婴儿在出生几分钟后就能模仿成人（Meltzoff, 2007）。在实验中，婴儿会仔细观察父母伸出舌头的动作，然后经过一番努力后也伸出自己的舌头。婴儿这时刚出生 10 分钟，他并不知道自己有一个叫作舌头的东西，但他会以某种方式将自己看到的转化为身体姿态。婴儿仅仅在出生 2 天后就能模仿一系列面部表情，如微笑、皱眉或展现惊讶，尽管这种能力在刚出生的几天里最强。有观点认为婴儿的模仿是与生俱来的，而不是通过学习获得的，一些新近的研究对这种观点提出了质疑（Oostenbroek et al., 2016），但婴儿会模仿的事实本身并没有疑义。

研究表明，婴儿的模仿毫无疑问是一种交流（Nagy et al., 2013），他们会对故意伸出舌头的行为做出积极响应，而不会模仿打喷嚏等非故意的动作。当婴儿模仿成人的姿态时，他们的心率会加快；另一个有趣的现象是，当婴儿引得成人去模仿他们时，他们的心率就会变慢，这表明婴儿此时有不同的意图（Trevarthen and Aitken, 2001）。很快婴儿就能模仿声音和姿态了。在婴儿出生后最初几个月，他们的微笑只要能引起母亲的微笑就足够了（Ruvolo et al., 2015）。

令人惊讶的是，一岁大的婴儿较少会模仿看起来不可靠的成年人（Poulin-Dubois et al., 2011）。慢动作录像显示，婴儿会随着成年人抑扬顿挫的儿语声移动自己的四肢，通过这种方式，所谓的**同步性**（entrainment）得到了发展，在此过程中婴儿与母亲互相适应着对方的节奏。这会发展成一种相互之间的共振，每一方都是另外一方的回声板，同时也是下一轮交流的促进者。因此，婴儿在体验到生理性和情绪性调节的同时，也在对人际世界进行学习。在这个过程中，给婴儿唱歌特别有作用（Trehub et al., 2015a），音乐可以启动各种奖励过程和沟通技能（Wang, 2015）。当然，一些婴儿的父母无法和孩子保持同调，但即便是这些婴儿也在迅速学习对自己生活中的成年人可以期待什么、不能期待什么。

这种模仿能力不仅仅是本能反应或是表面的复制。婴儿在出生几周后就能用"喔啊"的声音与他人进行对话式的交流，并能从对方的节奏中获取信息。婴儿从其他人的姿态和面部表情中了解自己是谁。母亲能在短短的六分之一秒内对婴儿的姿态做出反应，而婴儿对母亲做出反应也只需要三分之一秒（Beebe and Lachmann, 2002），他们更像是一个互动的系统而不是两个独立的个体。当母亲微笑时，婴儿会发出更多类似语言的声音，尤其是当母亲的微笑是一种发自内心的**杜彻尼**（Duchenne）微笑时（Hsu et al., 2001）。如果母亲更能保持同调，婴儿就会更加积极主动地注视、发声和微笑（Markova and Legerstee, 2006）。当然，在最初的几个月，婴儿的许多精力都花在生理调节上，比如婴儿会长时间地睡觉；但在2—6个月之间，婴儿在社交方面会快速发展，他们会更多地发出声音，互动性的注视也变得更多了。

通过模仿和对信号的回应，婴儿了解到自己可以对他人产生影响，这样婴儿就产生了一种自我的能动感。婴儿欣喜地发现自己可以促成事件的发生。2个月大的婴儿发现自己踢腿有效果时（比如能让悬挂的饰物动起来），他们就会更加频繁地踢腿；但如果饰物的摆动不是由他们引发的，他们就没有那么大的兴趣了（Ramey and Watson, 1972）。同样，当他们的行为偶然得到了回应，而之后不再有回应时，婴儿就会发出抗议。婴儿愿意体验到自己是有影响力的。

早期的婴儿更喜欢近乎完美的**偶联性**（contingency; Fonagy, 2004）；当婴儿伸出舌头时，如果有人立即模仿，婴儿就会感到开心。模仿也许不是最恰当的说法，因为双方的音调、语气和表情总是略有不同。3个月左右的婴儿则喜欢不那么完美的偶联性，并越来越多地被同步性高但不完美的新异互动所吸引。事实上，过于完美的偶联性被视为敏感性较低的标志（Bornstein and Manian, 2013），甚至是焦虑或创伤的标志（Beebe et al., 2012）。在不那么完美的偶联性中，父母可能会发出声音，婴儿做出反应，然后父母会稍微改变音调，这就构成了一种游戏。能将他人当作互动的伙伴来享受互动的过程，这就是共同"舞蹈"的开始，之后它会发展为婴儿接近周岁时戏弄他人的能力。雷迪（Reddy, 1991）描述了8个月大婴儿对他人的戏弄：假装给一个东西，然后再迅速拿走，在理解和混淆对方期待的过程中获得乐趣。当一个人的行为不符合自己的性格时，婴儿也能够觉察出来（Liberman et al., 2014），但婴儿必须有一个具有同调能力的互动伙伴，才能发展出这种复杂而细腻的人际技能。

同调、情感调节和标记

在婴儿的许多早期体验中，比如换尿布、喂奶、洗澡、哄睡，父母都在试着理解孩子的情绪和心理状态，同时也向婴儿传达自己的理解。精神分析师比昂（Bion, 1977）将这个过程称为**涵容**（containment），即母亲能够容纳、处理和调节婴儿的体验，而后以一种可消化、可接受的形式将其反馈给婴儿。父母会解读婴儿发出的信号，并常常用语言做出回应（比如，"哦，你现在好像有点紧张不安，这是怎么了呢"）。如果父母不会过于焦虑，使婴儿迅速得到了回应，那么婴儿就学会相信世界是个安全可靠的地方。幼小的婴儿需要成年人的安抚和调节，而得到了这些回应的婴儿很快会产生这样的预期：在自己需要时，就能得到安抚。

当婴儿感到难受时，照护者往往会共情地发出类似婴儿的声音来传达他们的理解。盖尔盖伊和沃森（Gergely and Watson, 1996）将此称为**标记**（marking），这是对婴儿感受略微夸张的反映，甚至是一种夸张的表演，它传达出与婴儿在情绪上的同调，承受婴儿的感觉并将其反映出来。这也是针对儿童的心理治疗工作的核心（Music, 2005）。标记如同涵容（Bion, 1977）一样，传达出一种情绪状态（如愤怒或悲伤）已经得到了理解，而并不是压倒性的。进行共情或标记时，我们可能会和感觉难受的婴儿一样叹气，发出与他们相匹配的声音，随着他们的姿态调整自己的姿态。这并非单纯的**镜映**（mirroring），因为仅仅将婴儿的痛苦直接反映出来，可能会让婴儿感觉更糟糕。然而，当婴儿的痛苦经过了另一个人的理解和处理，痛苦就变得不那么可怕了。

那些1岁以前在难受时就能被抱起来安抚的婴儿，在1岁以后就不会像其他婴儿那么爱哭了（Hubbard and van Ijzendoorn, 1991）。他们体验到自己的情绪得到了管理、控制和调节，并学会了不被体验所淹没。他们也学会了管理自己的感受，这表明他们正在内化父母的能力。这种被他人理解的早期体验，有利于自我理解的发展。只有从其他人那里接收了情绪意识之后，婴儿的主体性和自我意识才能得到发展。有些婴儿从来没有获得过情绪意识，比如遭受严重忽视或虐待的儿童，他们的自我反思能力和人际能力的许多方面都无法发展出来。许多让心理专业工作者感到担忧的儿童，都缺乏这些滋养性的人际体验。

对母性本能的质疑：弃婴和杀婴

对许多成年人而言，专门负责奖励的脑区［如**内侧眶额叶皮层**（medial orbitofrontal cortex）］会在七分之一秒内对陌生婴儿的面孔做出反应，而对成年人的面孔则没有反应（Kringelbach et al., 2008）。这显示出某种类似母性本能的东西，但重要的是不要太感情用事。对大多数灵长类动物，尤其是母亲而言，是否要投入大量的时间和精力、奉献自己去抚养孩子，是一个艰难的决定。赫尔迪（Hrdy, 1999）报告了许多雌性灵长动物和人类女性牺牲自己后代的例子。例如，在19世纪的英国，有5年的验尸报告列出了3900个死者，大部分是新生儿，其中超过1100例在死因上被判定为谋杀。这是个沉重的话题，因为我们的价值观认为杀婴是不道德的。但赫尔迪确信，杀婴现象一直普遍存在，甚至是一种适应性的行为。比如在狩猎采集社会中，生活条件可能只允许每4年生一个孩子，太快出生的婴儿往往会被杀死，双胞胎中的一个也常常遭此厄运（Sieff, 2014）。赫尔迪写道："母亲降低抚养成本的策略，直接或间接地导致了无数婴儿的死亡"（p. 297）。

在15世纪意大利佛罗伦萨的一家弃婴院里，每年平均有90名婴儿被遗弃，而在饥荒年份，被遗弃的婴儿数达到了961名。在这样的机构中，婴儿的存活率通常很低。俄罗斯的弃婴院在1767年接收了超过1000名婴儿，但其中91%都没能活到下一年。在当代希腊，经济衰退和紧缩期间，遗弃儿童的数量大幅增加（Carassava, 2014）。舍佩尔-休斯（Scheper-Hughes, 1992）研究了婴儿死亡率高、疾病多发、经济条件恶劣的巴西棚户区，他观察到母亲会疏远那些存活希望渺茫的婴儿。母亲们会说，有些婴儿很"强壮"，而另一些则缺乏生存的意志。母亲往往会任由后一种婴儿死掉，这在西方人看来可能是很残忍的。

时机往往至关重要：当环境条件不适合养育孩子时，母亲可能会抛弃孩子，但在条件好的时候，母亲却能充满爱心、尽心尽力地抚养另一个孩子。贫困的年轻母亲更有可能遗弃孩子，或许是她们觉得自己以后还有机会生育。我们知道，杀婴的行为更常见于贫困且缺乏支持的年轻母亲之中（Friedman et al., 2005），这说明需要对她们尽早进行干预，而不是去指责她们。

赫尔迪认为，人类历史上大多数母亲并没有奢侈的条件去爱自己所生的每一个孩子。某些进化理论家（Hagen, 1999）甚至认为，产后抑郁倾向及其伴随的特定激素释放，是大自然运作的一种方式：它可以让母亲在某个孩子出生后从联结中撤出。只有在资源足够、支持系统较好或危险较小时，才有充分的理由对孩子投入时间和精力，这个观点对于从事父母和儿童工作的人而言是一种挑战。

同步性、文化以及成为我们的一员

婴儿在最初几周到几个月的时间里，都在不断习惯和适应他们所处的世界。例如，他们能很快学会适应父母的昼夜周期，并且使自己的心率和呼吸与周围的成人同步。与母亲分开几天的婴儿在回到母亲身边后，仍然会在几天内迅速与母亲的睡眠-觉醒周期同步，尽管男孩似乎要花更长的时间（Sander, 2007）。

生物潜能与文化和家庭期望相互作用，从而产生了不同的互动模式。婴儿的啼哭是生物因素与社会因素交织的一个典型例子。啼哭是一种天生的信号，但只有倾听者是敏感的，啼哭才会有用。婴儿可能不知道自己为什么难受，而照护者往往需要弄清楚婴儿啼哭是因为长牙了、饿了，还是他想被抱起来。父母在试着了解某个婴儿，而婴儿也在学着适应父母。具有安全型依恋的婴儿在难受时会啼哭，而且期待得到有用的回应，而其他婴儿则知道哭不会带来安慰的回应，因此他们学会了不哭。

哭泣可能是灵长动物经常使用的一种信号，但一些父母可能受不了孩子哭。在西方社会中，婴儿经常被诊断出肠绞痛，尽管重要的通常不是啼哭的数量，而是啼哭对于父母的影响，以及父母安抚婴儿的能力（Barr et al., 2014）。抵御婴儿肠绞痛的保护性因素包括：拥有支持性的伴侣、较小的孕期压力，以及较少的社会隔离。母亲在喂食后多抱婴儿一会儿，就能够大大减少婴儿的啼哭，而没有采取这个措施的对照组婴儿啼哭的时间则没有变化。肠绞痛在非西方社会中比较少见（Lee, 2000），跨文化研究表明，婴儿最初啼哭的频率是相近的，无论是荷兰人、美国人还是昆申人[1]，但不同的是婴儿啼哭的时间以及他们要哭多久才能得到回应。当然，文化因素与生物因素也会相互影响。在美国，照护者倾向于忽视婴儿出生后 3 个月内约 46% 的啼哭，而一些文化中的母亲在婴儿仅仅开始啼哭 15 秒以后，就会把婴儿抱起来喂奶（Ainsworth and Bell, 1977）。尽管如此，我们不能低估婴儿啼哭可能给父母带来的巨大痛苦，这甚至常常会导致父母用不恰当的方式对待婴儿（Barr, 2014）。

啼哭是婴儿为表达痛苦而进化出来的，从生物学角度看，啼哭大多是适应性的，但如果啼哭声让父母远离婴儿，那么它就不再具有适应性了。婴儿的气质也起到一定的作用，有些婴儿生来就相对难以安抚。啼哭会引发不同的反应，这取决于文化期望和父母的心理状态。许多成年人偏爱安静的"好"宝宝，但并不是所有人都这样。20 世纪 70 年代，尼罗河流域的马赛人遭遇了一场严重的干旱，研究者根据族群内婴儿的适应性、平静程度以及容易被管理的程度，将这些婴儿划分为"困难型"和"容易型"（Wermke and Friederici, 2005）。一名研究者挑出了 10 个最"容易"和 10 个最"困难"的婴儿，但当他 3 个月后回来时，旱情已经变得更加严重。他重新找回了 13 个婴儿，其中 7 个已经出现了营养不良，并在接下来的几个月中死亡。但有趣的是，这 7 个婴儿中只有

---

[1] 一个生活在非洲南部沙漠地区的民族。——译者注

一个属于"困难"组。烦躁啼哭的婴儿可能是在寻求更多的关注、更多的喂养,也表现出更多的抗争,这些特点可能挽救了他们的性命。在舍佩尔－休斯(1992)对婴儿死亡率较高的巴西棚户区进行的研究中,那些被标记为"抗争型"的婴儿更容易得到关注并存活下来。赫尔迪(1999)从人类学角度描述了新几内亚的艾坡人(Eipo)中的类似现象,他们的文化会利用杀婴来控制人口数量。一位母亲表示,她不会再要一个女孩了,她已经准备好抛弃新出生的孩子。她用蕨类植物的叶子把婴儿包起来,用绳子绑好,而婴儿则尖声哭叫。然后母亲离开了,但她没有像通常那样把包裹丢进树丛里。两个小时后,她又回来了,剪断了脐带并带走了婴儿,她明确说这是因为她女儿"太坚强"了。有时,啼哭是有意义的,它是一种典型的信号,表明婴儿从出生起就是活跃的、能交流的,并且具有社会性。

本章要点 >>>>>

- 婴儿生来有联结的倾向,他们从出生开始,就能识别母亲的气味、声音和姿态,并做出积极的反应。
- 婴儿会主动适应他们所处的社会环境,去了解自己可以从环境中期待什么,也学习如何积极地影响环境。
- 联结是逐渐发生的,但并不是必然发生,拒绝婴儿的现象并不罕见。一些婴儿得到了同调的关注和依情况而变的回应,但绝不是所有婴儿都能得到这些,这取决于父母的支持和父母的个人史。
- 新生儿的长相非常有吸引力,这利于他们存活下去。许多"婴儿式"的特征,如大大的头、大大的眼睛、圆圆的脸、突出的额头,都会引发他人积极的情感和保护欲,并打消攻击性。
- 婴儿能够识别出面孔、气味和声音,他们既能适应非洲狩猎采集部落的文化,也能适应西欧中产阶级家庭的文化。

- 婴儿可以像海绵一样吸收情感、心理或文化氛围，学习并适应情绪和情感期望。
- 婴儿会与其所处环境的节奏形成同步，并在微秒级别的互动中学习可预期的行为模式，无论是高度互动式的模式，还是社交退缩式的模式。
- 所有婴儿都在使用进化赋予他们的各种反应，学习如何在他们所处的世界中生存和发展。

第 4 章

婴儿的应对机制，关系中的错误匹配与修复

婴儿对其互动对象的情绪和意图非常敏感。研究表明（Beebe and Lachmann, 2002），母亲可以在婴儿开始做出某种姿态后的六分之一秒内对婴儿的姿态做出反应，而婴儿对母亲的反应几乎同样快，甚至比人们实时看到的还要快，需要将录像放慢到几分之一秒才能观察到。特罗尼克（Tronick, 2007）将这种互动的"舞蹈"描述为一种相互调节模式，参与互动的双方都在积极地互相调节。接下来我将介绍的研究表明，婴儿在面对压力时为了维持平衡，会采取精细的应对策略。

婴儿的自我调节能力有限，当他们感到痛苦时，就会采用明确的应对机制。众所周知的"静止面孔"实验有助于我们观察这个现象，这一实验程序是由特罗尼克（2007）提出的，之后在世界各地得到了重复。在这个程序中，实验者先是让母亲与婴儿进行正常的互动，婴儿通常是 3—6 个月大。之后，实验者要求母亲保持脸部静止、面无表情，持续 2 分钟。婴儿通常对此感到惊讶和困惑，觉得"不应该这样"。有些婴儿努力尝试重新开启互动，有些则表现得比较消极，比如做出痛苦的表情，还有些婴儿则会兼具两种反应。许多婴儿会采取转移目光、切断联系或自我安抚等方式应对。

在这种情况下，婴儿自我调节的方式，通常是尝试让对方重新与自己互动。一般来说，如果父母突然变得心事重重，婴儿可能会皱起眉头表达不满，或是露出大大的笑容来重新获得关注。如果这样的互动策略

失败了，那么婴儿往往会暂时从关系中撤离，转为关注内在，试着"自我抱持（hold themselves together）"（Bick, 1968）。有些婴儿会转移视线，或者关注周围的物体，那些感觉痛苦的婴儿常常会自我安抚，他们可能会抚摸自己，或是紧握双手。婴儿面对压力情境时尝试自我调节的这些方式，可能变成他们在类似情况下的典型反应方式。

在前面的例子中，恳求的微笑或者哭喊的反应是在发出信号，这是婴儿在试图与对方维持沟通，以获得调节感；而自我安抚策略则更多像是"放弃对方"，转为自我调节，至少一段时间内是这样。"静止面孔"这样的情形，是婴儿在日常生活中也多少会遇到的情况。特罗尼克（2007）的研究表明，即便在最好的母婴关系中，双方也只有30%的互动是匹配[1]的，而且在每对关系中都有不协调和错误匹配的情况。比较敏感的母亲养育的婴儿对得到回应有更高的期望，在母亲摆出静止的面孔时，这些婴儿更有可能主动发出信号，而不是转移视线。如果婴儿发出的信号总是得不到回应，那么起初在所有婴儿身上都能看到的、他们暂时使用的应对机制，就会演变成一种持续的防御策略。这样的婴儿可能会自动远离成年人，即便成年人是友好的、共情的。婴儿这样做是为了避免负面的、不舒服的体验，并最大限度地调节自身的**情感**（affect）和情绪（Music, 2001）。

孤掌难鸣：盲婴、早产儿和敏感婴儿

不匹配的互动和尴尬的关系，绝不仅仅是由于母亲的不敏感造成的。每个婴儿生来不同，父母并不总能理解他们的婴儿。弗雷伯格（Fraiberg, 1974）开展的工作就是一个典型的例子，她在20世纪70年代对盲婴和他们视力正常的母亲进行了研究。她发现，许多盲婴在情感

---

[1] 匹配指的是互动中照顾者的回应与婴儿表达需求所发出的信号一致。——译者注

上都被阻断了。当母亲用自然的方式与盲婴交流，比如微笑时，婴儿并不会做出母亲期待或渴望的反馈。婴儿的眼睛没有因为看到母亲的脸而亮起来，因而一些母亲会感到被拒绝或不满足。弗雷伯格注意到，许多母亲与盲婴逐渐失去了联结，而这些婴儿的应对方式就是把自己封闭起来。这可能形成一个恶性循环，使母亲感到更加无助，更少与婴儿互动，而婴儿别无选择，只能更加退缩。弗雷伯格敏锐地告诉母亲们，婴儿有时会扭动脚趾或摆动小手，以此来回应母亲的声音，形成一种有节奏的响应。意识到这一点后，母亲们获得了信心，她们知道婴儿对自己是有反应的，并且突然感受到了自己作为母亲的价值。她们从而投入更多的能量和精力，互动性对话和情感性匹配开始发生。由此，这些母婴组合不再重复之前那种没有回报的关系，否则那可能会导致婴儿的发展受到严重阻碍。

对盲婴开展的这项工作给我们留下了宝贵的经验教训，那就是父母必须适应婴儿的实际情况，反之亦然。婴儿和母亲各自的倾向和气质都是千差万别的。另一个例子来自对产后抑郁的研究。默里（Murray and Cooper, 1999）招募了一大批有抑郁风险的母亲。在婴儿出生时，他们使用《布雷泽尔顿新生儿行为评估量表》（Brazelton Neonatal Behavioral Assessment Scale; Brazelton and Nugent, 1995）评估了婴儿的敏感性、急躁程度和难以安抚的程度。结果令人吃惊：尽管样本中的婴儿都是没有神经系统问题的健康婴儿，但较为急躁易怒的婴儿的母亲变得抑郁的可能性是其他母亲的3倍。难以安抚的婴儿可能是"最后一根稻草"，让母亲陷入抑郁之中。无论母亲是否"感觉到"婴儿难以养育，都不会改变上述影响，它是客观可测量的因素（婴儿的气质）和母亲情绪之间相互作用的结果。幸运的是，尽早提供帮助可能让情况有所好转，否则事情就可能进入螺旋式下降的模式。还有一些研究也显示了类似的结果（Sutter-Dallay et al., 2003）。难以与婴儿建立联结会让母亲变得更加脆弱。这些例子清晰地显示出互动的双向性，婴儿的特点对父母的应对能力有很大的影响，而自我效能感不足的母亲也更会觉得婴儿难以养育（Verhage et al., 2013）。

另一个不易互动的群体是早产儿。由于医疗护理的进步，许多胎儿在妊娠仅仅20周之后就能存活下来。早产常常带来很多困难，生产时间越早，困难往往越多。早产儿在学龄期可能出现较多的行为问题，以及心理健康、情绪、注意力和同伴关系等方面的问题（Gardner et al., 2004; Potharst et al., 2015），这些问题会一直持续到青春期乃至以后（Burnett et al., 2014）。早产儿往往需求很多，容易分心，且难以安抚。有能力照顾足月婴儿的一般父母在照顾早产儿时会更加费力，他们常常觉得信心不足，也更加焦虑，这种状况又可能因为婴儿从一出生就与父母分离而加剧。母亲会觉得早产儿的啼哭更加难以理解，或更难以忍受（Frodi et al., 1978）。与足月婴儿相比，母亲更容易在早产儿啼哭时呈现退缩的反应（Stallings et al., 2001）；如果母亲在情绪上缺乏安全感，那么退缩就会更加严重（Schoenmaker, Huffmeijer, et al., 2015）。人类婴儿在出生前并没有通过啼哭进行沟通的生物学基础。早产儿在出生后也不太能识别母亲的声音并从中得到抚慰（Key et al., 2012; Therien et al., 2004），这在无形中增加了沟通的困难。

尽管如此，亲子关系和家庭功能的质量还是很重要的，例如，这些因素能预测儿童之后出现行为问题的可能性（Minde, 2000）。菲尔德（2007, p.51）的研究显示了一些有趣的结果：在护士看来比较可爱的早产儿发育的状况更好，他们的体重增长更快，出院也更早，这再次证明了婴儿与照护者特征之间的动态互动关系。出生时有残疾的儿童面临的风险更大，因为父母在尝试全心去爱一个自己预料之外的婴儿时可能会感到困难（Reichman et al., 2008）。此外，残疾儿童也需要更多的情感、社会和经济资源，而且事实上，父母越是具备这些资源，他们就越能坚韧地应对这样的困境（McConnell et al., 2014）。

与其他关系一样，母亲与早产儿相处的时间越长，他们的关系就越好。母亲与早产儿之间的皮肤接触对婴儿在 10 年后的生理和认知发展都有积极的影响（Feldman et al., 2014）。母亲在医院里与早产儿建立关系的程度，能够预测回到家后母亲与婴儿的互动频率。早产儿的父母在育儿方面的控制权通常更少，他们不得不听从医疗专家的意见，这可能会降低他们的信心。在医疗条件很好的机构中，早产儿面临的条件常常是不利于其社会和情绪发展的，例如持续的灯火通明、痛苦的侵入性医疗干预、护理人员的不断更换等（Cohen, 2003）。一个有帮助的做法是改变环境，尽量减小不适，比如提供舒缓的声音和柔和的灯光。

元分析结果显示，为母亲提供支持的干预措施确有其效（Benzies et al., 2013）。一些经过充分研究的干预措施（如"袋鼠式照护"）有助于降低死亡率、减少并发症（Green and Phipps, 2015），音乐治疗也具有类似的作用（Ettenberger et al., 2014）。袋鼠式照护指的是，早产儿在母亲的衣服下面被竖直地抱起来。这样做能稳定婴儿的心率、体温和呼吸，促进体重增长，减少啼哭，改善睡眠，而这对情绪调节和认知能力的影响在 10 年后仍能观察到（Feldman et al., 2014）。母亲对婴儿唱歌的时候，婴儿的心率会有更大的改善（Arnon et al., 2014）。这样的照护让母婴之间的互动更为积极，让婴儿的需求得到更好的适应，也带来了更多的身体接触以及相互之间更好的**同调**（attunement）。早产儿可能看似反应性较低，但实际上他们非常敏感，所以母亲很容易误读他们发出的信号、过度刺激婴儿，导致婴儿变得退缩或情绪失调（Forcada-Guex et al., 2006）。出生时间特别早的早产儿更有可能在长大后变得沉默孤僻，也更容易出现自闭的特征（Eryigit-Madzwamuse et al., 2015）。

早产通常是由多种因素决定的（Rahkonen et al., 2014），它与怀孕期间压力水平高有关，而且怀孕期间压力大的孕妇，在产后也可能会有较大的压力，她们与婴儿互动起来更加困难。此外还有其他的影响因素。如明德（Minde, 2000）报告的那样，母亲对新生儿的幻想从怀孕约 4 个月时开始变得非常丰富，到了 7 个月时则会变得比较模糊，这让孩子出生时不会面对太多预定的期望，而早产儿无法从这种转变中获益。

上文已经讨论了早产儿和盲婴，但残疾等其他问题也会产生深远的影响。例如，患有先天性心脏病的婴儿的母亲，更可能陷入抑郁或焦虑之中（Dale et al., 2013）。好比跳探戈总是要靠双人配合，但有些舞伴让人很难适应，不管是由于残疾还是气质方面的原因（Merwin et al., 2015）。良好的关系能进一步滋生良好的关系。例如，在家庭关系良好、早产儿的父母得到支持的情况下，母亲和早产儿之间的互动质量就比较好（Browne, 2003）。然而，即便考虑到关系的重要性，而不去管其他因素，这样的现象仍然存在：婴儿病得越重，母婴之间同调的积极互动就越少。尽管好的关系通常能滋生好的关系，但要与一个我们不理解或不那么期待的婴儿去建立好的关系并不容易，比如盲婴或身体严重残疾的婴儿、非常敏感的婴儿，或者比预期提早到来的婴儿。

早期的情绪防御

在上文有关盲婴的工作中提到的弗雷伯格（1982），是最早真正关注婴儿对痛苦或无法处理的情境如何反应的研究者之一。她的研究工作表明，在应激状态下，婴儿会发展出夸张的应对机制，这些机制可能进一步演变成根深蒂固的行为模式，甚至在没有必要的情况下也会被使用。弗雷伯格的研究样本是大约18个月大的儿童，他们之前都遭受过持续的忽视或虐待。这些孩子很少寻求与母亲的眼神接触或交流，很少对母亲的声音或面孔做出微笑反应，也很少爬向母亲。

这些孩子最明显的策略是主动回避，主要是回避母亲，比如他们会把身体转向一边。这个群体的情况比较极端，他们过去的经历都相当糟糕。当然，所有婴儿都会不时采取回避的策略。如果父母离他们太近，或者说话声音太大，婴儿就会把头或者身体转开。如果这种情况反复发生，就会形成一种模式。

对恐惧的另一个常见反应是僵化（freezing）。像所有的哺乳动物一样，人类也会使用原始的战斗、逃跑或僵化的机制帮助自己活下去。根据弗雷伯格（1982, p.622）的描述，就连5个月大的婴儿也可能出现"完全不动，姿态、动作和发声都僵化"的情况。许多目睹暴力的婴儿会采取这种来自进化遗传的僵化策略。

弗雷伯格样本中的儿童都遭受过不同寻常的剥夺和不良的早期照护。到满2岁时，他们的反应中新增了"战斗"反应，而且他们经常被形容为"顽固的"或者"小恶魔"。研究表明，苛刻的、缺乏同调的养育方式，会加剧儿童的这些外化行为问题（Lorber and Egeland, 2011）。这些孩子并不是单纯"淘气"或是缺乏管教，而是采取了绝望的方式去管理恐惧、不安和高度焦虑的感受。他们没有可靠或者有能力的人能帮助他们进行自我调节。随着时间的推移，这些孩子的攻击性可能会向外指向他人，也可能重新指向内部，变为自我伤害行为。

弗雷伯格还讨论了其他的防御，包括婴儿如何将痛苦的情感转变为积极的东西，以此管理痛苦的影响。有一个婴儿非常饥饿，但他的母亲用一种非常让人痛苦的方式"戏弄"他：把奶嘴放进婴儿嘴里，然后又拿走，然后把婴儿渴望得到的奶滴进自己嘴里。婴儿起初看上去困惑不安，但后来他的反应变了，他开始笑着踢腿，沉浸在这种几乎是施受虐的活动里。婴儿至少通过这种方式保持了和母亲的联系，因为他非常需要母亲。弗雷伯格的观察让人们看到婴儿很小的时候就可以发展出这些防御模式，也让我们可以据此开展重要的治疗干预。弗雷伯格的临床描述表明，她成功地帮助很多有问题的母亲和婴儿走上了更健康的"轨道"。

错误匹配与躲避

即便事情进行得很顺利，母婴之间的同步和同调也绝不是完美的。

毕比和拉赫曼（Beebe and Lachmann, 2002）发现，母亲和婴儿的情绪完全匹配的情况是很少见的，当情况顺利时，母婴双方的"情感方向是一致的"；当一方变得兴奋，另一方会做出反应，但不会完全同步。双方都与对方的身体节奏和情感相匹配，但这种匹配并不完美。如果两个陌生的成年人的节奏互相匹配，他们就会更加喜欢对方（Siegman and Feldstein, 2014）。感觉与他人同调并拥有相似的节奏能让人"感觉良好"。正如特罗尼克发现的，即便功能最好的母婴配对，处在同调状态中的时间也比我们想象的要少：在婴儿3个月大时只有28%，到婴儿9个月大时也只提高到34%。这个发现可能让一些父母感到安心，因为他们总是担心自己不够"完美"，无法满足于"足够好"。

这里有一个教训。婴儿面对错误匹配带来的压力，会采取各种应对机制。在许多日常的母婴互动中，婴儿都在尝试让互动回到"正轨"，或者说在试着修正错误的匹配。典型的例子是在静止面孔实验中，有些婴儿会调动自己所有的魅力来重新获得母亲的注意。婴儿因此了解到，人与人之间的一些小错误并不是灾难性的，它们可以被修复。在特罗尼克的样本中，34%的错误匹配会在下一阶段的互动中被修复到匹配状态，而余下36%的错误匹配则在接下来的第二步中被修复。例如，一个婴儿想被抱起来的时候可能会叹气，但母亲可能一时心不在焉，这可能让婴儿感到沮丧，扭头看向别处，这是第一次错误匹配。然后，母亲可能想要重新引起婴儿的注意，但过来得太快、太近了，于是婴儿又吮吸着手指看向一边，这是第二次错误匹配。之后母亲意识到发生了什么，她一边温柔地与婴儿说话，一边后退一定的距离，这时，婴儿才微笑着看向母亲。在这个例子中，错误匹配是在第三次尝试中得到修复的。这种双人"舞蹈"非常微妙，为情况好转和恶化都留下了巨大的空间。通过修复错误匹配，婴儿发展出了**心理弹性**（resilience）、自主感和信心，他们相信自己可以积极地朝好的方向去改变互动。

丹尼尔·斯特恩（Daniel Stern）是另一位婴儿研究的先驱，他通过视频分析了母婴同调，特别关注其中的判断错误和时机错误，以及被他形象地称为"舞蹈中踏错舞步"的现象（Stern, 1977, p.133）。他发现，母亲和婴儿对彼此非常敏感，而且具有反讽意味的是，当母亲的控制性和侵入性很强时，母婴双方反而能更强烈地觉察到对方，这一现象与我们的直觉相反。任何一个婴儿都会时不时感觉互动的强度太大，这时他们就需要一个喘息的机会，比如把头转向一边。菲尔德（1981）发现，婴儿在转头前5秒钟心率会增加，他的身体发出的信号是需要暂时停止接触。如果照护者足够敏感地注意到了这一点，他们就会从互动中后撤一步，允许婴儿得到喘息和休息，而婴儿会根据自己的节奏再回到互动中，其心率也会恢复正常。斯特恩（1977, p.136）描述了母婴之间这样一种互动，他称之为"追逐和躲避"，实际上是"母亲追逐、婴儿躲避"，就是当婴儿把脸转向一边时，敏感性不够的母亲似乎感受到了威胁甚至是拒绝。这些母亲会接近婴儿并强迫他们做出反应，而婴儿学会了忽视自己的需求来安抚母亲。

婴儿的情绪有时会快速转变，比如从比较开心突然变得不安起来，这可能是婴儿在发出信号让照护者"退后"，但侵入性强的父母这时会提高互动的强度，几乎是强迫婴儿去关注他们。这样做也许可以重获婴儿的注意，但也要付出代价：这样的婴儿常常会放弃向照护者发出信号以获得调节的努力。这样的经历让婴儿学会了不去相信，甚至是否定身体层面不舒服的信号，比如心率增加。

矛盾的是，侵入和控制的人首先必须有足够的敏感性来捕捉别人想要退缩的迹象，这样的父母正是在这时"加码"的。由于早产儿非常敏感，母亲经常会在婴儿能够应对之前就把他们"拖"回互动之中，这就增加了"追逐和躲避"的可能性。当父母得到了指导，去模仿和适应婴儿的节奏，婴儿注视母亲的时间就会增加，情感也会更加积极（Cusson and Lee, 1994）。实际上，这是在帮助父母了解他们面对的真实的婴儿是什么样的，而不是他们心目中的婴儿应当是什么样子。

有人会有这样一种误解,认为完美的同调是可能的,甚至是必须的。毕比(Beebe et al., 2012)等研究者认为,在良好的母婴互动中,双方之间的同调处在"中等范围":母亲能感受到婴儿,但不会"过度感受",母婴双方都给对方留有空间。然而,如果儿童感觉可能发生危险,比如经历过创伤或者经常被侵入的儿童,就会过于警觉地保持高度同调,因为他们需要特别注意接下来可能发生什么。

斯特恩(1977)描述的一位母亲与一对双胞胎的互动,说明了上述观点。这位母亲与双胞胎中的马克相处起来比较容易,她觉得马克更像她自己;而她与双胞胎中的另一个(弗雷德)的关系则不太融洽。斯特恩通过分析他们互动的视频发现,尽管母亲和弗雷德的关系不那么融洽,但他们的动作仍然是同步发生的。当母亲接近弗雷德时,弗雷德就会退缩;而弗雷德接近母亲时,母亲也会退缩。具有讽刺意味的是,他们对彼此更加敏感;而在母亲和马克的关系中,他们对彼此都不那么敏感,他们既能保持同步,也可以不同步,而且不会担心对方,仿佛他们之间有一条线连接着彼此。弗雷德总在监控着母亲的举动,即使他好像根本没在看她。在马克转移视线时,母亲很有可能听之任之,不做任何反应;但当弗雷德转移视线时,母亲就会靠近他,仿佛是要强迫接触。矛盾的是,弗雷德和母亲很少能真正亲密地在一起,但从另一个角度来看,他们又是不可分割的,对彼此保持着密切的关注。

侵入性的互动并不是互惠性的,特罗尼克(2007)认为,如果一方持续违背另一方的意愿,婴儿就会体验到一种"习得性无助",他们的生理调节系统将会不堪重负。特罗尼克在许多案例中都注意到婴儿受到的影响,比如"转过脸去,眼神呆滞,对姿势失去控制,念念有词地自我安抚,晃动身体,紧握双手"(p. 171)。在抑郁、退缩的母亲身上,我们可以看到各种形式的错误匹配,并且她们也更难对关系做出有效的修复(Reck et al., 2011)。

在静止面孔实验中,婴儿会想方设法重新获得母亲的关注,这表明

3个月大的婴儿已经能对他人的回应建立强烈的期望。静止的面孔挑战了婴儿已经形成的期望（"我妈妈通常不会这样做！"），而并非沉默本身让婴儿不知所措。其他形式的扰动则没有如此强烈的效果。一个相关的实验要求母亲先是与婴儿互动，然后一个陌生人打断互动，走过来与母亲交谈（Murray, 1998）。在这样的情况下，婴儿的积极情绪减少，变得安静，但他们不会像静止面孔实验中那样表示抗议，并且他们会继续看着母亲。这里的互动虽然被打断了，但打断的方式是可以理解和预料的。

默里（Murray, 1998）设计了另一种扰动实验，让婴儿和母亲通过视频进行互动。令人惊讶的是，互动进行得相当顺利，双方都能流畅地参与进来，尽管婴儿一直在仔细观察母亲的脸。之后，实验者人为引入了一个时间差，让婴儿在屏幕上看到的画面轻微滞后于母亲实际的反应，这样一来，母亲与婴儿的交流就变得不同步了。这时婴儿变得不安起来，一会儿看向别处，一会儿看着屏幕，焦虑地皱着眉头，抚摸着自己的衣服和身体来自我安抚。与静止面孔实验相比，这个实验中的婴儿较少表示抗议，默里认为这些婴儿更多感觉到的是困惑不解。

正如我们预期的那样，婴儿所经历的养育方式会影响他们对上述实验的反应。在养育中较少得到敏感性回应的婴儿，要花更长的时间才能从实验情景中恢复，他们也表现出更多的负面情感，疏远母亲的举动也更多。在静止面孔实验中，对6个月大婴儿的心率的监测发现，如果母亲的回应性较好，那么婴儿恢复的能力就会更强（Mesman et al., 2009），并且他们调节心率、管理负面情绪的能力也会更强（MacLean et al., 2014）。菲尔德（2002）使用静止面孔实验研究了抑郁症母亲的婴儿。这些婴儿的反应比其他婴儿小，他们似乎已经习惯了平淡的回应，不那么期待得到回应，他们已经知道在关系中可以期待什么、不能期待什么。

母亲抑郁和其他精神健康问题的影响

父母的精神健康状况甚至会影响新生儿的心理发展。这并不是要责备母亲、父母或照护者，特别是那些深受心理问题困扰的人，况且这些问题又常常与家庭暴力或者贫困等状况交织在一起（da Fonseca, 2014）。很多时候母亲被诊断出精神健康问题，如广泛性焦虑障碍，而实际上贫困才是主要的问题（Baer et al., 2012）。几乎所有研究都是针对母亲和婴儿的，不仅忽略了父亲的作用，也忽略了社会因素和经济因素，这无益于减少对母亲的责备。尽管如此，这样的研究仍然具有重要意义，尤其能帮助我们思考如何有针对性地提供帮助。例如，默里（1992）关于母亲抑郁对婴儿影响的研究表明，对母亲抑郁进行筛查并给予适当的治疗，对母婴关系以及婴儿在童年期和青春期的发展有很大的影响。筛查的重要性正在为许多国家所重视，例如中国（Siu et al., 2012）。

默里等研究人员提出了这样的问题：每天长时间和一个抑郁的成年人待在一起，对婴儿会有怎样的影响？即便作为成年人，我们也知道和一个了无生趣、情感隔离的人相处的体验，完全不同于和一个既贴心又敏感的人相处的体验，也不同于和一个充满侵入性、不可预测的人相处的体验。一项大规模的元分析研究发现（Goodman et al., 2011），抑郁母亲的后代在睡眠、发脾气和分离方面都有更多的问题，同伴关系也更糟糕。最值得注意的是，他们对自己的感受更加消极，也更加不相信自己能够对事情产生影响。尤其是男孩，他们更可能出现行为问题。默里最初研究的一些婴儿如今已经过了青春期，其中女孩罹患抑郁症和焦虑症的比例偏高，应激反应的水平也偏高（Barry et al., 2015）。

对母亲和婴儿的研究可以帮助我们理解这些后期模式的根源所在。抑郁或焦虑的母亲不太能读懂婴儿发出的信号。抑郁的母亲往往反应迟钝，与人际关系相关的核心脑区活跃度低（Laurent and Ablow, 2012）。

婴儿为了应对这样的母亲，可能会切断联结，把自己变得迟钝，并试着进行自我调节。在大部分静止面孔实验中，婴儿都会试图恢复正常的互动，但抑郁母亲的婴儿对互动的期望比较低。这一点在母婴配对的生理、大脑和身体层面上都能体现出来，抑郁的母亲及其新生儿体内的多巴胺和血清素的水平较低，而皮质醇的水平较高，前两项是积极状态的标志，而后一项则是压力的标志（Field et al., 2004）。

不同类型的抑郁会带来不同的影响。菲尔德（2006）通过研究区分了两种抑郁的母亲：有些抑郁的母亲更有侵入性（例如母亲不够敏感，可能会突然离婴儿太近），有些抑郁的母亲则相反，她们的互动模式更加退缩。在这两种类型中，菲尔德发现，孤立退缩、较少互动的母亲的婴儿表现相对更差，他们的多巴胺和血清素水平较低，只有1个月大的时候，他们的大脑右侧前额叶就有更高的激活，这个区域负责消极情绪，而这一现象在3年后的随访中仍然存在。

侵入性母亲的婴儿有55%的时间在看着母亲，而退缩性母亲的婴儿看母亲的时间不到5%，很多时候他们都在怔怔地凝视前方。这可能是因为盯着一个不会做出反应的人看没有什么意义，但如果一个人不可预测且具有侵入性，那么密切关注他就是有意义的。这种适应性会迅速发展为性格特征。在菲尔德的样本中，在只有1岁大时，抑郁退缩的父母的婴儿展现出的探索性就比被侵入的婴儿更少；到3岁时，前者几乎没有共情能力，也更加被动和退缩，而受到侵入性养育的儿童表现出的缺乏共情是带有攻击性的。被侵入的婴儿甚至在认知方面也发展得更好。前后不一致和带有侵入性的刺激至少也是一种刺激。

母亲的抑郁只是影响婴儿的一种心理状况，其他的还包括焦虑障碍、高应激水平（Sturge-Apple et al., 2011）、**边缘型人格**（borderline personality）和进食障碍。这些状况的一个共同特点是，它们会导致母亲无法很好地与婴儿的节奏和愿望保持同调。斯特恩（2006）研究了有进食障碍的母亲在用餐、游戏和其他场合与婴儿的互动。一般来说，她们对 1 岁的婴儿表现出更多的控制，而且不难预料到，在吃饭时控制最为明显、冲突最多。有趣的是，这些家庭中的婚姻冲突也更多，这再次表明母亲不是这些问题的"唯一原因"。

对这些问题的理解有助于带来改变，斯特恩利用视频反馈干预，成功地帮助了患有进食障碍的母亲。当他的样本中的母亲意识到她们的互动对婴儿的影响时，关系就得到了改善，婴儿也变得更加自信和自主。

在塔维斯托克诊所，霍布森（Hobson, 2005）针对患有边缘型人格障碍的母亲进行了类似的研究。他对母亲与婴儿的互动进行了录像，并用到了静止面孔实验和成人依恋访谈，该访谈能测量母亲对自己经历的反思能力。与对照组的母亲相比，患有边缘型人格障碍的母亲更具侵入性，更加不敏感，成长中经历过更多的创伤，对婴儿的心理状态也更加缺乏意识。可以预料到，这些婴儿表现出很多紊乱的迹象，比如不能很好地从紧张的情境中恢复，在静止面孔实验中会更多地中止互动，对陌生人不太积极，而且他们发展出安全依恋的可能性远远不及对照组的婴儿。根据本书所阐述的内容，这一现象不难理解。这些母亲被自己早年的关系所困扰并深陷其中，她们的思维过程问题重重，经常伤害自己，而且总是为人际关系感到苦恼。很难想象这不会影响她们与婴儿之间每时每刻的互动。她们的早年生活充满问题而且尚未得到解决，这会极大地影响她们当下对关系的处理。如果这个过程得不到理解和干预，那么她们的模式可能会传给下一代。

这些模式可能以微妙的方式传递下去。婴儿就像情绪气候的晴雨表，压力似乎真的会从母亲身上传到婴儿身上（Waters et al., 2014）。默里（2012, 2007）研究了患有社交恐惧症的母亲和她们的婴儿。当没有其他人在场时，她们之间的互动似乎很正常。然而如果有陌生人在场，母亲就会感到害怕和恐惧，这种焦虑传递给婴儿，让婴儿了解到陌生人不能信任，然后婴儿又会把这种感受带到其他场合。天生具有敏感气质的婴儿相对难以与陌生人进行积极的互动，但母亲教会他们的东西影响最大。还有针对患有严重焦虑症的母亲的研究表明，她们的反应不合时宜，且表现出侵扰性、过度保护和不敏感（Kaitz and Maytal, 2005），她们与婴儿的联结也较差（Tietz et al., 2014）。患有抑郁症、进食障碍、社交恐惧症、人格障碍和其他问题的母亲，其婴儿往往得不到很好的情感同调，这样的婴儿更加难以从干扰中恢复，并且不太相信自己的情绪会得到他人的调节，也难以相信开放和好奇地探索世界是安全的。

这些例子有一个共同点，那就是情绪敏感和同调至关重要，并且婴儿会发展出合情合理的策略来应对困难体验，随着时间的推移，这些策略可能演变为性格特征。

本章要点 >>>>>

- 新生儿在情绪上并不成熟，需要成年照护者帮助其进行情绪调节。
- 当互动让婴儿感到不适时，婴儿就会发展出应对策略，如回避接触、自我安抚、躁动不安等。
- 不同的婴儿，如盲婴、早产儿或难以安抚的婴儿，可能引发父母不同的反应。
- 父母与婴儿完美的情感同调既不可能，也不可取，互动是一个持续不断的匹配、错误匹配和修复的过程。
- 如果父母能够对婴儿的心理状态保持敏感，婴儿就能学着成为一个积极的互动伙伴。
- 如果婴儿相信自己可以积极地修正错误匹配，他们就会发展出更强的主动感和心理弹性。
- 即便婴儿需要采取复杂的防御措施来处理难以忍受的痛苦情境，我们也要注意不去责怪父母。
- 生活穷苦、生活在贫困地区、早期经历不良、遭受过创伤或者缺乏社会支持的母亲，更容易出现产后抑郁或焦虑等问题。

- 如果我们认真对待婴儿及其照护者之间每时每刻发生的细微互动，无论那多么令人痛苦，我们都有可能进行干预，打破具有潜在破坏性的代际循环。

第 5 章

共情、自我和他人心智

本章将探讨共情和对他人心智的理解，这是一项重要的发展技能，它是安全依恋、情绪调节和一系列人际交往技能的核心要素。我们已经看到，人类婴儿出生时已经为社会互动做好了准备，他们具备一系列能力，包括模仿、识别母亲的声音和偏好人类面孔的图像等。我将解释更复杂的人际关系技能是如何从这些早期经验中发展起来的，这些技能使儿童越来越能意识到自己和他人的想法。近年来，发展心理学发生了巨大变化，它更加强调情绪（而不仅仅是认知）对于理解心理状态的作用。我描述了对他人的感受和想法产生共情和理解的能力是如何发展的，这种能力从婴儿几个月大就开始发展，到四五岁时，儿童通常已经具备了我们所说的"心智理论"所指的能力。

理解他人心智的早期条件

从出生开始，儿童就在学习了解周围人的意图、感受和期望。模仿等互动性姿态并不是一种简单的复制，而是基于对他人感受和意图的初步但明确的觉知。婴儿会对周围的人产生共鸣和反应，在别人笑的时候婴儿也会显露笑容，在别人不高兴时婴儿也会露出悲伤的表情。

婴儿在不断地评估社会世界及其微妙的细微差别。如果父母能对婴儿的姿态做出反应，能够对其进行"标记"（Gergely and Watson, 1996），比如当婴儿受惊发抖或者悲伤痛哭的时候，父母也许会说"噢，真是太吓人了，那扇大门'砰'的一声响"，这不仅能调节婴儿的情感，而且带他进入了一个充满意义的世界中。这就是米恩斯（Meins, 2003）所说的**将心比心**（mind-mindedness），它指的是父母对孩子心理状态的确认。将心比心的父母所养育的孩子，会比其他人更早地发展出共情能力以及对心智的理解，在1岁时建立了安全依恋的婴儿也是如此。是否有兄弟姐妹也会带来影响，与那些有哥哥姐姐的孩子相比，独生子女和最年长的孩子上述能力的发展较慢（McAlister and Peterson, 2006），这可能是因为他们与另一个人的心智互动的机会比较少。

将心比心和"标记"都与情感调节有关，也就是说，儿童的情绪和生理状态是由与之同调的成人来调节的。但特雷瓦森和艾特肯（Trevarthen and Aitken, 2001）做出了必要的提醒：调节的概念更加强调困难的情绪，却低估了积极社会互动的价值。父母不仅要调节婴儿的情绪，比如监控婴儿兴奋的程度，还要成为特雷瓦森所说的"创造意义的伙伴"。同调，就是与积极和消极的心理状态都保持联结，这是一种生物社会反馈（Gergely and Watson, 1996），它能让孩子相信自己的感受和想法可以得到接纳和理解。如果一个婴儿啼哭时的心理状态得到了理解，并且在获得安抚之后平静下来，那么他的情感状态就得到了调节。除此之外，婴儿也通过他人的眼睛获得了对自己感受的理解，他们不舒服的状态因此有了意义。这反过来让婴儿通过他人的眼睛发展出了自身的内部表征，也增强了婴儿调节自己情绪状态的能力，促进了**执行功能**（executive functioning）的发展（Carlson, 2009）。

有些婴儿和儿童的体验颇像在游乐场里照哈哈镜，他们看到或听到的、他人反映的内容会加剧他们的困难感受，让他们无法处理这些感受，而且常常会产生扭曲的自我理解。例如，如果一个孩子听到了巨大的声响并且显得很害怕，而父亲却大喊"不要这么胆小，振作起来"，那么这个孩子很可能难以理解自己的恐惧感受，在别人恐惧时也很难感受到同情。

然而，共情不仅仅是将一个人的感受反映回来。如果一个婴儿哭了，一个成年人用假装的哭声来回应，而这个哭声又太像婴儿的哭声，那么婴儿可能仍然很难过，觉得现在只不过是有两个人在难过。福纳吉（Fonagy, 2004）描述了母亲第一次带婴儿打针的情形。那些恢复得最好的婴儿的母亲，既能共情婴儿，同时也知道在必要时转移他们的注意力。有些母亲过早就开始转移婴儿的注意力，这无法安抚到婴儿；那些似乎过于共情的母亲也无法安抚婴儿，因为婴儿接收到的只是自身恐惧不安情绪的如实反映。这正是比昂（Bion, 1977）所描述的情绪涵容，即他人（通常是母亲）接受婴儿的情绪体验，在自己内部进行调节，并以"消化过"的形式传达对这些情绪的理解。得到了涵容或标记的情绪失去了危险性，就像被"解毒"了一样，不再那么难以承受。

到婴儿 2 个月大时，我们可以看到婴儿和父母之间有节奏的**原初对话**（proto-conversation），双方都积极地参与其中，他们"深思熟虑"地观察对方并做出回应。这些复杂的技能能够帮助婴儿在仅仅 6 个月大时就与其他婴儿进行协商沟通。这里的关键是积极的相互影响。与爱我们、关心我们的人在一起会产生更多的催产素，这反过来又会增进理解他人心智的能力（Domes et al., 2007）和共情能力（Abu-Akel et al., 2015）。事实上，人为地增加催产素剂量，会让我们更多地关注他人的面部和眼部区域（Guastella et al., 2008）。

在出生之后的几个月里，婴儿已经了解到自己是他人关注的对象（Reddy, 2008），并很快会对自己受到他人关注这一点产生更加精细的意识。这种意识是"体验性的"，是情绪性而非认知性的。2 个月大的婴儿知道成人在看自己时，可能会开心地微笑，也可能不舒服地转过身去；他们也知道哪些成人关注自己，哪些成人对自己不感兴趣。3 个月大的婴儿能够"呼唤"成人，他们不仅是在不舒服的时候才这样做，也是为了分享积极的情感。婴儿既知道自己被关注，也知道自己身上哪些东西被关注，比如一个故意的搞笑表情。通过这样的过程，婴儿对自己与他人关系的心理和情感理解得到了迅速发展。

到 3 个月大时，许多婴儿开始对物体感兴趣，他们不仅是看，而且会玩、摸和探索，他们可以"引导"他们"创造意义的伙伴"走进自己感兴趣的领域。到了 6—8 个月，许多婴儿已经能够玩复杂的游戏，包括雷迪（1991）所描述的"戏弄与嬉闹（teasing and mucking about）"。婴儿可能会拿出一些东西，当伙伴来抢夺时又把它拿走，并对这种游戏乐在其中。这表明婴儿对他人的愿望和意图已经有了精细的理解。到 6 个月大时，婴儿就可以逗乐和炫耀了，而要"逗乐"，婴儿就需要了解别人对自己的看法。在这个年龄段，当他们知道自己是关注的焦点时，他们也能表现出自我意识或害羞，事实上雷迪在仅仅两三个月大的婴儿身上就已经发现了这一点。他们已经开始寻求赞美，也开始知道如何让别人按自己的意愿做出反应，这些都需要婴儿对他人的心智有一定的了解。

这样的研究挑战了那些认为生命早期不可能有自我意识的观点——传统观点认为在早期阶段，自我还没有形成。初步的自我意识在更早的时候就有可能产生，并且它可以被看作一种社会情感技能，而不是认知技能，是通过他人的眼睛产生的对自己的意识。总体而言，婴儿很喜欢在音乐游戏和"狡猾"的游戏中体现出的相互理解，这些游戏需要预测时机和他人的行动。这些技能是之后"全面发展"的心智理论技能的前身。

从 9 个月开始的跳跃式发展

在八九个月大时，大多数婴儿会发展出令人兴奋的新能力。他们能到处移动和探索，开始意识到危险，如果有陌生人靠近，他们会想靠近依恋的人。这时他们已经变得更加成熟，可以通过解读面部表情来判断照护者是否认为某种情况是安全的。著名的"视觉悬崖"实验证明了这一点（Sorce et al., 1985）。

在这个实验中，一块透明的有机玻璃被放在布料上，视觉上形成了一个婴儿可能掉进去的断崖。在实验的一个版本中，母亲在"桥"的另一边做出各种表情，如悲伤、愤怒、快乐或感兴趣。当婴儿沿着有机玻璃爬行并到达看似要掉下去的地方时，母亲被告知要做出哪种表情。婴儿会抬头看母亲，并"参考"母亲的表情。如果母亲表现出高兴或感兴趣的样子，这时婴儿往往会爬向悬崖，而如果母亲表现出恐惧或愤怒，婴儿一般会停下不动。这表明婴儿能敏锐地意识到他人的情绪和愿望，并对这些线索进行精细的解读。可以说，婴儿是通过母亲的眼睛来解读世界的，婴儿的世界随着母亲的表情而改变。婴儿对负面情绪（如愤怒）的反应尤其强烈，在这些不确定的时刻会更注意负面情绪的信号。某种情形和与之相伴的情绪之间的消极联系很快就被刻在大脑环路上，以供将来参考（Carver and Vaccaro, 2007）。例如，有严重社交恐惧症的母亲发出的信号，会严重抑制婴儿与他人进行互动的愿望（Murray et al., 2007）。

图 5.1 视觉悬崖

要读懂这样的信号，婴儿必须已经能熟练识别诸如快乐或忧虑这样的心理状态，还要能够理解这种心理状态意味着什么。例如，伙伴的恐惧表情可能意味着附近有蛇或者有跌落的危险。一般而言，9 个月左右的婴儿就有这种共享注意的能力了。如果一个孩子在大人面前指着一个玩具，然后大人把它拿过来了，那么孩子就知道他可以让大人注意到其他物体。这就是所谓的**原初要求指向**（proto-imperative pointing）。这个时期还有一种更复杂的能力在发展，它被称为**原初叙述指向**（proto-declarative pointing），它涉及特雷瓦森和赫布利（Trevarthen and Hubley, 1978）所说的**次级主体间性**（secondary intersubjectivity），它描述了这样一种情形：婴儿看到他们觉得有趣的东西并指向它——比如一朵鲜艳的花——并且期望别人也会欣赏他们所看到的东西。在这个**联合注意**（joint attention）的过程中，双方都知道他们脑海中的物体是同一个。这种联合注意更有可能让双方都感到愉悦，而不像在视觉悬崖和其他的**社会参照**（social referencing）实验中，联合注意更有可能是由恐惧或危险引发的。但上述两者都需要婴儿对他人的心智有所理解。大多数儿童会在出生后第一年的后半段获得发展中的这一重要里程碑。

无法处理好联合注意或原初叙述指向的幼儿，很可能在理解他人和共情方面遇到困难。孤独症谱系中的儿童尤其可能在联合注意方面遇到困难。这个年龄段的孩子在理解能力上的飞跃是巨大的。婴儿到 8 个月才能辨别他人的情绪，但通常仅仅几个月之后，他们就能根据一个人的目光方向或情绪表达来推断对方的下一步行动（Phillips et al., 2002）。此后的发展仍然非常迅速。在出生后第二年的后半段，大多数婴儿对心理状态的意识越来越强。许多婴儿在 10 个月大时，已经对他人的痛苦显露出一些共情，并表现出明显的利他主义行为，如靠近痛苦的人并表示帮助（Warneken and Tomasello, 2009）。不是所有儿童都会这样做。得到过同调和模仿的婴儿会更加亲社会、更加友善（Carpenter et al., 2013），当然，被共情地对待过的儿童也更有可能共情他人（Music, 2014b）。此外，在面对压力和焦虑时，共情和情感联结的能力则会关闭（如 Martin et al., 2015）。

只有 6 个月大的婴儿就能记住别人的某个动作，并且几天后还能把这个动作做出来（Schneider and Ornstein, 2015）。事实上，婴儿甚至可以通过观察某个人的某个失败的行动来推断他的意图，然后在同样的行动中取得成功（Meltzoff, 1988），此处的核心是婴儿能识别行动者的意图（Reddy, 2015）。一个经典的例子是，实验者让 18 个月大的孩子给自己一些食物，而孩子们通过实验者给出的一些明确信号，比如咂嘴和其他动作，推测出了实验者喜欢什么。14 个月大的婴儿则没那么成熟，他们给实验者的是他们自己喜欢的食物，比如糖果（Repacholi and Gopnik, 1997）！同样，18 个月的婴儿会对成人不一致的反应感到不安，例如某个成人得到了想要的东西但看起来很伤心，而 14 个月的婴儿大多不会有这样的反应（Chiarella and Poulin-Dubois, 2015）。

13 个月大的婴儿在理解成人的意图方面已经表现出相当强的能力（Choi and Luo, 2015），他们很快就能弄清楚另一个人的意图，即便这个意图还没有付诸行动。例如，21 个月大的婴儿看到一个新奇的玩具，实验中有两个女演员，她们都没有把这个玩具给婴儿（Dunfield and Kuhlmeier, 2010）。其中一个女演员看上去至少尝试了一下，她把玩具放在一张倾斜的桌子上，假装惊讶地看着玩具滚到了够不着的地方；而第二个女演员则公然表示不愿意把玩具交给婴儿。之后，另一个玩具被放在桌子上，而且掉了下来。两位女演员都伸手去拿玩具，但都没有拿到，这时婴儿更愿意把玩具给那个至少试过把玩具递给他们的女演员。在这里，婴儿能理解到并作为行动依据的，正是他人的意图。事实上，这个年龄段的婴儿可以从别人的不幸中获得乐趣，也就是幸灾乐祸，这也许不是一个积极的特征，但其中体现出的对他人心态的理解令人印象深刻（Shamay-Tsoory et al., 2014）。

婴儿解读心智和意图的能力，取决于是否有他人的心智与婴儿的心智同调。遭受忽视并且很少受到关注的儿童很难理解他人的心理状态或面部表情（Moulson, Westerlund, et al., 2009）。相对于共情的养育方式，冷酷的养育方式与儿童**冷酷无情**（callous-unemotional）的特质有关，这样的儿童最后往往会出现严重的行为障碍（Waller et al., 2014）。养育过程中受惊吓和被虐待的儿童对他人的理解会产生扭曲，为了保护自己，他们需要对成人的意图保持高度警觉。他们对心理状态的理解是比较肤浅的，只是在观察行为迹象和后果，而不是真正地共情他人。

父母使用包含心理状态词汇的语言，能增加孩子的心智理论和心智化能力（Ensor et al., 2014）。甚至对聋哑儿童而言，如果父母使用的手语中包含较多的心理状态词汇，他们的心智理论也能得到更好的发展（Pyers and Senghas, 2009）。

婴儿的语言能力通常会在出生第二年的后半段得到迅速发展。也是在这个时期，儿童开始正确认出镜子中的自己，如果他们看到镜子中自己的鼻子上有红色印记，那么他们往往会擦掉这个印记（Kärtner et al., 2012）。这通常标志着自传性记忆的开始，即儿童开始发展出对自身的意识，意识到自己随着时间的推移而持续存在，并且具有自己的特征和历史。3 岁的孩子仍然很难在视频中认出自己，如果把一个贴纸粘在他们的头上，几分钟后再给他们看这段视频，他们会说"贴纸在他的头上"这样的话（Povinelli et al., 1996）。通常在四五岁的时候，他们才能在头脑中留存自己和他人的各种样子，并意识到视频中那个人头上的贴纸实际可能在自己的头上。

心智理论

婴儿在最初几个月对他人情绪和心理状态的理解能力，是通常所说的心智理论的前身。这一观点认为，儿童拥有关于心智的"理论"，这些相当复杂的知识，是儿童在早年喧闹的日常情感互动中通过直觉发展出来的。拥有心智能力意味着跳出自己的视角，去理解他人的意图、信念和感受，并将他人的与自己的区分开。这是一种重要的能力，但有些人在这方面的发展并不充分。例如，患有边缘型人格障碍的母亲往往对婴儿的情绪状态不太了解，经常错误地将想法和感受归结到孩子身上，她们孩子的心智理论或心智化技能也相对较弱（Schacht et al., 2013）。皮亚杰（Piaget, 1976）认为幼儿是"自我中心"的，他们觉得每个人都会像自己一样看待世界。如果我们看到一个孩子以为一包糖果是满的，正要去拿，而我们知道这包糖果其实是空的，我们就会认为这个孩子与我们有不同的想法和预期，当他发现袋子是空的，他可能会感到失望。我们需要具备所谓的心智理论，才能进行这些思考。一项经典的实验中用到的一些测试，可以检验儿童是否已经发展出了心智理论能力，这些测试统称为错误信念测试（False Belief Test），其中最著名的是萨莉-安妮测试（Sally-Anne Test），它分为以下几个阶段。

◎ 告诉孩子：萨莉在篮子里放了一个弹珠，然后就出去玩了。

◎ 当萨莉在玩的时候，安妮从篮子里拿出弹珠，把它藏了在一个盒子里。

◎ 问孩子："萨莉回来以后，她会去哪里找弹珠？"

四五岁之前，大多数孩子往往无法给出正确答案（Astington and Gopnik, 1991）。然而，最近的研究表明，即使是 10 个月大的前语言期婴儿，也有一定的能力来觉察错误的信念（Luo, 2011），尽管他们不能口头回答问题。

有些人认为，心智理论会在某个年龄阶段自动"上线"，没有达到这一发展目标的人一定存在某种神经缺陷。然而事实上，父母的养育方式对于这些技能的发展非常重要，尤其是将心比心（Meins et al., 2013）和同调（Lundy, 2013）。有年龄相近的兄弟姐妹也有帮助，而且兄弟姐妹的数量越多越好（McAlister and Peterson, 2013）。儿童可以通过训练提高这些技能，那些能力发展不足的儿童，或者没有得到恰当的养育但有潜力的儿童，可以在他人的帮助下发展出这些能力（Lecce et al., 2014）。

儿童需要拥有好的体验，才能让这些能力"上线"。

理解他人想法和理解他人情绪之间也存在区别。例如，通过小红帽的故事，孩子能够理解他人的感觉（"小红帽进入外婆的屋子时并不害怕"）而不是想法（"床上有狼"）（Bradmetz and Schneider, 1999）。这样的测试表明，儿童对心智理论情感层面（"她害怕吗？"）的理解比认知层面要早。目前的许多研究集中在心智化能力的缺陷上，这些缺陷与一系列的心理健康问题相关，从人格障碍到行为问题（Bateman and Fonagy, 2013）。良好的心智化能力让儿童有更好的表现（Midgley and Vrouva, 2012），并在童年拥有更好的同伴关系（Caputi et al., 2012）。这种使用语言和概念来处理心理和情绪体验的能力，是与自我调节技能（Devine and Hughes, 2014）和执行功能（Barkley, 2012）一起发展的。关于依恋、**心智化**（mentalization）和将心比心的研究表明，对心理状态的反思是一种重要的能力，缺乏这种能力与心理不健康相关，虽然这种能力在不同的文化中重要程度不同，得到发展的年龄阶段也不同。

镜像神经元与里佐拉蒂的猴子

镜像神经元（mirror neuron）的发现，为解释共情的神经学基础带来了希望。神经科学家拉马钱德兰（Ramachandran）这样写道："我预测，镜像神经元对心理学的作用将如同 DNA[1] 对生物学的作用一样"（2000, p.1）。镜像神经元最初是由意大利神经科学家（Rizzolatti and Sinigaglia, 2007）发现的，他们当时研究的是恒河猴抓取东西时单个脑细胞的放电活动。猴子抓取东西时，其大脑中某个**神经元**（neuron）的放电活动就能被仪器探测到。实验过程中，科学家们偶然得到了一个惊

---

[1] 英文 Deoxyribonucleic Acid 的缩写，中文名为脱氧核糖核酸。它是大多数生物的遗传物质。——译者注

人发现,当时一名研究人员拿起了他的午餐点心,而猴子看到这个动作以后,跟抓握相关的神经元也产生了放电。研究人员很快发现人类也有一个复杂的镜像神经元系统。如果我看到你不经意间马上要撞到一扇玻璃门,我可能会同情地皱起眉头,这时我大脑中相应的神经元也会被激活。人类大脑中有关模仿、语言和共情的环路是紧密相连的(Rizzolatti et al., 2006)。当我们看到一个人抓取某个物体时,镜像神经元就会发生反应,但仅仅看到这个物体,或者仅仅看到一个假装抓取的动作,都不会引发镜像神经元的反应。这些神经元会对意图做出反应,许多技能就是通过观察和复制习得的。这也是我们了解情绪的方式之一,**边缘系统**(limbic system)的类似区域,即情绪功能的核心环路,在模仿和观察情绪的过程中都会被激活。镜像神经元的存在表明,人类能够从内在了解另一个人的体验,进而在人与人之间形成强有力的联结,这可能解释了人与人的相互理解是如何发生的。

研究表明,孤独症患者的镜像神经元功能存在缺陷(Gallese et al., 2013)。这并不能解释孤独症的成因,但能表明镜像神经元所促进的很多功能在这些个体身上是缺乏的。我们还可以推测,长久的、严重的忽视,以及社会接触的缺乏,对发育中的镜像神经元系统会造成什么影响,因为许多先前生活在情感匮乏环境中的领养儿童,都无法触碰自己与他人的思想和情绪。然而,我们也需要谨慎地看待镜像神经元,有些人认为镜像神经元的作用被夸大了(Hickok, 2014)。镜像神经元当然不容忽视,它是一个令人兴奋的重要发现,但对共情和理解他人心智的脑机制的解释一定更为复杂(Decety et al., 2012)。只有某些形式的共情利用了镜像系统,而更复杂的心智化形式则会使用不同的大脑区域(Morelli et al., 2014),如前扣带皮层(Kawamichi et al., 2015)。

例外情况：被忽视、虐待的儿童和孤独症儿童

有些人并没有发展出本章所述的许多能力，比如遭到严重忽视的儿童和许多孤独症谱系障碍患者。我提到孤独症并不是为了描述这种疾病，因为它不在本书的讨论范围，我只是把它作为一个对照物来说明共情和理解心智的发展的典型状况。另一个例子见于我在第20章描述的冷酷无情的儿童。许多患有孤独症谱系障碍的儿童和成人都很难从他人的角度理解世界，而且他们常常不能通过像萨莉-安妮测试这样的错误信念测试。他们不大可能像大多数具有**神经典型性**（neurotypical）的儿童那样，在1岁左右就能发展出联合注意和社会参照能力，他们也往往无法理解他人的想法和情绪。大多数人听到有关他人感受的故事时，共情和心智化系统相关的脑区就会被激活，但许多孤独症儿童的情况并非如此，他们使用的是不同的脑区（Castelli et al., 2002；White et al., 2014）。

研究常规发展的这些例外情况，可以帮助我们更好地理解典型的发展。1岁儿童的联合注意通常伴随着积极的情感和互动的乐趣，而孤独症儿童往往缺乏这种共同活动的乐趣（Kasari et al., 1990），遭受虐待或忽视的儿童也是如此。能够参与联合注意的1周岁儿童，已经知道其他人有他们自己的态度和感受，并且能够以某种方式认同他人的态度。而孤独症儿童却很难做到这一点。也许这并不奇怪，因为与大多数人不同，许多患有孤独症谱系障碍的儿童在处理人脸时使用的脑区，和他们处理物体时使用的脑区相同（Schultz, 2005）。他们的皮质和一系列其他脑区在功能上异于常人，因此处理人脸和表情的能力比较差（Corradi-Dell'Acqua et al., 2014）。

霍布森（Hobson, 2002）所做的一些有趣的实验说明了上述问题。他把孤独症儿童与对照组进行了比较，看他们能否把图片和相应的声音匹配起来。实验图片包括中性主题，如花园工具、各种鸟类和车辆，也

包括带有情绪的面孔，比如显露出恐惧、悲伤或困惑的脸。实验结果和预期一样，在无情绪的项目上，孤独症儿童能和对照组一样好地匹配图片和声音，但他们在识别或命名面部情绪方面却很困难。孤独症儿童也很难模仿他人，或与他人产生"同感"，难以设身处地为他人着想。如果一个人不能理解他人的想法或情绪，生活就会变得非常不同。

孤独症儿童的父母被指责为情感冷漠的"冰箱妈妈"的时代早已一去不复返。现在，人们普遍认为孤独症是一种神经生物学疾病，但环境影响会引起表观遗传层面的变化，增加患上孤独症的可能性（Wong et al., 2014）。还有一些儿童的症状与孤独症非常相似，但他们的症状是由于其他原因引起的，比如严重的忽视。例如，从东欧孤儿院领养的儿童中，有很大一部分人表现出的症状与孤独症惊人地相似（Rutter et al., 2007），包括自我刺激行为、摇晃身体、无法应对变化、语言能力有限、很少想与他人亲近、不会寻求安慰以及难以理解自己和他人的情绪。然而，与孤独症不同的是，这些类似孤独症的症状往往在儿童被有爱心的家庭收养后得到改善，尤其是当收养发生在他们两岁或更小的时候。

上述研究中的样本（他们的遭遇非常不幸）在早年经历了严重的忽视，研究提供了明确的证据，表明在生命早期缺乏将心比心的关注会带来什么样的影响。前文已经着重说明过，理解他人心智的能力，是通过与敏感的、同调的他人互动而得到发展的。如果不存在器质性问题，那么一个人的共情能力似乎取决于他是否被共情过。有些人的共情能力更强，而那些共情能力不强的人，在相应的脑环路中也显示出较少的活动。事实上，当共情能力通过共情训练项目得到加强时，相应的脑区也会发生变化（Klimecki et al., 2014）。对于大多数儿童，甚至成年人来说，共情能力不是一成不变的，它可以增强，也可以减弱。训练（如 Schonert-Reichl et al., 2012）和心理治疗都可以提升共情能力，事实上，孤独症谱系障碍患者理解他人情绪和表达的能力也可以得到提高。来自成人（尤其是父母）的体贴、共情的关注，通常能帮助大多数儿童发展出情绪共鸣的能力,并对大脑中的调节环路产生影响。

本章要点 >>>>>

- 非常幼小的婴儿也有能力进行复杂的社会理解。
- 这些功能的建立先于更为复杂的心智化、共情和心智理论等能力的发展。
- 儿童的心智在被他人思考过、得到了他人的同调之后,才能成长和发展。
- 一些儿童预期自己能得到情感上的理解,他们能够识别自己的情绪,也更能识别他人的情绪。
- 还有一些儿童则较少有被同调的体验,他们不太能了解到自己和他人的心理状态。
- 一些文化和家庭相对更重视这种能力。有些儿童的这些技能几乎没有得到发展,这可能是由于神经生物学原因,如患有孤独症,也可能是由于遭受过严重的忽视。
- 从照护者那里获得心智化、将心比心或同调的体验,有助于发展共情能力、理解自己和他人的体验以及调节自身情绪的能力。
- 并非所有的儿童都拥有利于这些能力发展的环境,尤其是那些缺乏情绪调节的儿童。

第二部分 基本的思想体系

第6章

依　恋

"依恋"这一术语有很多通俗的用法，比如我们会说依恋很深，或者依恋很浅。不过，"依恋理论"是一个科学研究领域，它由鲍尔比（Bowlby, 1969）发起，并由其后继者发展成一个关于儿童发展的、极具影响力的思想体系。本章重点介绍了这一研究体系，提供了一个初步的概述，并将在后面的章节中加以扩展。

鲍尔比是伦敦塔维斯托克诊所的精神分析学家和精神病学家，他意识到有必要建立一个新的范式，使精神分析理论与当代科学研究思想接轨，以解释他遇到的儿童身上的各种复杂状况。对依恋理论产生主要影响的学科，除了精神分析和精神病学之外，还包括进化论和动物行为学，后者研究的是动物在自然环境中的行为方式。鲍尔比了解到，许多物种的幼崽如果在得不到母亲照护的情况下长大，就会留下严重的创伤。他受到哈洛（Harlow, 1965）的影响，哈洛的研究发现，隔离饲养的猴子会表现出令人震惊的症状，如恐惧、行为怪异和无法互动或游戏。哈洛的一个著名发现是，如果让这些猴子在两只"铁丝"猴子之间做出选择，它们会依偎在覆盖着柔软绒布的猴子身边，而无视拿着奶瓶的坚硬的金属猴子，只有在饥饿时才去接近奶瓶。舒适比食物更重要。另一位研究者欣德（Hinde, 1970）发现，如果把灵长类动物从母亲身边带走，它们起初会抗拒，之后会表现出绝望，最终则会变得自我封闭。这些发现与鲍尔比的观点相呼应，后者认为人类婴儿也需要能够给自己提供保护的依恋对象，缺乏依恋对象会导致严重的心理障碍。

鲍尔比还研究了年轻的罪犯，发现他们大多都遭受过与父母的分离，以及不一致的养育方式、暴力和忽视（Slade and Holmes, 2014）。鲍尔比认为母亲（或稳定的母亲替代者）对儿童至关重要，但许多人并不喜欢这个观点，他们认为这是一种反女权主义的立场，是在鼓励妇女留在家里，而不是在职业领域占据一席之地。尽管如此，鲍尔比的大部分观点还是经受住了时间的考验。

鲍尔比是最早强调进化重要性的心理学家之一，他意识到在与其他灵长类动物共通的进化历史中，人类亲近母亲的需求几乎没有变化。来自动物行为学的一些研究结果让鲍尔比感到震惊，如有研究显示，和母亲分开的猴子在团聚时会紧紧抱住母亲，甚至在一年以后，也比其他猴子更黏人、更容易害怕，而且探索性更低（Young et al., 1973）。鲍尔比及其同事在人类身上发现了类似的模式。20世纪60年代，在伦敦的安娜·弗洛伊德中心工作的詹姆斯和乔伊斯·罗伯逊（James and Joyce Robertson, 1971）拍摄了幼儿与父母分离的状况，例如幼儿入院进行扁桃体切除术等常规手术，期间几乎不允许探视。这些影片直到今天仍然让观众感到震惊，它们生动地揭示了幼儿与依恋对象分离时所面临的巨大压力。事实上，这些影片一定程度上改变了医院的做法：从那以后，医院常常会鼓励母亲每天探视，也允许她们与住院的孩子一起过夜。研究中的儿童表现出的模式与灵长类动物类似，他们起初比较平静，仍然期待着依恋需求能得到满足，但很快，他们就开始抗拒、又哭又闹，之后慢慢陷入绝望的状态，最终把自己封闭起来。

这个时期的依恋理论是一种"空间"理论，即认为婴儿离依恋对象越近，就越感到快乐和自在。依恋对象相当于一个安全基地，婴儿在焦虑时可以返回这个基地，而安全基地的存在使婴儿更有信心去向外探索。早年的这些研究强调了身体亲近的重要性、与依恋对象分离的影响、婴儿出生后的脆弱性，以及早期经验的关键性。鲍尔比把父母和孩子之间的联系称为**情感纽带**（affectional bonds），这是一种社会联系，它伴随着强有力的情感卷入逐渐被建立起来，并且长期存在。这一观点在当时是很激进的，与许多关于婴儿需求的主流观点并不一致。然而，鲍尔比可能高估了一对一的母婴关系的重要性，而低估了其他依恋对象的作用（Hrdy, 2009）。当代的家庭模式，尤其是母亲待在家里、与世隔绝的核心家庭，在人类历史上都非常少见，特别是在人类狩猎采集的历史中——鲍尔比将后者称为人类的**进化适应性环境**（environment of evolutionary adaptedness, EEA）。我们最好将依恋看作一种层级结构，通常以母亲为顶点，同时父亲、祖父母、兄弟姐妹、表兄弟姐妹和其他照护者也会做出重要贡献。

依恋理论的第二阶段：安斯沃斯的陌生情境测验和克里滕登的动态成熟模型

依恋理论发展到下一阶段，其范围和细节都得到了扩展。在空间理论的基础上又增加了这样的观点：并非所有的父母都能提供同样的安全基地经验，不同的教养方式会导致儿童发展出不同的关系模式。研究者设计了一系列的测验方法，用来测量依恋的各个方面。接下来将要介绍的是其中最为著名的测验，它或许称得上依恋理论转变的关键所在，同时也赋予依恋理论以新的科学严谨性。这就是**陌生情境测验**（Strange Situation Test），它是由鲍尔比的早期同事安斯沃斯（Ainsworth, 1978）设计的。此外还有一系列其他测验可以测量依恋，如针对学龄儿童的儿童依恋访谈（Target et al., 2003）、故事主干（Hodges et al., 2003）、依恋故事完成任务（Green et al., 2000）以及其他文献中已有充分记述的一系列其他测验（如 Prior and Glaser, 2006）。

安斯沃斯之所以设计陌生情境测验，部分是因为她对婴儿在 8 个月时产生的陌生人焦虑很感兴趣，这个年龄的婴儿在接近陌生人时会马上寻找依恋对象。陌生人焦虑可能源于对捕食者的天生恐惧（鲍尔比的观点），也可能源于对陌生人类的恐惧（Hrdy, 2000）。陌生情境测验这个20分钟的简单程序，深刻地发展了依恋理论。它的过程如下所述。

◎ 一位母亲和一个1岁左右的婴儿待在一个陌生的房间里，房间里有一些玩具，婴儿可以自由探索。

◎ 接下来，一个陌生人进入房间，与母亲交谈并尝试与婴儿互动。

◎ 母亲悄悄地离开房间，由陌生人陪着婴儿。

◎ 之后，母亲返回房间并安抚婴儿，然后再次离开，这次陌生人也离开房间，婴儿被单独留下。

◎ 之后，母亲再次回来，尝试安抚婴儿。

婴儿在这个测验中会出现各种反应，这一点尤为令人着迷。有些婴儿哭喊着向门口爬去，但在母亲回来后很快就平静下来，有些婴儿似乎几乎没有注意到母亲离开了，还有一些婴儿在母亲离开之前和之后都非常关注母亲，无法安定下来。基于这些不同的反应，安斯沃斯将婴儿的行为分为三种主要类型，她称之为安全型依恋（在安斯沃斯的马里兰非临床样本中约占60%），以及两种不安全的依恋，现在大多称为**回避型**（avoidant）依恋（约占25%）和**矛盾型**（ambivalent）依恋（约占15%）。使用"安全"和"不安全"这类说法的危险在于，它们似乎在评判某种依恋类型是好是坏、是否符合天性；正如克里滕登（Crittenden, 1992）指出的那样，我们需要对这种评判保持警惕，这一点稍后会解释。

被归类为安全型依恋的婴儿最初被称为B组，他们在母亲离开时会啼哭，但当母亲回来时，他们会欢迎母亲，感觉到安慰甚至开心，然后很快就恢复到放松的状态。回避型婴儿（A组）似乎没有注意到母亲离开了房间。我说"似乎"，是因为研究表明，当母亲离开时，他们生理应激症状的增加与安全依恋的儿童是一样的，尽管他们看上去并不在意（Sroufe and Waters, 1977）。回避型婴儿的这种表现，如今被认为是一种

去激活策略（deactivating strategy；Holmes, 2009）。有趣的是，在最初进行这个测验的那个年代，很多人认为不哭的孩子心理更健康，而今天很少有人这样认为了。而矛盾型依恋的婴儿（C组），在母亲离开之前就已经心事重重，而且表现得很黏人；在母亲回来后，他们仍然保持着警惕和感到不安，或者是**过度活跃**（hyperactivated）。

安斯沃斯还发现，父母的互动风格与婴儿在陌生情境测验中的反应之间具有明显的一致性，这种联系已经在世界各地的研究中得到重复。安全型婴儿的父母对婴儿很敏感，他们能在婴儿痛苦时做出回应，并且一直保持着可及性。总体来说，非安全型儿童的父母对儿童的情感需求回应得比较少。回避型儿童的父母往往不会对哭泣等信号做出反应，而且不太能觉察到孩子的痛苦。如果孩子哭泣也不会引起依恋对象的注意，甚至更糟糕，孩子难过还会引得依恋对象生气，那么哭就没有意义了。矛盾型儿童的父母往往会有前后不一致的反应，他们一会儿关注孩子，一会儿又撤走了注意，或者心不在焉。因此，这类儿童为了获得安全感，就会密切监视他们的父母。这类儿童较少探索，也许是他们并不相信始终有一个安全基地可以返回，他们会黏人、纠缠，而且不那么轻松自在。重要的是，我们要知道对以上三类儿童而言，他们对依恋焦虑的反应都有助于维持他们与照护者的关系，从这个角度而言，他们的策略都是成功的。

若干年后，研究人员（Hesse and Main, 2000）发现有一类儿童并不符合安斯沃斯最初的分类。这类儿童的养育经历经常是不可预知的、具有创伤性的，他们未能形成连贯一致的策略来处理这些可怕的经历。例如，在陌生情境测验中与母亲重逢时，他们可能会徘徊到母亲面前，然后挪到一边，用头撞墙、僵住不动，或是沉浸在奇怪的行为中。本该为儿童提供慰藉和安抚的父母变成了给儿童造成痛苦的人，比如父母会使用暴力，因此这些儿童的依恋需求就无法得到满足。梅因（Main）把这些儿童归类为混乱型依恋，这样的儿童在成长过程中往往会成为专业工作者的关注对象。在梅因和赫西（Hesse）的观点基础上，克里滕登（1993）认为，许多这样的儿童陷入了回避－接近的两难境地。

陌生情境测验评估的通常是1岁儿童的依恋模式，但人格特质基础的形成始于更早期。毕比和拉赫曼（2013）的研究表明，那些在最初几个月最能与婴儿的反应同调的母亲，其孩子在1岁时往往会形成安全的依恋，到2岁时则表现出更积极的情感。通过研究母亲和婴儿之间的相互协调（mutual coordination）程度，毕比预测了婴儿1岁时的依恋类型。有趣的是，婴儿在4个月时与陌生人的协调程度也能预测婴儿1岁时的依恋状况，这意味着婴儿会将他们对互动方式的期望带入其他关系中，甚至会引得陌生人做出与依恋对象类似的反应。1岁时被归类为回避型的婴儿，在4个月大时看母亲的次数已经比较少了，而且他们看着母亲的同时会安慰自己，比如自我抚摸。这样的婴儿在看到依恋对象时显得不知所措，正如毕比所形容的那样，他们"竖着脖子想要逃离"。安全型婴儿则不同，他们会直视母亲，笑得很开心、很轻松。

为了生存，婴儿会发展出非常不同的调节策略。回避型依恋的婴儿会更多地进行自我安抚和自我调节，因为他们已经知道情绪调节很难从外部获得。矛盾型依恋的婴儿会非常小心地监控成年人，因为他们不知道下一步会发生什么，他们更多地关注外部世界而不是自己。安全型婴儿则可以依靠母亲，他们在需要时就能获得母亲的帮助。

上文所述的是一个比较宽泛的分类，这些类别其实还有更为细化的概念化方式，只是不那么广为人知。例如，安全型（B）分组可以被细分为安全保留型（B1）、安全抑制型（B2）、安全平衡型（B3）以及安全反应型（B4）。这能帮助我们更加细致地理解依恋模式。克里滕登（2015）开发了一个更为细致的依恋分类系统。她和安斯沃斯都是鲍尔比的学生，她开发的分类系统被称为动态成熟模型（Dynamic Maturational Model, DMM），该模型在依恋研究领域的影响力正在不断增大。

克里滕登并不认为某些风格"更加健康",她避免使用诸如"不安全"这样带有批判色彩的标准术语。她认为,在人的一生中,依恋策略会随着环境的变化而变化,而且大多与儿童所处的环境相适应。无论依恋对象的情绪风格如何,儿童想要尽可能生存下去,就得知道如何表现才能与依恋对象保持亲密关系。安斯沃斯的研究也发现了这一点。克里滕登在很大程度上扩充了依恋理论的复杂性,由于篇幅关系,在此不能详细说明。例如,她描述了各种类型的儿童,如强迫性照顾别人的儿童、过度顺从的儿童和表现出虚假的积极情感的儿童等;她还设计了一种多轴的测量方式来解析复杂的人格特征,特别是对虐待的反应。这些人格特征会成为非意识化的行为模板,也就是鲍尔比所说的**内部工作模型**(internal working models),而克里滕登称之为**性情表征**(dispositional representation)。儿童能学会对特定成年人有效的策略,例如,如果父母不能忍受情感的表达,孩子就会限制情感表达。这成了儿童心智中的一个非意识化模型,是他们与他人关系的内部表征。一个儿童有可能发展出几种依恋策略,每一种都适用于特定的关系。一个儿童可能对母亲呈现出安全型的依恋,对父亲则呈现为回避型,也就是说,他们会根据不同照护者的特点做出相应的反应。

内部依恋

虽然依恋理论最初关注的是行为,脱离了精神分析对心理体验的关注,但鲍尔比提出的内部工作模型的概念使该理论依然保留了其心理层面的性质。内部工作模型是一种表征性和情感性的地图,人们据此预测他人的反应和关系的发展。这种模型不是静态的,它会受到新经验的影响,尽管新的经验也是根据以前的期望来进行"解读"的。

依恋理论的下一次飞跃,是成人依恋访谈的开发,它将关注点放在思想、观念和表征上,并由此带来了一系列新的研究。梅因(Main et al., 1985）开发了成人依恋访谈来测量成人的思维过程，并证明了成人依恋访谈揭示出的父母的心理状态，与陌生情境测验所测量的儿童依恋状况之间存在联系。这是一个革命性的发现，它说明父母对自己生活的思考会影响孩子的发展，也说明依恋模式会由一代传递给下一代。

成人依恋访谈是一个半结构化的访谈，需要大约一个小时才能完成。它的目的是"出人意料地接近无意识"，以揭示与依恋有关的表征世界的重要特征。例如，访谈要求被试用五个形容词来描述与父亲或母亲的关系，然后提供能够说明该描述的记忆。访谈中还会让被试举例描述自己儿时不开心的时候、对第一次分离的回忆或任何创伤性的经历。这些问题往往会激起被试强烈的情绪反应。访谈内容被认真地记录下来，并根据量表进行分析，重要的是，这些量表测量的并不是被试童年时期实际发生了什么，而是被试回答问题的方式，特别是叙述的内在连贯性、一致性和反思性。

根据访谈结果，一些成年人属于"安全－自主（secure-autonomous）"的类型，他们的叙事方式比较连贯一致，少有混乱或矛盾。他们拥有一个连贯的生活故事，故事中包含着情感体验，也对重要他人如何体验这些事件表现出兴趣。这类成年人最有可能拥有安全型依恋的孩子（Fonagy et al., 1995）。

还有一些成年人属于"痴迷型（preoccupied）"，他们回答问题时，有时相当愤怒，有时又充满困惑。如果要求他们描述一个事件，他们可能表现得就好像回到了事件发生的时刻，比如正与父母发生争执。他们说话的句子比较长，比较杂乱，回答时充满细节，但自我反思能力较弱。他们的孩子最有可能形成矛盾型的依恋。

与回避型依恋相对应的成人类别被称为"疏离型（dismissing）"。他们会给出积极而简短的关于童年的描述，但却无法用实际的例子来支持这些积极陈述。他们的记忆通常都很有限，而他们实际讲出的故事往往与先前的美好画面相矛盾。例如，一个人可能会说他的父母非常关心他，之后讲的故事却是他在一个陌生的树林里迷路而没有人注意到。这类成人不容易触碰到自己的情绪，尤其是负面情绪。

第四种成人被归类为"未解决－混乱型（unresolved-disorganised）"，他们的叙述缺乏连贯性，推理糟糕，思维怪异，叙述断断续续，有突然的变化而缺乏逻辑联系。这些父母往往"自己充满恐惧，也让别人感到害怕"，他们的孩子最有可能形成混乱型依恋。

这些惊人的发现，显示了成人的反思能力对其孩子的依恋状态具有多么大的影响。重要的一点是，这里起预测作用的不是一个成人实际的童年经历，而是他对自身经历的反思能力。拥有积极童年经历的人确实更有可能成为安全－自主的类型，但这并不是必然的。即便一个人有负面的经历，也可能产生不同的结果，这里起到关键作用的包括一个人的心智化能力，能够处理过去的经历、在某种程度上与过去和平相处，以及具备所谓的**反思性自我功能**（reflective self-functioning）。梅因创造了"获得性安全感（earned security）"这一术语，指的是一些人虽然有艰辛的童年，但成年后仍然能获得安全感。这些人的生活中出现了其他保护性因素，如后来与其他成年人之间的积极经历（Roisman et al., 2014），这些发现给研究人员和专业人士带来了希望——早期经历并不能决定一切。

依恋的传递

具有不同依恋风格的儿童对世界的体验是不同的。安全型儿童期望与他人进行积极的互动，也有信心进行探索，他们往往更加灵活，更会游戏，更有能力与其他儿童共情和相处，更能理解和调节自己的情绪，也能理解他人的情感需求。这样的儿童对自己与他人关系的内部表征通常是充满希望的，他们在遇到困难时的预期是自己能得到帮助。

安全感似乎带来了优势，但如果父母是虐待性的或是冷漠的，那么表现出安全的行为就会适得其反，因此，这种父母的孩子需要发展出其他策略。例如，为了留住照护者的爱，回避型儿童会抑制自己的需求（去激活），屏蔽痛苦给自己带来的影响，也看不到别人的痛苦。与安全型儿童相比，回避型儿童的表征世界不那么丰富，处理情绪复杂性的能力也要弱一些，他们需要把自己看成是强大和独立的。相反，矛盾型儿童则会非常焦虑，为了避免被遗弃，他们会无休止地提出要求，但不太能学会调节自己的情绪需求。

混乱型依恋的儿童处境最为悲惨。他们没有什么策略来满足自己的依恋需求。父母通常是能让孩子感到安全的人，而混乱型儿童的父母常常是不可预测的，甚至更为糟糕，可能恰恰是他们给孩子造成了伤害和痛苦。这样的孩子没有安全的对象可以依靠。他们无法形成连贯的策略，所关注的只是在接下来的几秒钟内避免危险；他们可能表现得无法预测，而矛盾的是，随着他们年龄的增长，早先这种混乱的特点常常会演变成极度控制的个性。他们体验到的世界总是没有安全感，所以自己一定要牢牢掌控。他们可能变得极度自我依赖，或者通过攻击行为或强迫性的给予照顾来试图控制重要他人，当这些策略失败时，他们就会变得非常不可预测。

父母的行为和心理状态究竟通过什么机制对其子女的依恋状况产生如此大的影响，这一点研究者尚未明确（Sette et al., 2015）。最常见的理论是，安全－自主型的成人作为父母更加敏感；研究者已经设计了各种工具用以测量父母的敏感性和反思功能（Slade, 2005）。在解释父母的心理状态如何影响婴儿的依恋时，仍然存在一些"传递中的缺口（transmission gap）"。米恩斯（Meins et al., 2012）提出的"将心比心"的概念衡量了父母能否对孩子的心智方面做出评论，它似乎可以预测孩子能否形成安全的依恋。能够将心比心的父母会更加关注孩子的感受、想法和体验。如果一个前语言期的婴儿表现出痛苦，那么将心比心的父母可能会猜测着说出他们为什么不高兴，父母也许会说"哦，是的，你想妈妈了"或"嗯，那一声巨响真吓人"。米恩斯指出，反复体验到自己的心理状态得到了他人的反映，有助于儿童意识到自己和他人的心理状态。与安全型儿童的母亲相比，回避型儿童的母亲往往较少做出将心比心的评论，而矛盾型儿童的母亲可能会做出一些心智方面的评论，但这些往往是对儿童内部状态不准确的解读。

由此可见，理解孩子心理状态的能力非常重要。母亲对 6 个月的孩子所做的将心比心的评论数量，可以预测孩子 1 岁时的依恋安全性（Bernier and Dozier, 2003），48 个月时的心智化能力（Meins et al., 2003）、心智理论（Meins et al., 2013），以及 5 岁时的语言和叙事能力。这些有关父母心理状态重要性的发现令人振奋，尤其是因为在了解了依恋的传递方式之后，我们就可以进行干预，并帮助父母发展将心比心的能力或自我反思的能力。

与"将心比心"有很多共同之处的另一个概念是"心智化"，它是由安娜·弗洛伊德中心的福纳吉和塔吉特（Fonagy and Target, 1998）提出的，心智化是指理解自己和他人心理状态的能力，以及理解人们的行为如何受到心理和情绪因素驱动的能力。在这里，我们又看到了来源上稍有不同的概念描述了非常相似的现象。心智化的方法越来越多地被应用于新近的心智化治疗中（Bateman and Fonagy, 2004），用于治疗患有边缘型人格障碍的成年人。情感调节、将心比心、反思功能以及心智化，这些彼此相关的概念在依恋理论中占有核心位置。

具有讽刺意味的是，虽然安全依恋与心智化能力有关，但当我们对某人产生安全依恋时，我们的一些心智化能力在与该个体的关系中可能反而会被搁置（Bartels and Zeki, 2004）。当我们爱一个人的时候，很多方面的判断力就会停摆，我们会朝积极的方向去设想这个人，这就是福纳吉所说的**认识性信任**（epistemic trust）的基础（Fonagy and Allison, 2014）。

依恋理论描述了儿童适应其环境的方式。尽管早期的研究结果显示，孕妇的成人依恋访谈结果能预测未出生的孩子在 1 岁时的依恋状况（Fonagy et al., 1991），但早年的依恋状况未必能预测之后的状况，这一点与研究者的假设不同（Beijersbergen et al., 2012）。值得庆幸的是，儿童会在整个生命周期内不断地适应当前的环境。童年依恋和成人依恋之间的连续性是相当多变的，尽管父母在各个年龄阶段的敏感性仍然是整个童年依恋安全的良好预测因素（Schoenmaker et al., 2015）。虽然我们知道父母的养育非常关键（Chopik et al., 2014），但目前我们还尚未完全了解依恋代际传递的确切机制，以及早期经验的预测范围。

最后，我尚未提到生物学上的气质，这是因为很少有人发现气质与儿童依恋状态之间的关联。一些婴儿或许是由于遗传原因，天生就比较敏感、自我调节能力比较差，他们无疑更容易形成不安全的依恋，而且父母也会觉得这类不稳定的孩子更难照料。在同样的养育方式下，有些基因可能会影响依恋，比如与催产素相关的基因（Raby et al., 2012）。但目前这方面的研究都是初步的，而且都是基于小样本，一些研究人员也提示我们需要谨慎，至少目前来看，已有的证据不一定成立（Roisman et al., 2013）。有证据表明，儿童的外部环境，无论是治疗性干预还是家庭环境的变化，都会改变儿童的依恋，这也削弱了生物遗传和依恋之间的关联性。父母的敏感性仍然是预测儿童依恋安全性的最佳因素，虽然混乱型依恋可能与气质存在一定关系（Spangler, 2013）。近年来的表观遗传学研究似乎越来越清楚地表明，某些孩子由于遗传原因，会更容易受到积极或消极经历的影响，这一点在下一章中也会谈到（Belsky and Hartman, 2014a）。不过，尽管有新的表观遗传学研究，父母的敏感性和将心比心的能力仍然能很好地预测儿童最终的依恋状况。

依恋理论与文化

依恋理论似乎描述了人类乃至哺乳动物的生物系统（Panksepp, 2004），但就像所有的理论一样，它受制于它所起源的特定文化和历史背景。这里涉及的重要问题是：依恋理论能否适用于其他文化，或者基于西方的养育方式所做的研究是否存在偏见。

当然，我们可以将依恋理论的概念和程序（如陌生情境测验）运用到其他文化中。这样做的时候我们会发现，安全型依恋是最常见的依恋形式，尽管文化差异确实存在。例如，格罗斯曼（Grossmann, 2005）发现，在德国北部，回避型依恋的儿童最为常见，而在德国南部则不是这样。在以色列的集体农场经历过集体就寝安排、不与母亲同睡的儿童中，矛盾型依恋占据主导（Sagi et al., 1995）。某些类别的儿童在一些文化中似乎根本不存在。在马里的多贡人中，87%的儿童属于安全型，没有任何人属于回避型，不过有些儿童的母亲处于恐惧状态或令人恐惧，这些儿童形成了混乱型依恋。与美国样本相比，中国（Archer et al., 2015）的婴儿较少表现出回避和矛盾风格；在中国这种注重关系的文化中，母亲离开、让孩子独处的情况较不常见。此外，韩国的母亲更有可能在重聚时留在婴儿身边（Jin et al., 2012），而这样的婴儿表现出回避型依恋的比例要小得多。

依恋的分类相对宽泛，其优势是有利于广泛的应用，而其弱点是让人难以理解其中的细微差别。例如，中国很重视孝道，除了对父母的依恋以外，与祖父母的依恋关系对一系列结果也具有很强的预测作用（Liu, 2013）。此外，安全型依恋的个体彼此之间也有差异。与德国的安全型儿童相比，日本的安全型儿童在离开母亲的怀抱时较少哭泣，但这两组儿童都被归类为安全型。在中国，由于文化上的期望，即便是安全型的成年人，可能仍然不愿意寻求他人的帮助，也不愿意表达自己的感受，尤其是当他们的地位需要他们执掌权力或支持他人的时候（Erdman and Ng, 2011），这些行为在西方的依恋模型中则被认为是一种回避。

我们不仅要问依恋的概念是否可以跨文化应用，还要探讨依恋理论的概念本身是否包含文化偏见。像"及时回应"或"母亲的敏感性"这样的概念，在不同文化中可能有不同的含义。罗斯堡姆和莫雷利（Rothbaum and Morelli, 2005）认为，依恋理论对自主、探索和独立等方面的重视存在着文化偏见，西方文化更加看重这些能力。例如，在波多黎各，母亲一般更重视孩子能否保持平静、能否怀有敬意地保持专注，胜过重视孩子的自主性。对儿童的身体控制在美国家庭可能与不安全依恋相关，但在波多黎各家庭则与安全依恋相关（Carlson and Harwood, 2003）。同样，在美国，母亲的干预能预测不安全依恋，但在哥伦比亚，情况却正好相反（Posada and Jacobs, 2001）；而在土耳其，母亲的控制和内疚诱导与不安全依恋并不存在关联，这个结果也与西方的情况不同（Sümer and Kağitçibaşi, 2010）。

在有关文化的第 7 章中，我阐述了不同社会对独立性和社会责任的不同态度。在许多文化中，人们看重的是照护者预料婴儿需求的能力。依恋研究并没有衡量这一点，它衡量的是儿童对已经发生的、诱发焦虑的情况的反应，而不是对预期情况的反应。

尽管如此，但确有可信的证据表明，在人类婴儿和其他灵长类动物中，存在一个普遍的依恋系统。也有来自哥伦比亚、马里、智利等互不相关的文化的证据表明，母亲的敏感性与儿童的安全依恋有关，而且研究结果经过了来自不同文化的评分者的检验。即便在有些社会中，比如特罗尼克研究的埃菲人（Efe）的社会中，儿童养育更多以集体的方式进行，儿童的照护者经常轮换，但儿童的主要依恋对象往往仍是母亲（Tronick et al., 1992）。正如凯勒（Keller, 2013）所说，依恋理论有时没能认识到文化差异的重要性，理论中强调的一些内容，如自主性的重要性，在某些文化中没有那么重要。尽管如此，依恋理论总体而言仍然具有跨文化的适用性。

依恋与障碍

不是所有非安全依恋的儿童都有消极的预后，但 1 岁时的混乱型依恋确实能有力地预测 17 岁时的心理疾病（Obsuth et al., 2014）。混乱型依恋往往与其他风险因素相伴出现,如贫困、单亲、暴力、吸毒、酗酒,以及恶劣的社区环境。混乱型依恋的儿童容易感到压力过大,警惕性过高,表现出"无助"和(或)"敌对"的行为,他们得到的照顾往往是不一致的、混乱的、令人恐惧的,这会让他们的情绪调节发生异常。这类儿童无法形成恰当的应对策略,因为不管接近还是退缩都会带来恐惧。许多经历过创伤的儿童会表现出这样的行为,他们的执行功能比较差,过度活跃,看起来很像患有多动症的儿童(DeJong, 2010)。他们可能会失去控制,但随着年龄的增长,他们的控制欲会变得越来越强。对他们而言,这个可怕的世界是不可信的,出乎意料的事不会是什么好事,所以他们会尽可能地避免变化,控制事情的发展。许多被收养前受到过虐待的儿童会表现出这样的模式,所以即使是最敏感、最同调的照护者,养育这种孩子时也会遇到很大的困难。

这样的儿童为了生存,往往不得不停止依恋行为,他们把自己与内心活动隔绝开,并使用极端的防御方式,如逃跑、战斗或**解离**(dissociation)。在这些儿童的经历中,当可怕的事情发生时,没有人能够对这些经历做出解释。这些儿童经常表现出跳跃性的思维过程,很难维持住一条思路,这个特点也常见于他们的父母在成人依恋访谈中的混乱报告。这些儿童可能在认知、调节情绪和发展一致的人际关系策略等方面都有困难。许多人在学校表现不好,而且成长轨迹也让人担忧,其中一些人会违法犯罪、进入精神病院,或成为其他专业服务的对象。

近年来,关于依恋障碍的讨论层出不穷,其中重要的一点是需要将依恋障碍与混乱型依恋区分开(后者是一个研究上的分类)。依恋障碍起初是一种正式的精神病学分类,描述的是那些长期被忽视或缺乏照护的儿童,他们从未与某个照护者建立依恋关系。最新版本的精神病学手册,即《精神障碍诊断与统计手册》(第五版)(*Diagnostic and Statistical Manual of Mental Disorders*, Fifth Edition,简称 *DSM-5*),区分了**反应性依恋障碍**(reactive attachment disorder, RAD)与**去抑制型社会参与障碍**

（disinhibited social engagement disorder, DSED），前者指的是遭受严重忽视的儿童的情况，比如孤儿院的孤儿，后者指的更多是调节异常的儿童的情况。许多人认为，上述分类缺乏对儿童发展的理解，还有许多人提议在 *DSM-5* 中加入**发展性创伤障碍**（developmental trauma disorder）这一新类别（van der Kolk，2014），但没有成功。

虽然对依恋障碍的科学研究和精神病学论述是有坚实依据的，但我们仍然需要保持谨慎，正如普赖尔和格拉泽指出的那样（Prior and Glaser，2006），也有一大批人在提供通俗化的伪科学依恋疗法，他们所说的依恋与正式的精神病学所描述的依恋大相径庭。最具争议性的可能是所谓的"拥抱疗法"，它试图通过强制接触的方式来加强成人和儿童之间的互动（Simmonds，2007），这种方式已经受到很多人的批评，并且具有实际的危险性，甚至会导致意外死亡（Lilienfeld，2007）。这明显不同于临床治疗师基于对依恋理论的科学理解而开展的深入细致的心理治疗（Holmes，2014）。一些混乱型依恋的儿童也可能被诊断为反应性依恋障碍或去抑制型社会参与障碍，但这些类别并不是一回事。不过很显然，不管是混乱型依恋的儿童还是存在依恋相关障碍的儿童，长期的发展都不乐观。

本章要点 >>>>>

- 依恋理论最初是一种空间理论和行为理论，强调能够接近安全基地对儿童的重要性，这个安全基地可以由一个或多个依恋对象提供。
- 随后，依恋理论越来越关注养育的性质和风格。
- 后来的研究越来越强调照护者的心理状态及其与儿童依恋状况之间的关系。

- 所有的依恋方式都可以看作儿童对其所处环境的适应，包括不安全的依恋方式。
- 最令人担忧、预后最差的依恋类型是混乱型依恋，常见于有创伤和被虐待经历的儿童。
- 拥有安全型依恋关系的儿童一般都具有优势，比如他们能与同龄人良好地互动，创造性地玩游戏，能理解情绪和想法，也能更好地调节自己的情绪。
- 依恋的传递机制似乎与父母的敏感性有关，而父母"将心比心"的能力是敏感性的一个很好的体现。
- 依恋理论具有跨文化的意义，尽管它的一些概念可能存在欧洲中心主义的偏见。
- 有一些与依恋理论相关但不同的论述，如反应性依恋障碍，或一些自称与依恋有关的各种治疗手段。
- 依恋风格也不是一成不变的，它可以随着新的经验和新的关系而改变，这应该能给专业工作者和家长带来希望。

第 7 章

文化的重要性

不同文化中的育儿方式差异很大，但在大多数社会中，人们都对自己的育儿理念坚信不疑。我们有必要从跨文化的视角去理解各种育儿方式。对于在多元文化环境中生活和工作的人而言，跨文化的视角尤为重要。儿童发展的某些方面几乎是人类所共有的，还有一些方面则来自特定的文化，我们每个人都深受自己所属文化的熏染。尝试理解其他文化中的思想观念，是一项颇具挑战性的工作。比如，生活在太平洋岛屿上的比明－库斯库斯明（Bimin-Kuskusmin）人有一个复杂的宇宙信仰系统（White et al., 1985）。虽然他们的观念与我们非常不同，但还是会有人想要将其翻译成我们所能理解的内容。"菲尼克（finiik）"是他们的一个核心概念，可以大致翻译为我们所说的精神或生命力。

> **知识栏 7.1　比明－库斯库斯明人的菲尼克**
>
> 婴儿的菲尼克很小、很无力、很脆弱，也很容易逃走。菲尼克从受孕起开始就存在，它来自祖先的精神，并在其指引下发展；菲尼克甚至可能引起胎动，而仪式性的行为可以加强它。然而，在婴儿出生后，菲尼克非常脆弱，只有把婴儿放在道德、社会和仪式的群体环境中，才能使菲尼克得到增强。婴儿出生时是被严重污染的，菲尼克的碎片就会从咳嗽、尖叫和其他动作中逃逸。母亲可以通过拥抱、温暖、照护和说

> 话来安抚婴儿,这些做法可以减少婴儿的"思维感觉"和运动,这样就能防止菲尼克逃逸。父亲的在场和仪式性活动,对于巩固菲尼克也起着关键作用;但母亲的虐待或忽视会严重威胁孩子的未来,因为这会使菲尼克变得松散甚至逃走。

对上面描述的内容,每个人都会用自己先入为主的观念进行解读。我们并不总是能把一种文化的信仰和价值观翻译到另一种文化中。

在子宫内生活时,我们已经在接收来自文化的味道和声音,而在出生后,我们很可能继续生活在同样的文化中。从出生开始,婴儿的存在方式就一直受到文化的影响。婴儿和母亲的声调,以及母婴互动的同步性,在不同文化中是有差异的(Van Puyvelde et al., 2015)。新生儿的哭声也是如此:在法国,新生儿的哭声是上扬的,而在德国,新生儿哭声的声调则是不断降低的(Mampe et al., 2009)。为了成为一个有社会能力的成年人,人们必须学习他们所处的文化环境的期望。社会学中"惯习"的概念(Bourdieu, 1977),描述了文化与社会的安排和影响如何体现在个人的主观生活之中,这个过程大部分是不自觉的。

面对与自己不同的做法时,大部分人都会觉得受到了挑战。我们的语言中有大量形容"外来"或"陌生"的词汇。很长一段时间里,西方思想充斥着"文明人"有别于"野蛮人"的观念,有时还会过分简单地用进化论思想来证明西方生活方式的优越性(Spencer, 1895)。大多数社会都会认为自己照顾孩子的方式是最好的。比如,当来自喀麦隆乡村的母亲看到视频里的欧洲母亲放任婴儿哭泣时,她们会问,能不能让她们去教教这些人怎样带孩子更好(Keller, 2007)。在一种文化中理所当然的价值观,可能会让来自另一种文化的人感到困惑,在有大量移民的社会中,这样的问题会更加突出。

不同文化在育儿的许多方面都有不同的信念,比如我们要给予婴儿多少拥抱、喂养、保护和沟通。人类的育儿方式极具多样性,这就挑战了那些认为"我们"的育儿方式才正确的想法。我希望我们不要把任何非西方的做法看成是"奇特的",或者反过来说,把我们自己的信念和做法视为"自然的",在我看来,后一种观念更加危险。我还概述了一个重要的区别,即相互依存度高的社会与自主性高的社会之间的区别,这对概念有时也被描述为**社会中心**(sociocentric)与**自我中心**(egocentric),或者个人主义与集体主义(Markus and Kitayama, 1991)。相互依存的文化侧重让儿童在成长过程中更多地意识到他们是群体的一分子,是社会环境的一部分。自我中心或个人主义的文化更重视自主性和个体性,正如在西方工业社会中经常看到的那样,儿童作为独立个体的发展会受到高度重视。

不同文化中存在的一些区别

在不同的文化中,有关婴儿是什么或婴儿代表什么的观念有很大的不同。对于一些基督教清教徒来说,婴儿出生时充满了罪恶,需要受到文明的洗礼,而在巴厘岛人那里,婴儿则被视为转世的祖先,需要得到尊敬的对待。在土耳其或尼泊尔等地的文化中,人们会做一些事情使孩子避开"邪恶之眼",可能我们每个人都会有这些可以视为迷信的信念。许多欧洲母亲在怀孕的最初3个月不会告诉别人自己怀孕了,以免"藐视命运招来厄运",而在另一些社会文化中,人们会早早宣布自己怀孕的事。

不同的社会对生活事件的理解和做法有很大差别。例如,大多数文化都会对生命中的一些特殊时刻给予特别的对待。在西方,一些转折点会理所当然地得到重视,例如入学或毕业,乃至生日,而它们在某些地方可能没有意义,例如在柬埔寨和乍得,生日是不庆祝的。社会仪式往往能显示出一种文化的核心价值。在印度教的入教礼中,男孩要成为宗教群体的正式成员,就要经历一个仪式,他们会独自度过一个晚上,对于年幼的孩子来说，这往往是他们第一次离开母亲独自过夜，自此以后，他们只跟家庭的男性成员一起用餐（Friedlmeier et al., 2005）。纳瓦霍人（Navajo）有一个"第一次笑"的仪式，由第一个让婴儿笑的人提供大餐来庆祝，目的是为了让婴儿成为一个慷慨和快乐的人（Willeto, 2015）。从这时起，纳瓦霍人才认为婴儿在逐渐成为一个人。

我们想要真正理解这些习俗，就不能脱离整体性的文化背景。有些观念和习俗在我们看来可能颇为有趣，而有些则具有威胁性。例如，大多数文化中的父母都担心孩子的安全，但这种担心的性质在不同文化中有所不同。一些地方的人担心的可能是狮子和其他掠食动物，而另一些地方，人们担心的是汽车或恋童癖。在有些文化中，人们担心的是意外的危险。许多尼日利亚的富拉尼族（Fulani）母亲把婴儿放在牛粪中打滚，这是为了愚弄神灵，让他们以为这样的孩子不值得带走。有关什么是适当和安全的，不同文化的想法也有很大的差异。在美国和欧洲，儿童在至少5岁之前通常是不允许玩刀的。而刚果的埃菲族儿童经常安全地使用砍刀，新几内亚的法雷族（Fore）婴儿在会走路时就会用火（Sorenson, 1979），中非的阿卡族（Aka）儿童在10个月大时就能安全地学会投掷长矛和使用斧头（Rogoff, 2003），这些可能会让西方的父母和社会工作者感到震惊。

一个更具争议性的例子来自新几内亚的桑比亚人（Sambia; Herdt, 1994），他们的育儿方式对我们的设想提出了巨大挑战。他们居住的长屋是男女分开的，在男性中进行着一种传递男性气质的仪式，其中包括"口交"活动，而男性世界的延续据说取决于精液的注入。尽管这些男性的经历在我们大多数人看来是一种虐待，但这些男性照样长大成人，似乎并未受到伤害，但大多数读者仍然会认为这是一种虐待。

如此激烈地挑战我们的核心价值观的习俗是比较罕见的，但在其他文化中，我们确实可以看到很多与当代西方信念体系相悖的育儿方式，比如一夫多妻制、女孩在青春期前结婚、女性的割礼等。还有一些文化差异，如包办婚姻或强迫婚姻，可能会让同一家庭的成员之间的关系变得紧张，这个现象在第二代亚裔年轻女性身上经常看到（Anitha and Gill, 2009）。

在某种文化内部，习俗也会随着时间的推移而改变，从公认的可接受到不可接受。在前工业化和工业化时代的英国，儿童在经济和工作生活中全面发挥着作用，他们在工厂做工、在农田干活，甚至还打扫烟囱（这一点臭名昭著）。英国育儿大师特鲁比·金（King, 1932）部分根据养牛的经验设计了一个育儿系统，影响了整整一代人。他主张喂食间隔要固定在4小时，间隔期间不能抱起孩子或"溺爱"孩子，让孩子长时间独自待在花园尽头的婴儿车里呼吸"新鲜空气"，哭闹被视为"对肺部有益"。这些做法在一代人看来可能没什么问题，在下一代人看来却非常野蛮。

对其他文化的思考很容易受到我们自己的价值观的影响（Music, 2014a）。之前提到过的巴西棚户区就是一个典型的例子（Scheper-Hughes, 1992）。在这里，母亲们对那些弱小的、难以存活的婴儿表现得非常冷酷。她们会说"如果一个婴儿想死，他就会死"，并且她们会主动阻止别人去拯救她们认为不会存活的婴儿，这是研究者舍佩尔－休斯在天真地试图帮助一个被认为是"弱者"的孩子时发现的。我们所有人在某种程度上都受制于自身的文化价值体系。

社会中心与自我中心，二元关系与群体

自我中心还是社会中心，或者说个人主义还是集体主义，是不同文化之间的一个核心差别，这种差别是在一个连续谱上的，并不是一种绝对的区分（Geertz, 2000）。西方文化的一个核心假设是，"自主的自我"是天性的发展方向，但这个假设并非存在于所有的文化中。考迪尔和温斯坦（Caudill and Weinstein, 1966, p.27）写道：

在日本，婴儿刚出生时更多地被看作一个独立的生物体，为了发展，他要越来越多地卷入与他人相互依存的关系之中。而在美国，婴儿更多地被看作一个依赖的生物体，为了发展，他需要越来越独立于他人。

事实上，日本人有一个概念叫"撒娇（amae[1]）"，它不能真正翻译成西方语言，但大体指的是对于被爱、被关心、被照顾的期望；事实上，"撒娇"的概念可能对欧洲中心主义的依恋理论提出了挑战（Erdman and Ng, 2011）。丹麦的"Hyggelig"这一概念同样难以翻译，它的部分意思是与他人的温暖、舒适的关系。还有，中国人有关"缘"的观念认为，亲密关系在某些方面是命中注定的，这种想法挑战了西方关于成人依恋和恋爱关系的许多观点（Erdman and Ng, 2011）。

对婴儿睡觉方面的安排，常常能体现出社会中心/集体主义与自我中心/个人主义之间育儿观念的差异。诸如睡眠训练法等做法是在告诉婴儿，他们无法通过啼哭得到安慰，但在人类历史上的大多数社会中，能否和母亲同睡很可能决定着婴儿的生存。在美国，婴儿大多不和母亲睡在一起；在英国，有些人认为婴儿与母亲同睡很危险；而在南美的许多文化中，母亲和婴儿分开睡简直是无法想象的（Morelli et al., 1992）。许多日本人相信，与母亲一同睡觉有助于让儿童从独立的生命体转变为群体的成员（Caudill and Plath, 1966; Shimizu et al., 2014）。我们使用的语言很能说明问题。西方父母常说要锻炼孩子"自立"和"独立"，并且对孩子的"依赖性"感到担忧，而在偏重社会中心的文化中，母亲则会强调"相互依赖"的品质。我们对孩子应该在哪里睡觉的信念，关联着我们对人的核心观念。在西方工业世界里，母亲经常需要离开家去做有报酬的工作，婴儿的依赖性太强可能会影响家庭的经济运转，在这样

---

[1] amae 的日文是"甘え"，意为撒娇。——译者注

的情况下，婴儿与母亲同睡也许不太可行。

在重视独立的文化与重视相互依存的文化中，婴儿会有非常不同的经历。在凯勒（Otto and Keller, 2014）的研究中，3个月大的德国婴儿有40%的时间不在母亲身边，而在相互依存的农业社会里，婴儿从来都不会独处。在西方家庭中，母亲往往承担了大部分的育儿工作，也许有其他几个成年人帮忙；而在非洲和印度农村的文化中，许多其他成年人和年轻人都可以参与育儿工作。喀麦隆农村的恩索人（Nso）有一句俗话："子宫里的孩子属于一个人，出生后的孩子属于每个人"（Keller, 2007, p.105）。在这种相互依存的文化中，受到高度重视的是社会适应，而不是独立和自主，即刻获得躯体上的舒适（主要通过喂奶）被看作婴儿"显而易见"的需求。恩索人的母亲看到视频里的德国母亲只是哄孩子，却不喂奶的时候，感到难以置信，其中一些人怀疑是否有人不让这些德国母亲抱孩子，甚至怀疑视频里的人是不是孩子的亲生母亲。

在偏重相互依存的文化中，亲密的身体接触被视为理所当然，而在西方母亲和婴儿之间，则是拉开距离的、面对面的交流更多一些。类似的差异也体现在语言的使用上，在自我中心的文化中，人们与婴儿的声音交流更多，反过来，婴儿也会更多地发出声音。相比之下，更偏重相互依存价值观的母亲往往不太重视语言表达。在社会中心的文化中，语言与其说是用来鼓励自主性，不如说是用来支持社会和道德准则。在社会中心的文化中，也有很多母亲习惯于给孩子相当刻板的身体刺激和按摩。德国母亲看到视频中一些母亲起劲地按摩婴儿时，她们觉得这些母亲的行为对婴儿是侵扰和不敏感的，因为她们没有配合婴儿的节奏。

在欧洲和美国的很多地区，人们都认为二元的母子关系是"符合天性"的，许多理论都认为父亲是一种外部存在，父亲促成的三元互动有助于"打破"共生的母婴关系（Winnicott, 1958; Music, 2004）。然而，在许多文化中，互动是基于复杂的群体动力而非二元关系的动力，复杂的社会关系网络更受重视。

在危地马拉的一些玛雅人（Mayan）社群中，构成社会组织的团体是在某个圈子内进行互动的（Chavajay and Rogoff, 2002），幼儿的成长融入团体过程中，而不太会得到某人单独的关注。以年龄较大的儿童为例，在美国阿拉斯加州的学校里，按照传统，教师会促进团体过程和共同学习，而非个人学习；学生们互相帮助彼此掌握知识，教师则促进团体发言。但有一次，一位代课教师来到课堂时，把所有的课桌都转向她，并要求所有学生的发言都必须是对她说，这种做法引起了混乱（Lipka, 1994）。在课上公开地互相帮助是当地文化中惯常的做法，却被代课教师视为不服从和"错误"。

然而，即便在西方社会，也有一些文化群体更重视合作和团体目标。例如，与同龄的英裔美国人相比，韩裔美国人的学前儿童更能以合作的方式回应其他儿童（Chen, 2012）。这种差异可能会导致对其他文化的养育方式产生评判。欧洲的专业人士推崇的一些养育方式，可能不适合来自非洲-加勒比海地区、拉丁美洲或亚洲的父母。我们可能过于强调母亲而忽视了大家庭，同时对不同于文化主流的育儿观念也缺乏理解。

正如罗斯堡姆和莫雷利阐述的那样（Rothbaum and Morelli, 2005），西方文化特别重视自主、自尊和自信。但从一些亚洲文化的角度来看，一个自主的人可能被视为不成熟、没修养（Kitayama et al., 1997）。社会中心主义的惯常观念强调父母的控制、社会凝聚力、相互依存和群体期望。喀麦隆的恩索族母亲通常会对婴儿的痛苦表现做出非常迅速的反应，而德国母亲则会更多地对婴儿发出的积极信号做出反应（Keller, 2007）。在非洲中部的古西人（Gusii）中，母亲不会放大婴儿互动的兴奋，她们会不理睬兴奋的婴儿，让他们平静下来，因为她们不希望孩子变得有个性或爱表现。这些差异并不是说某种方式"更好"，也不是说某些父母更爱孩子。一项对韩国和德国母亲的比较研究甚至专门测试了这一点，结果发现母亲对孩子的爱和接受程度总体上没有区别，但韩国母亲更鼓励孩子参与团体活动和社会活动（而非个人活动）、遵从父母的期望，不太鼓励孩子发展独立性（Ziehm et al., 2013）。

"控制"在社会中心主义文化中受到高度重视，但对许多美国或西欧的父母来说却具有相当负面的含义。中国农村的许多母亲会鼓励孩子服从、共同合作和相互依赖的行为方式（Chen et al., 2010）。在尼泊尔这样的社会中心主义文化中，儿童和成人都有更强的社会责任意识，比如照顾长辈，而在偏向个人主义的文化中，这种意识更多被视为一种个人选择而不是社会期望（Chernyak et al., 2013）。中国人似乎比美国人更不赞成违反规范的行为，这一点可以从脑激活的差异上反映出来（Mu et al., 2015）。

随着教育、工业发展和城市生活的影响在世界范围内与日俱增，养育子女的方式也在朝着更为独立的"自我中心"模式发展。有研究（Hofstede, 2010）考察了50个国家的文化属性，结果显示美国、澳大利亚、英国和加拿大的个人主义排名最高。在中国，随着新兴经济模式的出现，城市父母的教养方式与传统农村的教养方式相比发生了很大的变化，变得不再那么严格，更加具有个人主义风格（Chen et al., 2010）。在当代欧洲社会，如德国，教养方式在过去几十年间变得更加个人主义和自我中心了。凯勒和拉姆（Keller and Lamm, 2005）观察了20世纪70年代和2000年母亲与孩子的自由游戏的场景，结果发现，与之前相比，在2000年，母亲与孩子的身体接触较少，会对积极的信号（而非痛苦的信号）做出更迅速的反应，更喜欢保持一定距离的面对面接触，更多地使用物体和玩具，说的话也更鼓励孩子发展自主性和自我表达。这些只是一种文化在短短几十年内的变化。一般来说，如今的文化似乎在朝着个人化和自我中心的方向发展，尽管我们还不能确定一些非西方文化是否也遵循同样的发展方向，比如，中国和印度虽然工业化发展迅速，但仍然保留着独特的文化模式。

何为普遍性与天性？母乳喂养与情绪

既然不同文化之间有如此大的差异，我们不禁会问，是否有一些习惯做法是符合人类"天性"的，特别是考虑到在相当长的历史时期内，人类社会完全是狩猎采集模式。一个似乎始终不变的现象是，人类的母婴之间会维持长期的关系，即便这种关系的形式各不相同：有些婴儿出生后主要由母亲照顾，而扎伊尔的埃菲人的婴儿同时接受很多人的照顾，他们在不同的成人之间传递，但其主要的依恋对象仍然是母亲。

母乳喂养显然是人类母亲在生物学上的基本任务，因此它很容易被看成一种"符合天性"的做法。与某些物种相比，人类母亲的乳汁要更稀一些，其中蛋白质和脂肪的含量较少，这有助于母乳喂养遵循"少食多餐"的模式。在婴儿出生时，母亲会分泌初乳，这是一种浓稠的乳汁，其中富含抗体，具有公认的提高免疫力的作用。曾经有段时期，医生不鼓励母亲在婴儿出生后立即进行母乳喂养，在这个时期婴儿的死亡率急剧上升（Hrdy, 1999）。在人类的大部分历史时期，母乳都是婴儿唯一的营养来源。

认为母乳喂养才符合天性的观念也存在危险性，这种想法可能会在不知不觉中演变成一种道德评判，比如认为不喂母乳就是"不符合天性"的。与之相反的危险也会存在，比如欧洲的一些地方不鼓励母亲哺乳期太长或是在公开场合喂奶，因为有些人认为这种行为"令人生厌"。人类会适应其所处的环境条件，很难说一种适应比另一种更符合天性。

如果某种习惯或特点在所有文化中都具有普遍性，我们或许可以认为它是符合天性的，但这很难找到。一些情绪是否在所有文化中都具有普遍性，是学术界争论不休的问题。人类学家强调文化差异，而埃克曼（Ekman, 1987）则认为一些基本情绪对所有的文化都适用。他认为这些基本情绪包括快乐、惊讶、厌恶、轻蔑、愤怒、恐惧和悲伤。他研究了新几内亚的一个部落，法雷族，该部落至今没有接触过其他文化。他给法雷族人展示了能够体现情绪的、西方白人面孔的照片，并询问他们在拍摄照片之前，照片中的人可能经历了什么。总体而言，法雷人在识别情绪方面没有困难，这表明这些情绪信号具有普遍的可识别性。虽然这些结果得到了重复，但一些新近的研究使用了不同方法去考察偏远部落，其研究结果对情绪的普遍可识别程度提出了挑战（Gendron et al., 2014）。

有研究发现，西非的马法人（Mafa）可以识别西方音乐中的情绪，尽管他们从未接触过西方音乐；但事实上，人们还是更容易识别自己文化中的音乐所包含的情绪（Laukka et al., 2013）。有趣的是，天生失明的婴儿表达情感时的肌肉运动，似乎与视力正常的人是相同的，尽管他们从未看见过这些动作，这再次表明有些共性来自生物学上的遗传。有研究表明，无论是先天性失明、非先天性失明还是视力正常的运动员，他们在奥运会上的笑容都是一样的。例如，那些在决赛中输掉比赛的人都带着同样的"社交性微笑"，不管他们是否见过其他人的脸；他们的笑完全不同于获胜者那灿烂的杜彻尼微笑。这表明情绪表达具有高度覆盖整个物种的遗传路线（Hwang and Matsumoto, 2015）。

也有人试图反驳埃克曼的观点。阿盖尔（Argyle, 1988）研究了日本人、意大利人和英国人对彼此情绪的识别程度。所有群体都能识别对方的情绪信号，唯独日本人的表情比较难以读懂。研究者以此证明情绪表达可能具有文化特异性。然而，拍摄下来的日本和美国被试观看电视节目时的反应，对这一观点提出了挑战。日本被试在实验者面前很少表达可识别的情绪，但他们单独观看电影时的情绪表达与美国人一样可以识别。这意味着并不是他们表现情绪的方式不同，而是日本文化中存在一种在公共场合隐藏情绪表达的文化规则。

还有其他许多文化规则会导致专业工作者与普通人对和自己打交道的人产生误解。比如，在大多数西方社会中，看着别人的眼睛是直率和诚实的标志，而在一些非洲国家，这种行为被视为没礼貌或不尊重，而在一些阿拉伯文化中，不看别人可能反而是不礼貌的。我工作中曾接触过一位非裔母亲，由于社会工作者在这个问题上对她的误解，增加了她的育儿方式被判定为不恰当的风险；她被视为"回避推诿"，而在她的文化中，直视有权威的人是不尊重的表现。

情绪表达在什么时候是恰当的，也受到文化价值观的影响。正如罗格夫（Rogoff, 2003, p.27）指出的那样，尼日利亚的豪萨族（Hausa）母亲不会在公共场合对她们的婴儿表示喜爱，这可能会让欧洲的婴儿研究者或社会工作者感到困惑。我们再一次发现，在天性与养育的辩论中，没有哪一方能够胜出。正如松本（Matsumoto, 2002）发现的，在某些文化中，甚至对于一个人是否应该承认自己识别出了他人的情绪，也有相应的文化规则，这会使研究变得复杂化。一些研究（Elfenbein and Ambady, 2003）发现，人们更善于识别自己所在群体的成员的情绪，如果观察者和被观察者属于同一文化，情绪识别就比较容易，甚至婴儿也更喜欢"长得像自己"的面孔（Liu et al., 2015）。一些情绪可能的确是普遍存在的，但它们的表达更像是一种语言中的不同方言，而不是完全相互独立的语言；它们在不同文化间的细微差别，只有一个人所属的文化子群体的成员才能发现。有关这些问题的激烈争论还会持续下去，并可能会归结为这样一个重要问题：我们确实可能描述出一些普遍存在的情绪，同时也有可能发现情绪表达中存在重要的文化差异。

发展方面的文化差异

大多数心理学教科书都提出了标准的发展"里程碑"，这些里程碑"应该"在明确的年龄阶段达成，而参照这些标准，就可以判断儿童的发展是"落后"还是"领先"。通常来说，父母对孩子的行为是正常还是落后感到焦虑是可以理解的，明确的发展次序体现出了西方文化的竞争观念。

然而在不同的文化中，与特定年龄相对应的预期发展阶段也是不同的。在印度部分地区，1岁半的孩子就学会了辨别左右，这比大多数欧洲儿童早得多，其原因在于：在印度，右手是"干净"的手，用于吃饭或握手，而左手则用于排便后的清洁。在许多社会中，儿童很早就会学习一些身体技能，比如与狩猎或生火有关的技能，而西方学校系统看重的那种学习可能永远都不会发生。

在儿童发展教科书中提到的儿童达成特定成就的年龄，其实有很大的文化差异。例如，许多教科书表明，在儿童15—18个月大时，在他们的脸上涂上红色后，他们能认出镜子中的自己（Keller et al., 2004）。凯勒指出，在不同的文化中，达到这种里程碑的时间是不同的，而且这种差异与文化上的"相互依存—独立"连续谱有关。在更偏重社会中心主义的文化中，儿童能够认出自己的时间往往晚于西方的同龄人。能比较早地认出自己的儿童，在婴儿早期得到的身体接触就比较少，面对面的互动更多，也更多地被鼓励进行物体操作。越是自我中心主义的文化，上述能力发展得就越早。

但在自我调节方面，情况却恰恰相反。在重视亲密身体接触、对痛苦信号反应迅速的文化，以及明确要求儿童遵守规则的文化中，自我调节发展得更早、更充分。在偏重相互依存的文化中，儿童也能较早地发展出服从和情绪调节的技能（Wanless et al., 2013），尤其是男孩。

另一个例子是自传体记忆。它在西方文化中非常受重视，对其重要性的信念正是依恋理论的核心。对于西方人而言，拥有良好自传体技能的父母很可能培养出安全型依恋的孩子，这些父母能比较精细地叙述自己和孩子的生活。西方儿童拥有自传体记忆的时间，可以比其他文化中的儿童早16个月，例如，喀麦隆的恩索族儿童拥有第一次记忆的时间要比西方儿童晚得多。同样，理解别人心中所想、知道别人对事物的看法可能与自己不同的能力，即心智理论，也会根据文化的不同而在不同的年龄段出现（Mayer and Träuble, 2014）。如果我们从自身的文化视角出发，就很容易对儿童"应该"达到什么阶段做出评判。

文化差异除了体现在发展阶段方面，也体现在如何理解"障碍"或精神问题方面（Maitra and Krause, 2014）。例如，幼儿发脾气和"可怕的两岁（terrible twos）"让许多西方的父母痛苦不堪，但在一些文化中似乎并不存在这个问题，因为那里的人们对育儿做法怀有不同的信念（Mosier and Rogoff, 2003）。还有一些精神健康障碍是具有文化特殊性的，其中许多最近已被纳入正式的精神病学分类中，比如：在东南亚出现的拉塔病（latah），以突如其来的惊恐反应、失去控制、说脏话和模仿他人为特征；在非洲部分地区出现的恐缩症（koro），即担心自己的性器官正在萎缩或消失；在马来西亚出现的残暴疯狂综合征（Amok），是男性在受到轻视后陷入沉思，然后表现出疯狂的、不受控制的暴力行为，由此产生了"杀人狂"这个说法（Lilienfeld and Arkowitz, 2009）；等等。在日本出现的对人恐惧症（Taijin kyofusho），其特征是极度害怕惹别人不高兴，比如担心自己的体臭会影响别人，这样的问题在社会中心的文化中尤其明显。在这样的文化中，一个人如何被他人看待是极为重要的。

由于习惯性做法和对障碍的认识存在各种文化差异，因此我们很容易理解，任何一个人都可能出于自身的文化信念，不自觉地对别人的想法、做法或育儿方式产生偏见。

文化塑造了我们的思想、生理和大脑

在下一章中，我将阐述经验会如何改变大脑的结构和连接，而文化因素在这里发挥了关键作用。例如，由于不同的社会和文化影响，中国儿童和美国儿童的大脑组织似乎有不同的发展（Xie et al., 2015）。不同的文化带来了不同的经验，转而又导致了大脑发展的不同。一个典型的例子来自莫肯（Moken）社会，他们常常被称为海上吉普赛人（Travis, 2003），他们潜入水下约 9 米深处收获海参和蛤蜊，已经有几个世纪之久。很少有人能相信莫肯儿童在那么深的水下不戴护目镜也能看得清楚，这简直是闻所未闻，但他们就是学会了控制自己瞳孔的大小和晶状体的形状。这并不是一种遗传能力，因为有人用瑞典儿童做了一个实验，如果学习得足够早，他们也能学会这种技能。在这里，看似固定的脑环路实际是由于文化的影响而改变的。

在一些国家，如俄罗斯和印度，负面情绪与抑郁症相关，但在中国和加纳等其他国家，这种关联并不存在（Chan et al., 2015）。更让人惊讶的是，美国人的愤怒情绪与更高的炎症和心脏病风险相关，但在日本却没有，因为日本人更接受负面情绪（Kitayama et al., 2015）。事实上，一项大型研究（Han and Ma, 2014）发现，东亚人和西方人处理社交和情绪时所使用的脑区存在较大差异。

不同文化背景的人可能具有不同的认知架构。实验表明，美国人和日本人对现实的感知略有不同（Masuda and Nisbett, 2001）。两种文化的被试都观看了彩色鱼游动的动画，在每段动画中都有一条"焦点"鱼，它体型更大、颜色更鲜艳、游动速度更快。之后，美国人通常会记住焦点鱼，而日本人则明显更多地提到不太显眼的鱼，以及一些背景特征，比如岩石。无论焦点鱼是否与原来的背景一起出现，美国人都能认出它来，而日本人只能在原来的背景下认出它。这类实验表明，在社会中心主义文化中长大的人，对事物的感知更加具有"整体性"，而西方人可能会更多地从分析角度看问题，更多地依赖大脑左半球的功能（McGilchrist, 2010）。有趣的是，美国亚裔移民的孩子往往同时拥有两种能力，这表明正是文化导致了上述差异。这里需要注意的是，虽然文化的影响是深远的，但继承某些基因可能会使人更容易或更不容易受到某种文化中个人主义或集体主义观念的影响（Kitayama et al., 2014），天性和养育总是会有力地相互影响。

为了在西方的后工业世界中生存，人们可能需要具备敏锐的分析性视角，而这种视角在其他文化背景中可能并不是一个优势。莫肯人（海上吉普赛人）是少数在 2004 年印度尼西亚海啸中幸存下来的群体之一，就像许多动物一样，尽管他们生活在海啸袭击的中心地带。海啸到来前，大象纷纷迁移到高处，蝉也不再鸣叫，而莫肯人则开始讲述一个古老的"海浪吃人"的故事，并退到高处或深水中，所有人都活了下来。在某种意义上，这些海上吉普赛人似乎与其他渔民生活在不同的世界里。

本章要点 >>>>>

- 文化的多样性极为丰富；假定自己的做法是正确的或最好的，是一件危险的事。
- 不同的社会不仅在文化或心理习惯上有差异，而且每种文化的概念、想法和假设也会有很大的不同。
- 当我们在多元文化环境中开展工作，或前往与自身的价值观截然不同的社会时，跨文化的理解就显得特别重要。
- 从个人主义到集体主义，或从社会中心主义到自我中心主义之间的连续谱，对理解育儿有着广泛的影响。
- 对于理解儿童发展，如儿童的依恋、语言发展、游戏、性别认同或儿童照护，文化的视角至关重要。
- 文化与其说是一个单独的话题，不如说是与儿童心理和情感发展相关的所有问题的另一种研究角度。

第8章

生物学与大脑

本章将介绍人际神经生物学方面的一些思考,在全书其他各部分都能见到本章内容的扩展。自20世纪90年代所谓"脑的十年"以来,神经科学研究大量涌现,尤其是在新兴扫描技术的使用方面。我将大体介绍一些新知识,但对它们持谨慎的态度,因为神经科学仍然处于起步阶段,我们有理由保持一定的怀疑(Weisberg et al., 2008; Rose and Abi-Rached, 2013; Farah, 2014)。我关注的不仅仅是大脑,或者人们"头脑"中发生的事情,而是涉及整个身体的过程。近年来,许多学者认为大脑是具身性的(embodied; Thompson and Cosmelli, 2011),也是生成性的(enactive; Ward and Stapleton, 2012),或者换句话说,大脑做什么、大脑是什么样,部分取决于大脑的主人在世界中具身的行动。

大脑的基础:神经可塑性与神经胶质

我们不妨用这样的方式来理解大脑,将其想象成一组高度复杂的肌肉群。有些经常使用的区域因为得到了锻炼而变得更强壮,还有一些区域则由于被忽视而萎缩。我们的大脑高度复杂,它能在几分之一秒的时间内完成惊人的计算。

大脑中被研究得最多的单位是"神经元"(图8.1),它们通过电化学信号相互交流。长长的神经元包括一个中央核(其中含有基因)以及被称为轴突的延伸部分。神经元通过突触间隙，将电化学信号传递给其他神经元，引起电峰值，并导致神经元之间进一步的信号传递。突触是神经元之间的接触点。每个神经元除了有一个细胞体和一个或多个轴突外，还有数以万计的微小分叉，也就是树突，它们能接收电化学信息。令人难以置信的是，平均每个神经元直接连接着 1 万个其他神经元，而平均每个大脑有多达 1000 亿个神经元。人脑中大约有 100 万亿个突触。一粒砂大小的大脑中，就包含约 10 万个神经元、200 万个轴突和 10 亿个突触。

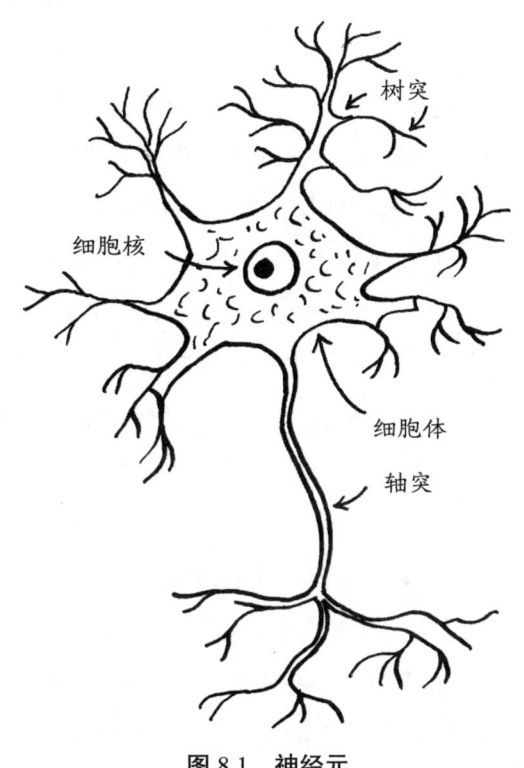

图 8.1　神经元

同时，大脑内还有另一种细胞，即**胶质**（glia）细胞，事实上它们的数量远远超过了神经元，而且新近的研究发现，胶质细胞对大脑功能的影响远比我们以前认为的要大得多（Fields, 2009）。有趣的是，人们在爱因斯坦死后对他的大脑进行检查时，发现他的神经元并不比普通人多，但他的某些脑区存在更多的胶质细胞（Burrell, 2015）。人类的胶质细胞占比高于任何其他物种，而且在进化链条中越高级的物种拥有的胶质细胞越多，这表明了胶质细胞的重要性。人们最近发现，各种不同类型的胶质细胞是重要的信息传递者，它们传递的是化学信息而非电信息，这就是为什么它们的活动很难通过扫描观察到。胶质细胞积极参与协助神经元的功能运作，修剪细胞并形成突触连接，而且它们可以作为干细胞发挥作用，因此具有神经发生的潜力。胶质细胞的重要作用是一个新近发现，相关研究还没有完全展开，这也说明大脑还有许多部分有待我们探索。

人类的大脑在出生时是不成熟的，大脑中有过多的细胞，但细胞之间的连接却非常少。在出生后，有一个大规模的"修剪"过程，通常被描述为"用进废退"，即未被使用的细胞会相继死去，这个过程就有胶质细胞（实际上是小胶质细胞）参与其中。施瓦茨和贝格利（Schwartz and Begley, 2002, p.117）给出的数字是，一个人在童年期和青春早期每天会"修剪"掉200亿个突触，"就像没有顾客的公交线路会停运那样"。某个连接一经形成，就能得到保持，而未被使用的细胞则会被"修剪"掉，尽管新的路径和连接在之后的生命中也能形成。新的经验会经过既有路径的过滤，就像水会自然地顺着现有的渠道流动一样，因此"赫布定律（Hebb's law）"（1949）指出，"同时被激发的神经元会连接在一起"，有些人还加上了后半句："也会一起存活下来"（Schore, 1994）。

由此可见，人类的大脑是"经验依赖"的（Kleim and Jones, 2008）。换言之，不同的经验会产生特定的大脑通路，这些路径的形成是以其他潜在路径为代价的。然后这些路径会成为我们体验世界的常规媒介，包括人际关系世界。这使我们能够适应各种文化生活和依恋经历。

人类的大脑能迅速适应环境，并且对未来有着极其强大的预测能力（Clark, 2013）。在一项实验研究中，仅有6个月大的婴儿被带到实验室，在睡觉时被放在功能性磁共振成像（functional magnetic resonance imaging, fMRI）扫描仪中（Graham et al., 2013）。与父母报告的夫妻矛盾较少的婴儿相比，那些父母有矛盾的婴儿在听到低沉的男性声音时，一系列与恐惧情绪相关的脑区显示出更高的反应性。这大概是因为这些婴儿的大脑很快就适应了对危险的预期，甚至在睡梦中也是如此。还有一些研究显示，同样是在6个月时，经历过社会逆境与父母敏感性较低的婴儿，他们与情绪失调相关的脑区更加活跃（Rifkin-Graboi et al., 2015）。

人类的大脑，尤其是婴儿的大脑，具有很强的可塑性，这种能力被称为"神经可塑性"（Doidge, 2008; Begley, 2009）。从怀孕的最后3个月到生命的第2年之间的这段时间是最为重要的，尽管值得庆幸的是，一个人的整个生命过程中都仍然具有一定的可塑性，尤其是青春期。父母或其他主要照护者要充当斯霍勒（Schore, 2012）所说的发育中的婴儿大脑的"心理生物学调节器"，所以实际上，是父母的沟通刺激了孩子的神经元环路。

大脑、神经系统与身体

当我们处在不同的情绪或环境中，比如在一个充满爱的环境中，或受到威胁时，我们会使用大脑和神经系统中不同的部分。遇到危险时，我们往往会变得高度唤起，并且会采取原始的生存反应，如战斗或逃跑，甚至是僵化。这时，我们整个人以及各种生理机能都在应对威胁，于是我们会紧张起来，准备应付麻烦，而其他身体技能（如消化或免疫反应）以及更高阶的思维过程都会暂时搁置。遭受过严重创伤的儿童，如许多混乱型依恋的儿童，往往容易快速地进入这种状态，而且很难从中走出来。

我们的自主神经系统是情绪调节过程和对威胁进行反应的关键，波格斯（Porges, 2011）认为该系统分为三个部分，每个部分都起源于人类进化历程的不同阶段（图 8.2）。我们最原始的反应与一些发展程度最低的物种（如爬行动物和两栖动物）是共通的。这种反应依赖于进化史上古老的背侧迷走神经，它的激活会导致我们完全不能行动、陷入木僵状态，并且关闭自身的系统。解离和新陈代谢关闭是这个系统的典型表现，仿佛"大灯照射下被惊呆的兔子"。这个系统有其适应性，因为让自己看上去没有生命力，就不会吸引捕食者的注意，尽管我们的身体只有在最极端的情况下才会采用这种方式。

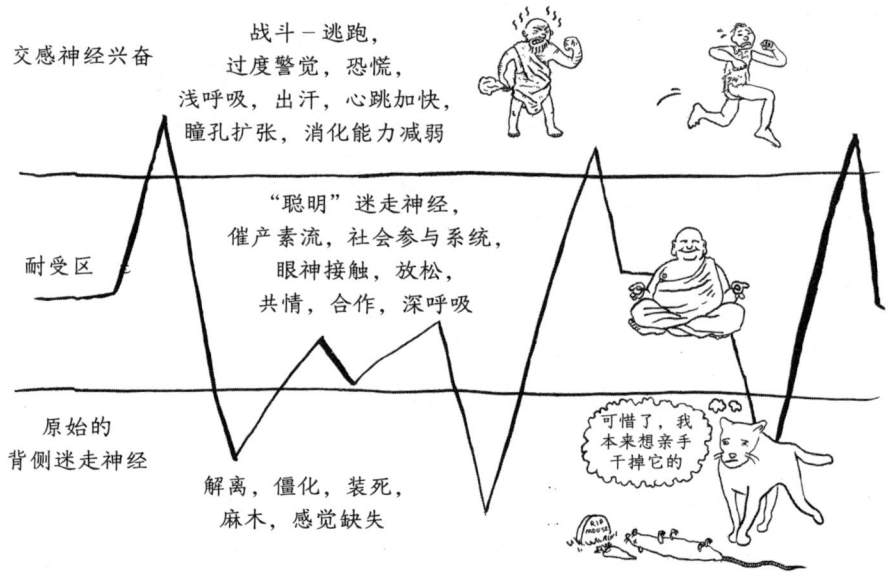

图 8.2　自主神经系统

此图基于波格斯（Porges, 2011）和奥格登（Ogden, 2006）的研究。

进化上更加高级的反应来自我们的**交感神经系统**（sympathetic nervous system），这种反应在所有哺乳动物中都可以看到，其中包括战斗-逃跑的反应。在受到威胁时，交感神经系统的反应包括心跳加快、出汗、呼吸加速、眼睛扩张、感觉寒冷，以及消化功能受到抑制。当我们感到焦虑、愤怒或惊慌时，交感神经系统就会出现反应，它与两个主要的应激反应系统紧密地协同工作。反应最快的是交感肾上腺髓质（sympathetic adrenomedullary, SAM）系统，它能使肾上腺素和去甲肾上腺素快速释放，并刺激身体的重要器官。该系统能在瞬间做出反应，但持续时间很短。更加为人所知的是反应稍慢的下丘脑－垂体－肾上腺（hypothalamic-pituitary-adrenal, HPA）轴，它涉及压力激素皮质醇，是一个速度较慢但持续时间更长的系统。在恐惧或愤怒时，我们都需要这样的唤醒机制，但有些人可能困在这个系统中，出现严重的生理和心理后果。

自主神经系统的第三个部分，也是进化上最为高级的部分，在人类身上的表现形式颇为复杂，它是我们拥有良好感觉以及对他人保持开放的态度的关键。它依靠的是迷走神经的一个复杂（腹侧）分支，经由脑干、心脏、胃、其他内脏和面部肌肉贯穿身体。这条"聪明"的迷走神经在联结、依恋、社会交往、共情以及关怀他人等过程中非常活跃。当我们感到焦虑或受到威胁时，这个系统会停止工作，它与交感神经系统的唤醒机制有相反的效果。它是**副交感神经系统**（parasympathetic nervous system）的一部分，能让我们平静下来。

当一个人感到平静和信任时，例如当孩子在母亲面前轻松愉快地玩耍时，这个包含"聪明"迷走神经的系统就会活跃起来。其中包含的成千上万的神经末梢就能与我们的许多内脏器官（如肠胃）进行交流。事实上，肠胃有自己的"神经系统"，有人认为它是我们的第二大脑（Furness, 2008）。这个系统中 80% 的神经纤维是**传入性**（afferent）的，换言之，大部分的信息是从肠胃传到大脑，而不是反过来，这可能解释了我们为什么用"肠胃"去形容"直觉"[1]。事实上，肠胃中大约有 1 亿个神经元，和猫大脑中的神经元数量一样多，而且已知肠胃里的胶质细胞甚至比神经元还多（Kabouridis et al., 2015）。它们能激发交感神经和副

---

1 英语中"肠胃（gut）"一词也有"直觉"的含义。——译者注

交感神经模式，而且富含血清素等**神经递质**（neurotransmitter）。心脏中也有许多神经元能与大脑沟通，腹侧迷走神经会参与大脑和身体内脏之间的这种沟通，也会参与依恋、联结、爱与合作等过程。

迷走神经张力（vagal tone）是一个可测量的特征，最为方便的测量指标是心率变异性，它大体是指心跳之间的时间变化。较大的变异性通常与更好的身体和心理健康状况相关。在理想情况下，我们的心率会在吸气时上升，就好像在看恐怖片的时候那样；呼气时心率会下降，就好像在看温情脉脉的电影时那样（Goetz et al., 2010）。在非常健康的时候，我们能很轻松地在这些不同的状态之间转换。安全型依恋的儿童在陌生情境测验中的表现就是这样。他们很快就会感到痛苦，但当他们的依恋对象返回时，他们也很容易恢复正常。有些儿童和成人的反应只能局限在一个非常狭窄的范围，正是这些人让临床专业工作者感到担忧。

迷走神经张力高的人会更加放松和开放。迷走神经张力低的早产儿更容易紧张，也不易存活下来。患有边缘型人格障碍的成年人的迷走神经张力较低，心率变异较小（Austin et al., 2007），而且迷走神经张力低的人更容易出现**创伤后应激障碍**（post-traumatic stress disorder, PTSD; Minassian et al., 2015）。迷走神经张力被视为心理病理学中一个重要的生物标志物，涉及许多诊断的领域（Beauchaine and Thayer, 2015）。安全型依恋也与较高的迷走神经张力相关（Diamond et al., 2012）。迷走神经张力高的儿童在班级里往往是友好的、乐于助人的，而且他们通常具有安全型依恋；而迷走神经张力低的儿童更可能出现行为问题，他们的自我调节能力较弱，情绪也不太积极（Taylor et al., 2015a）。

自主神经系统的三个部分都具有其适应性。遇到可怕的状况时，为了生存，我们就需要唤醒交感神经系统，进入战斗或逃跑的状态。在生死攸关的极端情况下，僵化的反应可能拯救我们的生命。不过，我们大多数人都会认为迷走神经张力高的状态意味着心理健康，在这种状态下，我们会感到身体轻松，并且更有能力去共情他人、敞开自我、给予爱和接受爱。

由此可见，当前的人际神经生物学考虑的是整个身体，而不仅仅是大脑。正如达马西奥（Damasio, 1999）指出的那样，情绪实际上是身体的状态。通过**神经感知**（neuroception）的过程（Porges, 2011），我们会非意识性地解读环境线索并做出相应的反应。我们能够从意识中捕捉到威胁性的信息，例如身处繁忙的都市时，我们的新陈代谢会加快（Levine et al., 2008）。仅仅是生活在贫困地区——比如有许多商店为了安全起见而用板子覆盖门窗的地方——就会对身体状态产生影响，比如让男孩的**睾酮**（testosterone）水平（与攻击性有关）上升（Tarter et al., 2009）。相反，周围有绿地和树木则对身体和神经系统有积极的影响（Haluza et al., 2014）。

在暴力环境中长大的儿童，其交感神经系统激活水平可能会比较高，并且很容易被剧烈唤醒，此时他们会感到难以平静、无法集中注意力、很难放松。在充满暴力或虐待的家庭中，这种高度警惕和高度唤醒可能是适应性的，但如果环境改变，比如儿童被其他家庭收养后，有了亲切善良的父母，那么这种特征就不再具有适应性了。

进化与脑区

与神经系统类似，我们复杂的大脑功能也可以分为不同的方面，它们也起源于人类进化历程的不同阶段。麦克莱恩（Maclean, 1990）提出的三重脑理论虽然是一个简单的模型，却能有效地帮助我们初步认识大脑（图 8.3）。该理论将大脑的各部分分别比喻为比较古老的爬行动物脑、哺乳动物的边缘系统，以及形成最晚的新皮质，并认为人类大脑功能的不同方面可以与进化史上的这三个阶段联系起来。

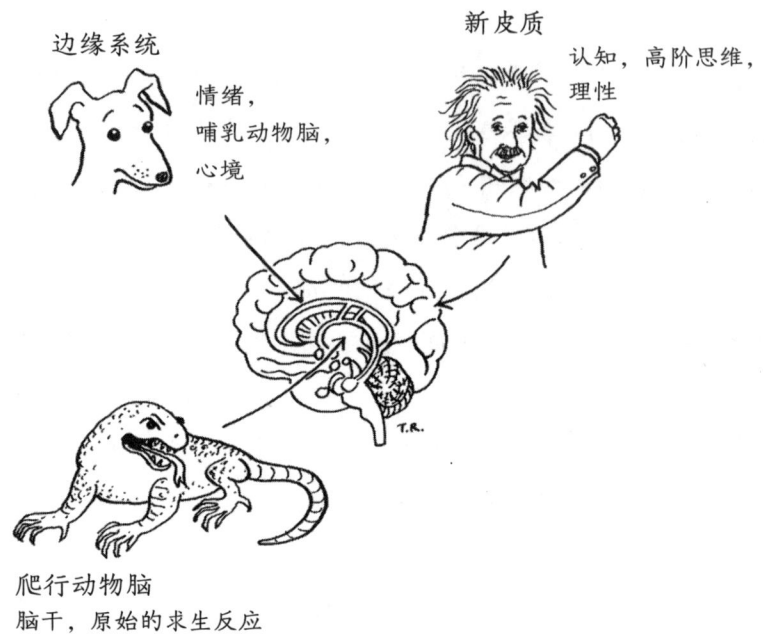

图 8.3 三重脑

当然，人类的大脑远比简单的三重脑比喻复杂得多，具体的活动与脑区之间也不是一一对应的关系。例如，语言或恐惧都不能定位在单独一个脑区（Barrett, 2016）。大脑复杂的神经网络可以有多种功能，每一种功能的实现都依赖于其他一系列脑区来完成。不过，尽管三重脑理论有些过于简化，它仍然是帮助我们理解各种大脑活动的一个有用的比喻。

自从爬行动物脑在大约 2.5 亿年前发展到顶峰，或者说自从两栖动物在大约 5 亿年前发展到顶峰以来，我们大脑功能的许多方面没有什么变化。这些区域控制着支配、攻击等古老的生存本能，以及诸如心率、呼吸、体温调节、痛觉和平衡等重要过程。在前文所述的"僵化"反应中，这些区域也发挥着重要作用。爬行动物脑中比较古老的结构，如**脑干**（brain stem），是意识的核心（Solms and Panksepp, 2012），尽管这里指的并不是自我反思性的意识。我们与爬行动物共享的古老大脑区域还包括**下丘脑**（hypothalamus），它在神经系统运作和激素释放方面发挥着重要作用；还有**小脑**（cerebellum），它对习惯性或程序性学习很重要。这些区域从出生开始就完全活跃，而且很容易受早期创伤的影响。这些古老的大脑功能非常可靠，但不是很灵活，它们的模式一旦确定就很难改变。

大约1亿年后，在哺乳动物的大脑中出现了边缘系统，它有时被视为我们情绪生活的基础。边缘系统涉及我们如何做出判断，如何知道某种体验是否愉快，以及如何形成情绪记忆。边缘系统包含着一些重要的结构，比如**杏仁核**（amygdala），它是恐惧等情绪的中心；还有**海马体**（hippocampus），它对其他形式的记忆具有重要作用。边缘系统通过**丘脑**（thalamus），与内分泌（激素）系统以及自主神经系统建立了强有力的联系。边缘系统中还包括与欲望或寻求系统相关的区域（Panksepp and Biven, 2012），特别是涉及多巴胺的系统。

边缘系统与较晚进化出的皮质区域相连，后者包括额叶（图8.4）。皮质区仅有两三百万年的历史，它在人类身上得到了最高度的发展。没有它，就没有自我反思、语言、抽象思维、共情、情绪调节、想象力和许多典型的人类特征。在良好的父母教养下，这些功能会得到良好的发展，但创伤会对其造成深刻的影响，正如我们所见，创伤会阻断共情、情绪调节和复杂思考的能力。这些前额叶区域能够让皮质下区域平静下来，比如安抚被恐惧或愤怒激活的杏仁核。

不同的前额叶区域发挥的作用各不相同。一些区域用于自我反思过程（特别是背内侧前额叶皮质），还有一些区域用于工作记忆，其中包括情绪记忆的维持（背外侧前额叶皮质），而外侧前额叶皮质对具身的自我感知、情绪调节（比如让杏仁核平静下来）以及社会决策等方面至关重要。因此不难理解，情绪创伤和虐待不仅会深刻地影响这些脑区的发展（McCrory et al., 2011a），而且会对创伤受害者的社会和情感生活产生毁灭性的影响。

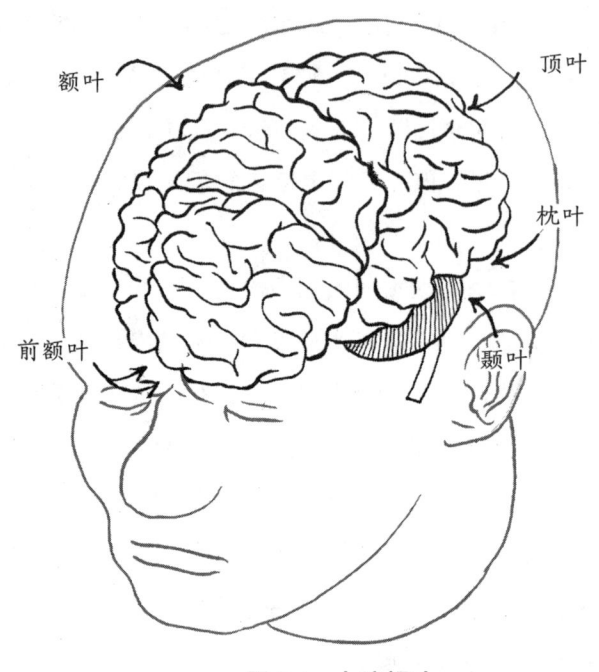

图 8.4　大脑额叶

所有这些脑区，以及它们嵌入其中的网络，都存在深刻的相互联系。例如，位于后脑勺到眉毛中央的扣带回也能抑制杏仁核的放电，但创伤受害者这个部分的功能也会受到损害，因此他们总是难以控制情绪（Lu et al., 2013）。

当然还有很多重要的脑区需要介绍。其中一个重要区域是脑岛（或脑岛皮质）。脑岛最为人所知的一点大概是它会在厌恶情绪中被激活（Sinha, 2014），但同时，脑岛也会参与对身体感觉的意识，或者说参与**内感受**（interoception）。克雷格（Craig, 2011）等学者认为，脑岛是自我意识的关键。脑岛也会受到创伤经历的深刻影响，它会变得更加活跃，并导致更强的自主神经兴奋（Bruce et al., 2012），但通过冥想等手段，脑岛的功能也可以得到改善（Lazar and Treadway, 2013）。

在临床工作中，我常常询问来访者，在某个特定时刻他们被激活的是爬行动物脑，还是哺乳动物脑，还是大脑皮质。基本的本能反应源自爬行动物脑，如仇恨、欲望、攻击，尤其包括一些强大的防御策略，比如战斗、逃跑或僵化。如果一个孩子处在极度愤怒或仇恨之中，他的脑干会在这一刻高度活跃，整个人处于"战斗"模式；对这样的孩子讲复杂的道理是件愚蠢的事，因为这些道理需要大脑皮层才能理解，而此刻大脑中这些更加复杂的部分并不活跃。

上述三个大脑区域实际上并不是独立的，随着千万年的进化历程，它们之间已经形成了复杂的关系和路径。西格尔（Siegel, 2012）认为，心理健康的标志是大脑功能各方面的复杂性和相互依赖性不断增加，许多在某些方面出现心理问题的人，都表现出大脑结构的复杂性和交互性不足，比较混乱和僵化，组织性也比较差。这些特征的发展，是对挑战性经历的适应性反应。

激素与阿片类物质

经验被写入身体和大脑的方式之一，就是通过神经化学和激素系统。人类大脑会产生许多激素和阿片类物质，其中最为人所知的包括皮质醇、多巴胺、催产素（有时又被称为"拥抱激素"）和血清素，以及内源性阿片类物质和内啡肽。与那些主要在家中接受照顾的儿童相比，开始进入托儿所的儿童的皮质醇水平会急剧上升，这是由于依恋焦虑引起了皮质醇的释放（Groeneveld et al., 2010）。依恋模式不太安全的儿童，比如父母有严重社交恐惧症的儿童，皮质醇水平往往会更高（Russ et al., 2012）。

一些儿童的交感神经系统可能变得很容易兴奋，即便在很小的刺激下，比如听到路边的一声巨响之后，他们的身体也会释放大量的肾上腺素和皮质醇。他们可能缺乏保护性激素的缓冲，比如能降低恐惧、带来轻松感的催产素。"聪明"迷走神经似乎是催产素的一条超级高速公路，当迷走神经张力高时，我们会变得更加平静、自在和开放，并释放保护性激素。

皮质醇有许多有害的影响，格哈特（Gerhardt, 2014）将其称为"腐蚀性皮质醇"，特别是它会攻击海马体的细胞，大脑的这个部位是记忆的关键区域。皮质醇还会严重损害免疫系统（Morey et al., 2015）。但有时，极端的创伤会产生相反的效果，导致皮质醇水平变得极低，这常见于创伤后应激障碍患者，如大屠杀的幸存者（Yehuda et al., 2005）。不管是过高还是过低的皮质醇或压力水平，对人体来说都是不合适的。

催产素对依恋和联结特别重要（Zak, 2012），配对的一夫一妻制哺乳动物会产生更高水平的催产素。在一项著名的研究中，对两种不同田鼠的研究发现，与一夫一妻制的养育型草原田鼠相比，滥交的草甸田鼠很少表现出爱或养育行为，释放的催产素（或分子结构与之类似的血管加压素）也很少。事实上，如果草甸田鼠被人为地施以血管加压素，它们往往会变得忠于性伙伴；而如果抑制催产素和加压素的释放，那么草原田鼠就会变得像它们的草甸表亲一样不可靠。在其他生物中我们也能看到同样的模式。如果我们阻断大鼠的催产素释放，它们就会变成糟糕的父母（Odent and Uvnas-Moberg, 2011）。

催产素能带来安宁平和，减少社交恐惧和痛苦并增进共情。实验者发现，在观看具有威胁性的可怕面孔图片时，给予安慰剂组的杏仁核（该脑区是压力和恐惧的中心）的激活程度，比给予催产素组的高出很多（Kirsch et al., 2005）。当我们得到按摩或爱抚时，就会释放催产素，较高的催产素水平会让我们变得更加慷慨（Morhenn et al., 2008）、血压降低（Holt-Lunstad et al., 2008），甚至会更关注其他人的眼部区域（Guastella et al., 2010）。催产素仿佛是社会生活的润滑剂，它能加强信任、慷慨、同情和忠诚。

在一项研究中，鼻内注射催产素的父亲不仅对自己的婴儿更加敏感，而且婴儿也会给他们更多的回应（Weisman et al., 2012）。人类父母的催产素水平会在孩子出生后的几个月内大幅上升；催产素水平越高，我们看到的亲情游戏就会越多（Gordon et al., 2010），父母对婴儿发出的信号也会越敏感（Strathearn et al., 2012）。依恋模式不太安全的母亲，其脑岛等脑区会高度活跃，而脑岛在拒绝和厌恶反应中起着关键作用。

我们的遗传基因能在一定程度上预测我们会释放多少催产素。催产素受体基因OOXTR有A和G两个变体，这就是说一个人身上可能携带AA、GG或AG。有两个G的人似乎表现得最能共情：当观察者观察了23对情侣的对话不到半分钟，就一致地表示那些有两个G的人更亲切，更能共情（Kogan et al., 2011）。同样，最近的一项中国研究（Wu et al., 2012）分离了催产素受体基因的不同变体，并发现其中一些变体可以预测共情能力和理解他人感受的能力，而其他变体则能预测认知共情（cognitive empathy）的能力，如换位思考（perspective taking）。基因确实发挥着作用，但一般来说，我们在生命早期体验过越多的爱，就有可能发展出越多的催产素受体，而充满压力的童年会导致催产素水平降低，不管对男性（Opacka-Juffry and Mohiyeddini, 2011）还是女性（Heim et al., 2008）来说都是如此。

虽然上面重点讨论了催产素，但还有其他一些化学物质在依恋和情绪健康方面发挥着核心作用。例如BDNF，即脑源性神经营养因子（Brain Derived Neurotrophic Factor），它在神经元生长方面发挥着关键作用，有时也被称为大脑肥料，它也会受到童年创伤的不利影响（van der Meij et al., 2014）。同时，丰富多彩的环境能让BDNF增多，从而促使新的神经元生长，并降低焦虑水平（Cao et al., 2014）。更加为人熟知的血清素，是百忧解等抗抑郁药物的靶目标，它从根本上与良好的感觉有关。在人类和灵长类动物中，抑郁者的血清素水平较低，同时还伴有易怒和攻击性（Carver et al., 2008）。

我会在下一章中更详细地阐述表观遗传学，但研究清楚地表明，那些继承了短型血清素转运体基因的人更容易受到童年创伤和忽视的影响，在面对不良经历时释放的血清素更少，更容易出现攻击性、焦虑和抑郁（Harkness et al., 2015）。例如，一出生就被从母亲身边带走的猴子，其血清素水平长期偏低，并表现出暴力倾向，而且经常遭到群体的排斥（Shannon et al., 2005）；而人类在童年期遭遇的逆境，如母亲罹患抑郁症或遭受创伤，也会导致血清素水平偏低（Field, 2011）。

通常来说，受虐待的早期经历就等同于较低的血清素水平，我们知道社会上的许多边缘人群，如充满攻击性的精神病患者、罪犯和其他人，他们的早期经历都很糟糕，并且血清素水平都比较低（Davidson et al., 2000）。早期情绪调节不良，以及遭受暴力、忽视或虐待的经历，都会对我们的激素系统产生破坏性的影响。

还有一些激素与催产素和血清素的作用趋势相反，例如与男性有关的激素——睾酮。我们知道，暴力罪犯，无论是男性还是女性，都有较高的睾酮水平（Dabbs and Dabbs, 2000）。催产素能促进合作和人与人之间的善意，但睾酮却有相反的效果，它会使人更加自我中心、不与他人合作（Wright et al., 2012）。即使是睾酮水平较高的婴儿，也不太能够读懂他人的情绪，而且常常不太具有共情能力（Baron-Cohen, 2011）；而人为地提高睾酮水平，会对共情能力产生负面影响。有趣的是，男性在成为父亲后，其睾酮水平往往会降低，这可能是为了增强养育和爱的行为，因为睾酮可能对这些行为产生抑制（Gettler et al., 2011）。在这里，我们看到生物因素、文化因素和生活史交织在了一起，虽然人们天生的睾酮水平有高有低，但生活事件和文化影响也起了一定作用。

值得一提的还有多巴胺，它是奖励系统的核心。当我们感到乐观、兴奋或渴望得到什么时，多巴胺就会被激活，它是食欲或"寻求"系统的核心（Panksepp, 2004）。然而，它也在成瘾行为中发挥着作用，如对毒品、酒精、游戏和色情的成瘾（Voon et al., 2014）。抑郁的母亲多巴胺水平较低，但更令人担忧的是，她们年幼的婴儿也是如此。这样的母亲很难从养育婴儿中得到乐趣，她们的孩子所获得的愉快体验也更少。另一方面，安全型依恋儿童的母亲在看到自己婴儿的照片时，她们的多巴胺环路会被激活（Stratheam et al., 2009）。许多用于医疗的药物，如可卡因，都以多巴胺系统为目标，事实上，许多药物都是在模仿人体自身生成的阿片类物质。那些地位低下、高度紧张的哺乳动物，在面对可卡因时会更多地摄取（Cruz et al., 2011），似乎是在补偿自己所缺乏的、身体自然产生的带来良好感觉的激素。越来越多的研究表明，早期的各种经历不仅能强有力地塑造我们的大脑，也能塑造我们的整个激素系统（Galbally et al., 2011）。

共情、大脑半球、注意与创造性网络

斯霍勒（2009）强调了生命最初的几个月到几年对大脑发育的重要性，在这段时期，大脑右半球会产生重大发展——这个区域，以及边缘系统的其他元素，可以看作情绪处理的所在地。大脑中更多涉及逻辑和思维的部分，即左半球和脑皮质，从进化的角度来看相对较新，在最初的几年里，这部分还不怎么"在线"，许多重要的神经元通路和突触连接尚在形成中。同样，大脑中负责**外显记忆**（explicit memory）或陈述性记忆的海马体，在这个早期阶段也不是非常发达。

麦吉尔克里斯特（McGilchrist, 2010）的著作特别有助于理解两个大脑半球是如何以相当不同的方式体验世界的。例如，他指出，右半球区域的中风会使共情环路失效，导致与他人关联的方式变得具有计算性和功利性，这些是典型的左半球功能，右半球则更多地参与情绪体验、共情和人际联结。养育孩子和心理治疗的核心情感技能，如共情，主要通过右半球发生。当大脑右半球的一些部分受损时，病人会失去共情能力，变得不太能与他人的感受、希望和关切保持同调。

在左半球占主导地位的情况下，人会表现出更强的乐观主义，而且往往是毫无理由的乐观。比较积极乐观的人在左前额区有更高水平的激活，而偏向抑郁的儿童和成人右前额的激活水平更高（Davidson, 2008）。

这可能与我们在回避型依恋中看到的过于乐观的表现有关，这种依恋风格往往会将理性置于情绪性的理解之上。

值得注意的是，大脑的两个半球对情绪健康都很重要，正如麦吉尔克里斯特所说，对某个半球的过度依赖恰恰会导致困难。例如，在成人依恋访谈中，在具有安全自主风格的成人身上看到的对情感经历的连贯叙述能力，既需要具备讲述连贯一致的故事的能力（左半球和语言中心对此发挥着关键作用），也需要右半球具备接收和处理情感体验的能力。如果没有右脑的情感理解能力，仅靠左脑主导的故事可能会相当疯狂，比如我们在有关右半球脑损伤者（Ramachandran, 2012）或裂脑（split-brain）患者（Sperry, 1971）的研究中所看到的引人注目但荒诞不经的故事。

就在几年前，有研究发现了这样的现象：当我们停止主动注意或不再尝试完成某项任务时，一系列相连的脑区——它们被称为**默认模式网络**（Default Mode Network, DMN）——就开始一起兴奋起来；而当我们主动注意或努力尝试某事时，这些区域又会马上关闭（Raichle, 2015）。还有一组脑区被称为**执行注意网络**（Executive Attentional Network, EAN），它们会在我们主动尝试做某事或专注的时候兴奋起来。EAN 只有在 DMN 关闭时才会活跃，反之亦然。默认模式网络对于创造力有重要作用（Kühn et al., 2014），它所带来的心态，正是这个日益以任务为导向的世界所忽视的（Immordino-Yang et al., 2012）。例如，只是沉浸于游戏或沉思的儿童会有较高水平的 DMN 活跃度，比较有创造力的人也是一样，另外在白日梦中，DMN 也很活跃（Kucyi and Davis, 2014）。有趣的是，DMN 消耗了大脑用到的大部分能量。DMN 过度活跃并不是一件好事，例如在精神分裂症（Landin-Romero et al., 2015）和慢性心智游移（chronic mind wandering）中出现的情况，但活跃度太低则会使创造力受到抑制。事实上，DMN 活动水平将人类与包括灵长类动物在内的几乎所有其他物种区分开。似乎 DMN 的活动与联想网络的发展有关，而联想网络是创造性思维的核心，也是一系列自传性记忆过程的核心。有趣的是，DMN 在其创造性活动中同时动员了左右半球的脑区。然而，左右半球的差异与 DMN 和 EAN 之间似乎也存在着联系。当专注于机械性物体时，我们的执行注意网络要比考虑他人的感受和心态时活跃得多，而在后面这种情况下，我们的默认模式网络活动更加活跃（Jack et al., 2013）。DMN 似乎在个人记忆和自我意识方面发挥着重要作用。

在接下来的几年里，我们一定会有更多的发现，不仅包括不同经历对大脑功能的特定区域的影响，还包括这些脑区之间的连接。

不当对待

近年来，脑科学发现了许多涉及依恋系统、共情、创造力和理解他人心智的大脑网络。在安全型依恋中，与共情相关的重要脑区被更多地激活，特别是在前额区；而在回避型依恋中，内侧眶额皮层存在去激活现象（Lenzi et al., 2012）。研究一致发现，遭受过创伤和暴力的人，其杏仁核的激活远远高于一般人，杏仁核是恐惧和其他强烈情绪的核心脑区，这导致他们更容易反应过激，难以保持静止或平和（Palombo et al., 2015; Sigurdsson et al., 2007; Thomason et al., 2015a）。侵入性比较强且不太敏感的父母，其杏仁核往往更容易被"触发"，特别是在面对婴儿哭闹的时候（Riem et al., 2012）。有研究表明，成年后的杏仁核体积较大，与婴儿期的不安全依恋有关（Moutsiana et al., 2015）。

大量研究表明，创伤、虐待和早年生活的应激水平会对一系列脑区产生影响，我们对这些影响也有了越来越多的了解（Andersen and Teicher, 2008）。创伤与虐待受害者的**胼胝体**（corpus callosum）比较小，胼胝体是连接左右半球的纤维束，因此这些个体大脑两个半球有效沟通的能力较弱，或不能很好地协同工作（Teicher et al., 2004）。在创伤性记忆中，我们看到右半球被更多地激活，而左半球的逻辑过程更多地被关闭，这可能是为了生存而产生的一种反应。

同样，语言中枢（如布洛卡区）的活动减少与童年创伤也有很大的关系（van der Kolk, 2014），童年创伤抑制了用语言表达感情的能力。成年后，那些遭受童年创伤的个体大脑的海马体往往较小（Andersen et al., 2008），而海马体是形成和提取记忆等过程的关键。另外，研究一致发现，在遭受过创伤、虐待和严重忽视的儿童中，前额区激活较少，比如腹内侧前额叶（Mehta et al., 2009）。如上文所述，这些前额区对于共情、自我反思和情绪调节是至关重要的。

高度应激或严重创伤后交感神经系统的长期激活，不仅会引发生理上的应激现象，而且有深远的影响。在创伤和高度应激之后，可以观察到一些令人担忧的生物标志物水平有所提高，包括免疫反应降低（Gonzalez, 2013）、精神和身体疾病增多、冒险行为增多、新陈代谢速度加快的倾向增加（Danese and McEwen, 2012a）、炎症水平上升（Cattaneo et al., 2015）以及**端粒**（telomere）变短（Price et al., 2012），后两者都是不健康的典型标志。端粒就像染色体末端的帽子，端粒受损变短是健康状况不良和早逝的典型生物标志，两者都与早期的逆境有关（Van Niel et al., 2014）。高应激、长期的高皮质醇水平、炎症、不良的免疫功能、疾病和早逝之间的联系已经得到了证实（Baylis et al., 2013）。当然，这些风险因素也会受到基因遗传的调节。例如，尽管研究发现，成长环境不良的9岁男孩比没有受过创伤的同龄人的端粒更短，但携带着某些等位基因或基因变异的人受到的影响相对较轻（C. Mitchell et al., 2014）。不过，无论我们携带什么样的基因，心理逆境都会给我们的整个身体，而不仅仅是头脑造成影响，正如范德考克（van der Kolk, 2014）所说的那样，"身体从未忘记"。

希望还是绝望？

这些研究会让我们充满希望，还是感到悲观呢？我们知道，早期建立的行为模式是很难改变的，某种经验一旦被烙印在杏仁核的回路中，就往往会保留下来。不过我们也知道，大脑中可以形成新的回路，事实上，新的经验可以让海马体等脑区的神经发生成为可能（Kempermann, 2015）。虽然大脑在整个生命周期中都可以发生变化，但还是有一些明确的机会窗口，大脑在某些方面的生长主要是在此期间发生的。一些机会如果不及时抓住，也确实会永远失去。语言发展是一个众所周知的例子，某些情感能力似乎也是如此。最为人熟知的机会窗口是从怀孕的最后 3 个月到出生后的最初几年，大脑在此期间会发生巨大的成长和变化；青春期是另外一个机会窗口，此时的大脑同样会发生巨大的变化。因此我们不难理解，为什么很多心理治疗都是针对上述年龄阶段的人。

我们还知道，在整个生命周期中，变化都有可能发生。一个令人振奋的例子是，伦敦著名的黑色出租车司机群体似乎"长"出了大小和形状异于常人的海马体（Woollett and Maguire, 2011）。也有研究表明，心理治疗（Cozolino, 2010; Beutel et al., 2010; Karlsson, 2011）和正念（mindfulness；Davidson et al., 2003; Hölzel et al., 2011）等专业帮助能引起非常明显的大脑变化，特别是在与情绪调节、内感受、记忆和自我反思相关的脑区。

另外，照护方式的改变显然也能促进神经生物上的重新编程（Fisher et al., 2011; Kroupina et al., 2012; Bick et al., 2012）。婴幼儿得到了良好的寄养安置后，能够从不安全依恋转变为安全依恋，应激性生物标志物的水平也会降低（Bernard et al., 2014）。一些支持性手段，如心理治疗，可以帮助人们以新的、不那么让人恐惧的方式解释经验，正如勒杜

（LeDoux, 1998）所说，心理治疗可以增强大脑皮质区，并抑制杏仁核等皮层下区域。治疗的作用还可能包括建立新的**程序性记忆**（procedural memory），加强左右半球之间的联系，增强反思能力，更好地理解他人心智，更有能力形成有关自身的连贯叙事，提高情绪调节能力，容忍困难的情绪而不付诸行动，以及保持积极的情感。

不过，我们仍然需要保持谨慎。神经生物学领域在不断地发生变化，未知的部分还有很多。新的发现在不断地开辟出全新的视野。这些新发现，有可能是关于胶质细胞的，正如前文所讨论的那样，胶质细胞蕴含着各种新发现的可能性；也可能是有关默认模式网络（DMN）的，它似乎与依恋和情绪健康有重要的联系（Bluhm et al., 2009）。除此之外，还可能会有更多新的和意外的发现。我们已经在这个领域内有了不少发现，但更需要去发现的也许是，还有多少未知等待着我们去探索。尽管如此，对于神经生物学这门科学来说，这仍然是一个令人兴奋的时代。新的发现增加了我们对人类发展方式的理解，同时也为心理治疗工作提供了各种新的可能性。

本章要点 >>>>>

- 人类大脑极大地受到经验的影响。
- 大脑和神经系统的不同部分起源于人类进化历程的不同阶段。
- 应激和创伤会导致一些重要的大脑功能失调，而另一些功能则会凸显。
- 我们应该将整个身体系统纳入考量，而不仅仅把大脑当作头部的一个器官。
- 大脑的左右半球对世界的解释方式有着不同之处。

- 大脑中存在这样两个网络：默认模式网络，它在我们不做任何事情的闲暇时间活跃；执行注意网络，它在我们试图做事情的时候活跃起来。
- 经验深刻地影响着我们的自主神经系统和激素程序。
- 严重的虐待对大脑的影响尤其令人担忧。
- 在整个生命过程中，改变都可能发生。

第9章

表观遗传学、进化论以及天性与养育的相遇

表观遗传学与进化论

近年来，表观遗传学这一相对较新的领域彻底改变了人们对基因和环境之间关系的理解。在过去，人们一直认为基因是遗传的、一成不变的，人格特征也被认为是由基因遗传所决定的。我们目前所知的进化理论，结合了达尔文的思想和孟德尔的基因发现（Gorp, 2007）。达尔文的理论描述了"适应"特定环境的物种或性状如何生存和繁殖，进而传递它们的基因。一个典型的例子是斑点蛾。在工业革命之前，绝大多数的斑点蛾都是浅色的，这种颜色能很好地帮它们避开捕食者。深色的蛾子很容易被发现并被吃掉，因此无法繁殖并传递它们的基因。在工业革命之后，深色斑点蛾的数量从区区2%增加到约95%，因为随着污染等环境变化，浅色斑点蛾反而容易被发现和吃掉。一种性状在生物代际间的成功传递，仅仅取决于特定性状携带者更多地存活和繁殖。

拉马克（Lamarck, 1783）的观点与此不同，他认为在一代身上发生的事真的会影响下一代。例如，当长颈鹿伸长脖子来获取食物时，某一代长颈鹿可能就习得了伸长脖子这一技能，而这种新技能会通过基因传给下一代。这与达尔文的观点不同，达尔文认为，只是脖子长的长颈鹿获取了足够的食物来生存和繁殖，并将长脖子的特征传递下去，而脖子短的长颈鹿则被淘汰了，没有繁殖。拉马克认为，是伸长脖子或改变颜色的能力得到了发展和传承，但在达尔文看来，飞蛾或长颈鹿的基因和DNA并没有改变，而只是那些最"适应"环境的飞蛾和长颈鹿得到了生

存和繁衍。

在两种观点中，达尔文的观点占了上风，并被证明基本是正确的，尽管我们接下来会提到最近出现的一些挑战。然而，达尔文并不了解性状在代际间的传递机制。这块重要的拼图是由奥地利神父孟德尔补上的，他正是基因的发现者。孟德尔发现，当他用黄豌豆与绿豌豆杂交时，下一代竟然都是黄豌豆，但在接下来的几代中却出现了绿豌豆。在这里，黄色基因是显性的，绿色基因则是隐性的。

我们会从父母双方处各继承一个基因变体，这两个变体被称为**等位基因**（allele），当等位基因不同时，其中一个为显性（例如孟德尔的黄色豌豆），另一个为隐性。等位基因会影响多种性状中哪一种呈显性，如眼睛的颜色、身高或某些人格倾向。我们继承的基因被称为**基因型**（genotype），而基因的表达则被称为**表现型**（phenotype）。在孟德尔的豌豆实验中，随后几代杂交的豌豆可能继承两个黄色等位基因，或两个绿色等位基因，或黄、绿各一个。

显然，人类的性状要比豌豆复杂得多，但一些原理是相同的。例如，在中国人中，某个参与血清素生成的基因有两个变体（C 或 G 等位基因），由于我们会从父母双方各继承一个，因此我们可能有 CC、CG 或 GG 型等位基因。据统计，有两个 C 的人比其他两类人更有可能拥有良好的恋爱关系（Liu et al., 2014）。当然，还有多种因素会影响一个人的关系是否成功，但遗传因素也起了很大作用。

在孟德尔之后，下一阶段的研究者包括沃森（Watson）和克里克（Crick），以及默默无闻的罗莎琳德·富兰克林（Rosalind Franklin; Watson, 2010），他们的工作是通过 DNA 测序揭开 DNA 的秘密。这是人类基因组计划的前身，该计划一直在绘制人类所有基因的图谱，并试图揭开其中的秘密。

基因组包含一个生物体的所有 DNA 和基因。长期以来，人们一直认为基因是人类如何成长变化的主要原因，并认为我们的身体和个性特征是由我们所继承的基因决定的。因此，人们曾对人类基因组计划抱有巨大的希望，也进行了大量投资，认为它可能给生物学和医学带来彻底的改变。然而，表观遗传学这门新科学在一定程度上打破了这种希望。表观遗传学（epigenetics，其中"epi"的意思是"上面"）研究的是各种遗传性状如何被表达或得不到表达，在不同的环境和经历中，细胞可能会以不同的方式读取基因。换句话说，我们继承的基因不会改变，但基因的表达方式会改变，或者用更专业的语言来说，表现型会受到经历的影响。

一个典型的例子是第 2 章中提到的有关荷兰饥荒的研究。忍饥挨饿的孕妇所生的婴儿长大后更容易患上心脏病和其他疾病。这些疾病不是由遗传基因造成的，而是因为饥荒经历影响了某些基因的表达方式。许多人格特征也是如此。

某方面的遗传易感性，如抑郁症的倾向，可能因为受虐待的经历而被表达，也可能因为得到了充满爱的养育而不会表达。另外，拥有不同等位基因的人对完全相同的养育经历可能有相当不同的反应。我们的基因会接收来自其他基因、激素和其他线索（如营养状况或情绪压力源）的信息，并做出反应。因此，天性和养育、基因和环境之间的互动十分强大。研究人员认为基因可以完全解释智力或多动等特征的时代已经过去了，但同样，经历也不能解释一切。这两者总是结合在一起发挥作用。

天性与养育的相互作用

早期有些研究非常关注一种血清素转运体基因（血清素是一种与积极情感密切相关的神经化学物质）。拥有该基因短型的人如果在童年期经历过虐待，会比那些具有类似创伤经历的长型等位基因携带者更有可能患上抑郁症。不过，如果早年的养育环境良好，没有遭遇逆境，那么长型基因携带者与短型基因携带者患抑郁症的风险就没什么差异（Uher, 2014）。这种短型基因的携带者还会对可怕的图像产生更强烈的反应，大脑扫描显示，他们的一系列脑区（包括杏仁核）在看到这类图像后会产生更强烈的激活，而在长型基因携带者身上则没有这种现象（Drabant et al., 2014）。

同样，有些人携带的基因变体会导致大脑中单胺氧化酶A（monoamine oxidase A, MAOA）的水平较低，这样的儿童如果遭遇创伤或严重忽视，会比具有相同基因但没有遭受过虐待的人更有可能表现出暴力或反社会行为（Provençal et al., 2015）。而同样是遭受虐待的儿童，如果他们携带的基因变体能产生高水平的单胺氧化酶A，那么他们会受此保护，往往不会变成反社会的人。虐待会给儿童造成巨大的影响，但同样的虐待不一定会给所有儿童造成同样的影响。童年逆境与之后的反社会行为以及单胺氧化酶A之间的关联，已经被研究多次发现，尽管研究对象主要是男性（Byrd and Manuck, 2014）。

令许多研究人员兴奋的是，基因未必会决定我们的命运，我们的经历对遗传潜力如何表达具有很大的影响。基因会遵循表观基因组的指令，这里我们可以把表观基因组看成软件，它能引导硬件（基因组）以特定的方式行动。这一点在很多方面让我们看到了希望。例如，研究表明，冥想（Kaliman et al., 2014）或运动（Goto et al., 2015）等干预措施对一些与健康相关的基因的表达方式具有积极影响。

近年来，有大量候选基因得到了研究，在此不一一列举，这些基因已被发现与一系列行为和疾病相关。例如，多巴胺受体基因DRD4的变体得到了大量研究。携带该基因的长型等位基因的人，比携带短型等位基因的人更有可能患上多动症（Langley et al., 2014），这个基因变体也会使儿童更喜欢寻求新奇事物，甚至更有可能形成混乱型依恋（Bakermans-Kranenburg et al., 2008）。还有一项研究探讨了基因对多动症的影响，但这种影响只有在严厉的教养方式下才会出现（Harold et al., 2013），这项研究中的父母都是养父母,所以他们与养子女有不同的基因,这就说明多动症的症状是由比较严厉的教养方式引起的。不过,如果同样的孩子得到了敏感的、同调的养育,那么这些令人担忧的影响就不会出现。我们经常发现,基因与经历、天性与养育之间是通过相互作用而产生影响的(van Ijzendoorn and Bakermans-Kranenburg, 2015)。

我们不禁要问,既然有些基因会带来令人担忧的问题,如导致多动症,那么为什么进化过程或自然界还会让携带这些基因的儿童出生呢?因为在某些环境中,这样的气质秉性似乎是有优势的。例如,当我们检测一些大规模移民(比如难民)的基因时,会发现高于一般水平的"新颖寻求(novelty-seeking)"基因变体,它容易导致儿童出现多动症(Matthews and Butler, 2011)。可以推测,新颖寻求这一基因变体的携带者,在危险来临时更倾向于寻找新的机会,这增大了他们生存下来的可能性,从而可以把这种遗传变体传递下去。再举一个例子,在肯尼亚的阿里亚尔(Ariaal)部落中,大约有1/7的人有长型的DRD4基因。一部分阿里亚尔人过着到处迁徙的游牧生活,另一部分则过着比较安定的放牧生活。对于那些新颖寻求等位基因的携带者而言,其中那些带着绵羊和山羊四处游牧的人,相对营养良好、身体健康;而携带相同等位基因但定居放牧的人,营养状况则比较差(Eisenberg et al., 2008)。似乎对于拥有"诱发多动症"的基因变体的人而言,不那么安定的生活可能是一个更好的选择。特定的基因变体可能有利于在特定环境中生存或适应,但在另一种环境中就不再有利了。

由此可见,一些儿童天生就对某些疾病具有更高的遗传易感性,而某些教养方式,如密切监督儿童的行为,可以极大地减少潜在的基因表达,否则这些基因可能会导致儿童出现令人担忧的行为。

兰花与蒲公英

当这些表观遗传学研究最初发表时，大多数人认为它们意味着有些人天生心理弹性更强，而有些人天生就比较脆弱。例如，如果你携带短型 5HT 基因，那么你就更容易受到负面经历的影响，因此你的心理弹性会比携带长型 5HT 基因的人要弱。而事实上，情况远非这么简单。正如贝尔斯基（Belsky, 2011）和其他研究者指出的那样，我们可以这样理解这类研究，那就是有些儿童总的来说比其他人更容易受到"养育的影响"。贝尔斯基认为，这在进化上是有意义的，因为如果一部分孩子受到了当前环境的影响，而当环境改变时，还有一部分孩子更可能有好的发展，那么这就能增加父母养活孩子和让他们更好成长的机会。在这里，我们还是要注意天性与养育的双重影响。比如，通常来说，打屁股对孩子是没有好处的，许多受到体罚的孩子最后会出现反社会行为，但如果他们继承了某些基因变体，后果会更加严重（Boutwell et al., 2011）。还有研究表明，如果持续暴露在类似的风险和压力下，青年人的皮质醇释放模式就会受到影响，无论他们携带哪种等位基因，但那些携带短型基因变体的人受到的影响最大（Willner et al., 2014）。这里我们看到的是，似乎教养对一些儿童的影响相比其他人更大。

人们经常使用兰花和蒲公英这个比喻。一些孩子像兰花一样非常敏感，他们在特定的环境中才能茁壮成长，在其他环境中却举步维艰；而一些孩子则更像蒲公英，他们似乎不管在什么地方都能过得还可以，但在非常好的土壤中却不是特别出色。不同的基因对不同类型的压力或支持性环境会有不同的反应（Melas et al., 2013），并产生不同的结果。例如，FAAH 基因的一个变体使人更容易产生高度焦虑，也更容易接触大麻等毒品，以此来管理焦虑（Filbey et al., 2010）。同样，多巴胺 D2 基因的一个变体，会使人在面对困境时更容易使用毒品（如可卡因），但如果环境并不艰难，那么该基因变体的携带者就不再有滥用药物的风险（Nader and Czoty, 2005）。

再来看 DRD4（7 次重复等位基因），如果早年经历的养育方式是不敏感的，那么其长型携带者会比短型携带者表现出更多的外化行为问题（Windhorst et al., 2015）、更差的情绪调节能力，也更容易形成混乱型依恋（Pappa et al., 2015）。贝尔斯基等人认为，我们不应该考虑基因的脆弱性，而应该考虑其相对可塑性（Belsky and Hartman, 2014b），因为基因只是让有些人比其他人更容易受到经历的影响。这些经历既包括积极的，也包括消极的。随着新基因不断被发现，它们也具有类似的敏感性差异问题，比如某些与杏仁核激活有关的基因会影响抑郁和焦虑的产生（Alisch et al., 2014）。

与上述观点相关联的一个现象是，某些干预措施［如教养计划（Bakermans-Kranenburg and van IJzendoorn, 2015）］对携带某些基因变体的人效果更好。一项大型研究考察了成长环境不利的儿童，发现其中的一些"兰花"式儿童携带着参与皮质醇合成的基因变体（NR3C1），这些儿童不仅更容易受到不良经历的影响，而且重要的是，他们也从"快速通道（Fast Track）"治疗项目中受益最多（Albert et al., 2015）。换句话说，他们更有可能在肥沃的土壤中茁壮成长，而在贫瘠的土壤中枯萎凋零。非洲的一项研究发现，在有物质滥用风险的年轻人中，只有那些携带长型等位基因（即兰花式）的人能够在帮助下成功地避免滥用药物（Brody et al., 2015）。同样，治疗多动症的经典药物对具有某些等位基因的儿童也会更有效（McCracken et al., 2014），不同的基因变体也与一些抗精神病药物（Zhang et al., 2010）和抗抑郁药物（Gibbs et al., 2014）的有效性相关。这些发现很可能对日后治疗计划的制订产生重大影响。它们也涉及伦理问题，即专业人员是否应该筛选出那些有可能从治疗中受益的人，或者更容易受到某些环境影响的人。但目前毫无疑问的是，我们中的一些人比其他人更容易受到干预措施和生活经历的影响。

"父辈之罪"与拉马克

拉马克的观点在很长一段时间内被认为过于天真，甚至是完全错误的。但近年来，一些惊人的发现证实了他的一些观点。例如，米尼（Meaney）培育了几代焦虑不安、不敏感的母鼠，以及平和的、养育型的母鼠（Anacker et al., 2014）。他发现，随后的几代往往都遵循了母亲的养育模式，不敏感的大鼠所生的幼崽自己成为母亲后，几乎不会舔舐自己的幼崽，而有爱心的母鼠则会舔舐和抚摸幼崽，这能减少幼崽的应激症状并增进健康。不过，如果神经质的幼鼠是被有爱心的、平和的养育型母鼠抚养长大的，那么它们不仅会变得平和、不再神经质，而且它们产下的幼鼠长大后，也会成为舔犊的爱心养育型妈妈。更重要的是，母鼠照护幼崽的方式在分子和遗传水平上产生了影响，影响了调节皮质醇水平的受体的表达，更令人惊讶的是，再往下一代的基因表达方式也受到了影响（Anacker et al., 2014）。在这里，养育不仅通过**甲基化**（methylation）或去甲基化等过程开启或关闭某些遗传潜力的表达，而且能改变后代继承的基因标记。

另一个新近的例证来自对小鼠的研究。实验者让雄性小鼠接触某种气味的同时经历强烈的应激刺激。这些小鼠的后代虽然从未闻到过这种气味，也没有见过它们的父亲，但在第一次接触这种气味时却表现出明显的恐惧（Dias and Ressler, 2014）。它们的相关基因也发生了明显变化。这很符合拉马克的观点，研究者也开始在人类身上验证这种观点。耶胡达（Yehuda, 2014）在大屠杀幸存者的子女身上发现了类似的影响，进一步的研究也在进行中，涉及不太强大的应激源及其表观遗传影响（Bowers and Yehuda, 2015）。大屠杀幸存者的子女与他们的父母一样，其糖皮质激素受体基因会被标记。这些表观遗传学变化，与米尼在神经质的大鼠样本中发现的结果类似。米尼还发现，童年经历过创伤且有自杀行为的成年人，其大脑也发生了非常类似的变化（Labonté et al., 2013）。耶胡达对大屠杀幸存者子女的研究，谨慎地否定了表观遗传方面的变化可能是由子女生活中的创伤造成的观点，似乎能表明后代的基因会受到父母经历的影响。值得注意的是，他们的基因编码并没有改变，并且这些影响也不太可能传递很多代，但尽管如此，一代人的经历还是影响了后一代人的基因，这符合拉马克的预期，却是达尔文没有想到的。

还有其他的代际效应陆续被发现，比如压力不仅会影响个体自身的端粒（它是健康的重要生物标志物），也会影响下一代的端粒（Haussmann and Heidinger, 2015）。这样的代际传递很可能具有进化上的适应性，因为这样一来，创伤幸存者的后代一出生就会对压力有所准备，在他们出生后就要面对的环境中，他们才更有可能存活下来，或者更具心理弹性。

基因对自我和他人行为的影响

有趣的是，基因也可能产生反方向的作用。一个人的基因类型可能会影响别人对他的反应，而孩子的基因也会影响父母的教养方式。研究表明，亲子之间的影响是双向的，即不仅父母会影响孩子，孩子的气质也可能影响父母的状态，比如让父母陷入抑郁（McAdams et al., 2015）。举个例子，比较冲动的男孩更有可能激起父母严厉的反应，这是一项有关双胞胎的大型元分析结果所显示的（Avinun and Knafo, 2013）。许多研究表明，不同的孩子会激发父母、同伴和其他成年人不同的反应（Klahr and Burt, 2014）。拥有另一个多巴胺受体基因变体的儿童，比拥有其等位基因的儿童更有可能激起敌对的养育方式，也更容易表现出反社会性（Hayden et al., 2013）。当然，养育方式的实际质量始终是最重要的，如果父母更能始终保持平和、不那么情绪化，就似乎能"削弱"所谓挑衅性儿童的遗传影响，使家庭生活更加平静安宁（Feinberg et al., 2007）。

严厉的养育方式永远无法用孩子的特征来解释，但证据表明，孩子的特征确实会有影响。例如，养父母对养子女的教养方式，与养子女的亲生父母的反社会行为等特征之间存在联系（Hajal et al., 2015）。某些被收养的儿童似乎更具有挑衅性，部分原因来自其亲生父母的遗传。这样的研究表明，对于一些有严厉倾向的父母而言，儿童的破坏性行为和坏脾气可能会进一步激发他们严厉的教养方式。不过，来自儿童的因素永远不会是最主要的，我们不能把父母的行为"归咎"于孩子。

基因与环境的互动以及需要注意的问题

历史上，人们对基因研究有过很多合理的质疑，部分原因在于，有时这类研究的目的是有问题的，而且缺乏充分的证据。拉特（Rutter）举过一个例子：英国的加勒比人后裔患精神分裂症的可能性远高于平均水平，对于这一事实，人们常常会从遗传基因的角度进行解释。尽管精神分裂症的发生可能会受到基因影响，但在这个例子中，基因不太可能构成恰当的解释，因为加勒比海地区类似族群的患病率要低得多（Fung et al., 2006）。我们不能忽视的是，不平等、种族主义、社会经济地位等远端因素可能具有更大的影响。更加令人不安的遗传学研究还包括艾森克关于种族和智商的争议性工作（Eysenck, 1971），或者西里尔·伯特（Cyril Burt）关于智商遗传的有争议的说法，他在研究中似乎使用了伪造的数据（Ward, 1998）。更令人担忧的是在优生学中采用过分简化的遗传学观点，这导致在20世纪30年代，大约2万名有学习障碍的美国人在非自愿的情况下被大规模地实施绝育，以及在希特勒时期，德国进行了不可想象的种族大屠杀。

几乎每个星期，我们都能从报纸上读到一些慷慨陈词的文章，宣称一些新发现的基因会导致这样或那样的疾病，比如某种癌症或是心理症状。其中的大部分我们都不应该信以为真。基因一般不会孤立地起作用，也不会独立造成这种重大影响。更常见的是，基因遗传会导致出现某些疾病的概率增加，而且基因和环境之间几乎总是存在相互作用。举个例子，一项关于青少年吸烟模式的研究表明，当父母对子女行为的监控较少时，特定的遗传倾向可能会导致吸烟，但当父母的监控较多时，具有同样遗传倾向的年轻人吸烟的可能性就会降低（Dick et al., 2007）。在这种情况下，父母提供的环境扼杀了遗传的潜力。

生物遗传与后天经历的影响孰轻孰重，是天性与养育之争的核心。大多数研究得出的结论是，天性与养育都无法起到决定性作用。基因确实很重要，但后天经历可以开启或关闭基因表达，如果没有特定经历的触发，那么行为、障碍或人格类型的遗传倾向一般不会成为现实。虽然许多表观遗传学研究仍处于早期阶段，但有一点似乎很清楚，那就是天性与养育的作用是相辅相成的，两者都无法单独解释一切。

表观遗传学是一个相对较新的研究领域，在未来几年，我们将看到更多的发现。一个更令人兴奋的潜在研究领域是，如何在家庭互动层面乃至宏观社会层面上理解基因与环境的相互作用。例如在芬兰，一项涉及大约1万对双胞胎的大规模研究（Rose and Kaprio, 2008）发现，青少年对酒精和烟草的使用明显受到遗传因素的影响。然而，这种影响不仅受到父母教养方式和兄弟姐妹互动的调节，也受到学校和社区状况的调节，以及城市和农村不同环境的调节。即使是那些携带高风险等位基因的人，当他们处在中国这种偏向集体主义的文化中时，似乎也会较少表现出外化行为问题和攻击行为（J. Chen et al., 2015）。因此，某些等位基因在集体主义文化中不像在个人主义文化中那样有风险，这表明文化和基因可能相互影响、共同演进（Kitayama et al., 2014）。同样，另一项研究发现，严厉的教养方式、个体所感知的种族主义和某些等位基因的存在，都对危险思想和行为的出现有影响（Gibbons et al., 2012），而经济条件（如近年的经济大衰退[1]）会让父母的教养方式变得更严厉，但对具有某些基因型的父母影响更大（Lee et al., 2013）。总的来说，这项研究告诉我们，我们不仅要思考父母的教养方式或基因遗传的问题，还要思考这些问题与外部环境、文化和社会经济状况之间的相互作用。

本章要点 >>>>>

- 基因可以影响一系列心理表现。
- 基因不太可能成为影响一个人发展的主要原因，天性和养育、基因和环境之间总是相互作用的。
- 携带某些遗传基因的人似乎更容易受到环境（如父母养育方式和社会经济压力）的影响。
- 具有某些遗传变异的人可能更容易或更难从心理和药物干预中获益。
- 孩子的基因对父母教养的严厉程度也有影响，但不是主要的影响。

---

1 这里指的是2007年金融危机所引发的经济衰退。——译者注

第三部分 与发展相关的能力和发展阶段

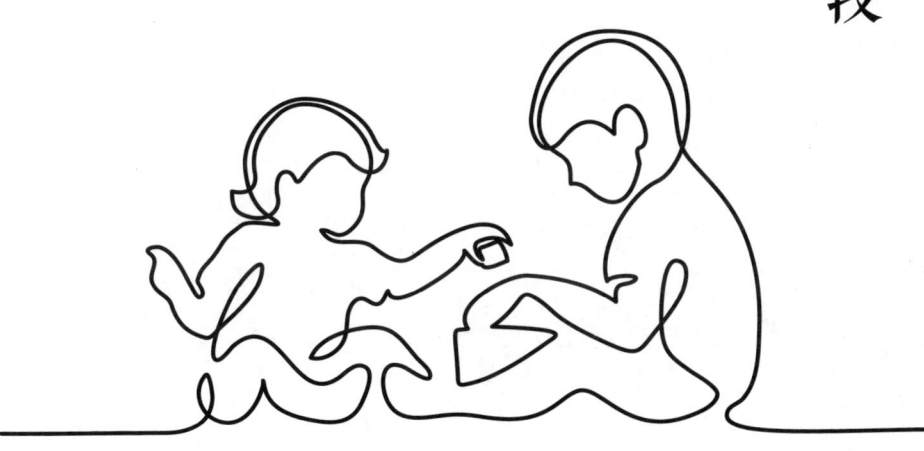

第 10 章

语言、文字与象征

复杂的语言使用是人类所独有的现象。包括灵长类在内的其他动物会发出特定模式的声音,比如猴子可以通过叫声警告同伴捕食者来了,鸟类会以复杂的方式鸣叫,但这些都无法与人类的语言相比。黑猩猩能学会的语言也非常有限,虽然有黑猩猩学会了 100 种手势,甚至可以开玩笑和撒谎,但它们从未真正地使用过语句(Yule, 2014)。

人类可能是在大约 600 万年前从类人猿中分化出来的,我们发展出语言的时间相对较短,可能在大约 7 万年前。大约也是在这个时期,人类开始向新的领土扩张,并发展出诸如洞穴绘画这样的文化能力,而且随着尼安德特人的消亡,现今的人类祖先成了唯一幸存下来的人类。大多数进化理论都认为,人类的成功繁衍至少部分源自社会团结和沟通技能。邓巴(Dunbar, 2011)从进化的角度提出,语言有助于确保群体团结,因为当人类群体的规模变得很大时,其他灵长类动物使用的保持群体凝聚力的机制——如互相梳理毛发——就不再起作用了。进化心理学家认为,语言让社会习俗和信息得以储存在集体意识中,其媒介可能是童谣、歌曲和故事,从而使人类的文化得以传播,比如在代际之间传递信息,包括植物种类、狩猎技能、季节变化,以及文化和宗教习俗。

在理性主义占主导的西方思想中,人们更加看重词语的逻辑性和认知性内容。语言被视为一个人与另一个人交流思想的方式,思想被理解为离散的实体,从一个人传递到另一个人的过程就好像拍电报一样。这就忽略了语言的情感性、身体性和感受性，说话是一个充满感觉的表达行为。

在心理学历史上的大部分时期，语言都被视为一种认知能力，词语则主要被视为思维的**脚手架**（scaffolding）。这倒是与我们一贯的观念相吻合，那就是认为情感和情绪不如认知那么重要。在这一章里，我强调了语言的社会、情感和文化方面的特点，并阐述了语言能力是如何在婴儿期奠定的，以及语言与早期的情感、姿态交流以及对他人心智的理解之间的联系。

人类与语言的联系在子宫内就已经得到了发展，婴儿在出生后几个月就开始能辨认声音了。到了9个月左右，婴儿一般开始能理解一些词语的含义，在1岁前往往会开口说话。在12—20个月之间，婴儿的词汇量不断增加，满2岁时，许多婴儿已经能使用20~50个单词，其中还包括一些词语的组合。在接下来的一年里，婴儿开始学习语法，有时他们会热衷于使用古怪的语法规则，比如"他过去曾经摔倒（fallded）了"或"她过去曾经赢得（winned）[1]了比赛"。更为复杂的讲故事和沟通的能力往往在5岁以后形成。这些里程碑只是一种粗略的参考，有的儿童发展得早些，有的发展得晚些，还有一些可怜的儿童永远也无法拥有特定的能力。

我们掌握了语言之后，世界就变得不一样了。语言会决定我们如何看待和理解这个世界，并改变我们的视角，正如伊娃·霍夫曼（Eva Hoffman, 1990, p.29）在她的自传性作品《迷失在翻译中》（*Lost in Translation*）中描述的那样："有时，当我找到了一种新的表达方式，我会反复念诵它，就仿佛我口中塑造出的东西，为世界带来了一种新的形态。"语言可以打开新的视野（诗歌往往有这样的作用），它是自传能力

---

[1] "摔倒"和"赢得"这两个词对应的英文动词过去式分别应为"fell"和"won"，但这个阶段的婴儿可能会说成"fallded"和"winned"。——译者注

和叙事能力的发展所必需的，而这些能力对于形成连贯的自我意识至关重要。不过，正如丹尼尔·斯特恩（Daniel Stern, 1985, p.176）所说，语言让我们有得亦有失。他写到，当一个孩子感知到墙上的一片黄色阳光，"体验到强度、形状、亮度、愉悦感"，这时他拥有的是一种整体性的感官体验，而当有人说"看那片黄色的阳光"时，这种体验就会被破坏。将体验归入语言类别（如黄色的阳光）难免会损失体验的复杂性，也就损耗了**正念**（mindfulness）理论家（如 Williams and Penman, 2011）所说的"初心（beginners' mind）"。斯特恩说，语言会"破坏非模态的整体性体验"，让人离体验越来越远。

有些人认为，人是自身语言的"囚徒"，人的思考永远无法跳出语言的限制。但还有一些人，如平克（Pinker, 2002），认为思想和思维的产生与使用语言的能力无关。确实有一些神经科学家［如达马西奥（1999）］认为，思考在大多数时候都在发生，这无关乎语言。我们可以区分语言和思维，也可以区分语言和交流，尽管它们是相互联系的。婴儿所具有的生物学基础已经为交流做好了准备，他们的早期交流中包含着情感理解、意向和期望。这不同于传统意义上的交流，即一个人向另一个人"发送"信息的"包裹"，且知道对方可以接收并理解这个包裹。婴儿发出的急促声音是一种原初的交流方式，而母亲的回应可能会让婴儿的声音变得有意义，当母亲的理解传递回婴儿那里，婴儿就学会了理解自己的感受，这正是精神分析学家比昂（1977）有关涵容的理论所描述的过程。从这个角度而言，意义就是通过对话式的互动形成的一种社会构建。

语言的核心是符号。词语是任意的，我们可以随便用其他的声音来表示同样的东西。例如，我们现在用"纸"这个词来表示印刷文字的东西，而另一个符号也完全可以起到同样的作用。除了拟声词或形象词，如"砰"或"汪汪"，对于语言符号而言，在词语与其描述的东西之间存在一个开放的精神空间。这就在语言、符号与被描述的事物之间形成了一个心理空间。当我们用符号来标记某物时，这增加了我们的自我反思能力，因为符号和被符号化的东西可以被反思和谈论，这增加了认知的灵活性和对思想的掌控力（Callaghan and Corbit, 2015）。

情绪发展的核心，就是学习标记与监控感觉和想法。使用丰富的符号的能力（像在诗歌中那样）或使用词语来理解想法或感受的能力，对有些儿童而言几乎没有得到发展。符号是任意的，没有固定的含义，而且符号的含义会因说话者的心态和意图而变化，所以一些难以理解心智状态的人，比如患有孤独症谱系障碍的人，就会在理解话语的含义上遇到困难。使用符号的能力与理解他人心智的能力密切相关。人类的语言与鹦鹉学舌的简单模仿或猴子发出的示警声的区别，就在于人类的语言中包含着心理层面的理解。语言的使用不仅仅是符号的使用，即用一个词"代表"一个东西；它还需要理解他人心智和意图的能力。为了探索这个问题，我会再次从婴儿期开始说起。

父母语和儿向语

语言的前身，可以在生命早期婴儿与父母的关系中观察到。玛丽·贝特森（Mary Bateson）最初创造了"**妈妈语（motherese）**"这个词，用以描述一种与婴儿交流的方式，在大多数文化中我们都能看到这种现象（Bateson, 1971）。为了避免性别偏见，现在许多人用"**父母语（parentese）**"这个词来代替妈妈语，以免让人以为只有妈妈才会这样做。还有一些学者会使用"**儿向语（infant-directed speech, IDS）**"这个说法。父母语具有明显的特点：我们对婴儿说话时往往音调较高，元音较长且特别清晰，停顿较短，而且重复较多。婴儿在理解词语的含义之前，就已经对说话的节奏、韵律和速度表现出了兴趣（Malloch and Trevarthen, 2009）。不仅是母亲，父亲、祖父母乃至4岁的孩子，往往都会自动采用这种方式与婴儿说话，甚至以同样的方式与宠物说话（Previde and

Valsecchi，2014）。有实验使用剥离了语法意义的语言对婴儿进行研究，证明了父母语在传达意图和期望方面优于一般的成人语。

在既有研究涉及的文化中，儿向语或父母语是普遍存在的。它的核心在于一种音乐性，这有利于调节社会关系和情感联结（Mithen，2006）。不同文化之间存在着一些差异，例如日本母亲的情绪表达水平略低，但这些差异往往是轻微的，正如弗纳尔德（Fernald，1993）研究了世界各地的母婴语言模式后所发现的那样。一个有趣的实验用4种语言向婴儿播放表达"禁止"的父母语，也用英语播放无意义的单词。此外，实验过滤了词语的响度，它通常是"允许"和"禁止"之间最重要的区别，所以婴儿主要是对"旋律"做出反应。当听到表示禁止的话时，婴儿一直皱着眉头，而当听到表达允许的话时，婴儿则微笑着，这表明说话者的意图可以通过话语的音乐性来传达。

婴儿可以理解声音中极其微妙的差异，他们能从连续不断的声音流中辨别出独立的单词（Marchetto and Bonatti，2015）。这项复杂的任务需要检测口语句子中的统计规律，也就是从声音流中区分出特定的单词和部分单词（Saffran and Thiessen，2003）。口语句子之间不像书面语那样有空隙，因此婴儿能做到这一点就显得更加了不起了。某项实验给8个月大的婴儿听一些没有任何韵律的声音流，其中一些无意义的词（如"boti-nim"）多次出现在声音流中。实验中的婴儿不知不觉地找出了哪些声音是有规律地出现的。在听音乐时，他们同样可以提炼出模式化的东西，这再次表明语言和音乐能力之间存在联系。

音乐性是早期语言的基础，它能触发奖励环路，促进人际交往技能（Wang，2015）。婴儿，包括早产儿，都能在轻柔的歌声和音乐中得到安抚，这样的声音可以调节自主神经系统并降低皮质醇水平（Trehub et al.，2015b）。在各种文化中，安抚婴儿的摇篮曲通常都有类似的节奏、韵律和速度。母亲唱的摇篮曲可以提高早产儿的吸吮能力，从而使婴儿的体重增加、氧饱和度水平趋于稳定以及身体发育状况得到改善（Picciolini et al., 2014）。歌声可以改善婴儿的情绪、睡眠、饮食和学习活动，对调节婴儿的情绪也发挥着重要作用。

在父母对婴儿说话的过程中，积极情绪的作用非常重要。当婴儿同时听到成人语和父母语时，他们通常更喜欢父母语；但当情绪保持不变、既不消极也不积极时，婴儿就不再表现出对父母语的偏好。与没有感情的儿向语相比，婴儿会更偏爱积极的成人语（Singh et al., 2002）。轻快而富有韵律的父母语中那种积极的语调，能自然地激发婴儿的兴趣（Corbeil et al., 2013）。相比于普通的成人语言，父母语更有情感表现力，也更积极。通过父母语，早期语言学习的前身得以发生，与此同时，婴儿也在逐渐学会了解情绪世界。

文化和语言

巴布亚新几内亚的卡卢利人（Kaluli; Ochs and Schieffelin, 2009），似乎是父母语普遍性的一个罕见例外，他们的语言没有轻快柔和的感觉和高音调。这里的人很少直接对婴儿或儿童说话。婴儿通过观察成人或大孩子之间的交谈来学习说话，而不是通过父母语或在西方文化看来很自然的双人互动。卡卢利人希望儿童能够学会成人的说话方式，他们几乎不会去尝试理解儿童心里在想什么；他们认为一个人永远不可能知道别人的想法（Sicoli, 2015）。

同样，肯尼亚的古西人认为，如果你对孩子说话太多，孩子就会变得自我中心（LeVine, 1994）。古西人的儿童身处在成年人的交谈中，但没有人和他们交谈或教他们说话。在这里，西方中产阶级所推崇的母婴大量互动的情况同样不适用。如上文所述，我们不能假设在我们看来自然而然的东西就是普遍适用的。

文化和语言之间的关系比上述差异更为复杂。没有语言就无法理解文化，反之亦然。语言不仅是思考的基本工具，也是文化的载体。伯德威斯特（Birdwhistell, 1970）指出，会两种语言的库特奈人（Kutenai），在说英语和库特奈语时，行动方式就会不同。他们不仅内化了语言的规则，还内化了语言所蕴含的感受和文化习俗。语言可以被看作一种"表演"（Butler and Athanasiou, 2013），对于那些学习第二语言的人来说，他们往往也在习得新的社会角色和存在方式（Burck, 2005）。

如前所述，婴儿甚至在出生前就开始学习语言了，他们在子宫里就能识别声音和词语（May et al., 2011）。刚出生2天的婴儿已经表现出对母语的偏好，这可能是因为他们在子宫内就已经接触到了母语，已然准备去适应自身的文化习俗（Moon et al., 2012）。婴儿在出生时对不同的声音非常敏感，但他们区分声音的能力会迅速减弱，到满1岁时，他们就不太能区分那些不太常被使用的声音了。例如，在这个年龄段，西班牙婴儿就不再能很好地区分"b"和"v"的声音。库尔（Kuhl, 2011）及其同事在日本进行了研究，她们观察了婴儿从何时起不再能注意到特定单词中的发音从"l"变成了"r"。当婴儿成功注意到两个发音的区别时，库尔轻松地一笑，但她环顾四周，却发现她的日本同事并没有注意到任何区别。这表明，这些婴儿仍然具备的技能，她的成年同事早就已经失去了。

对于婴儿的这种能力，西非的本恩人有一个有趣的宗教解释。在他们的信仰体系中，婴儿出生时会说各种语言。他们认为，婴儿来自一个叫作拉格比的灵界，在那里，婴儿会说所有的语言。孩子在出生后几年内，才会慢慢摆脱对其他语言的理解，而这些理解也来自拉格比。如果我们把拉格比理解为进化或文化传承，那么他们的观点似乎惊人地准确，比人类在语言方面是一张白板（tabula rasa）的想法要准确得多。语言的使用在儿童1岁左右时就有了文化特色，这有助于区分某人是否属于某个群体，促进群体的凝聚力。

主体间性和语言学习

在西方，发展心理学历来更关注个人发展而非社会发展，但人们对语言的社会性和情绪性的理解也在不断加深。俄罗斯心理学家维果斯基（Vygotsky, 1962）特别强调了社会因素对个体发展的影响，以及社会学习和语言之间的联系。他阐述了儿童如何从父母和其他成年人那里内化文化、思维能力和生存方式。社会建构主义也同样强调，在某种程度上，世界是通过特定的语言文化（Gergen, 2009）或布迪厄所说的"惯习"（Bourdieu, 1977）被创造出来的。

人们通常认为，儿童是通过指给他们看的东西来学习有关物体的词汇。父母经常会问孩子"那是什么颜色？"或者告诉孩子"那是一条狗"。但许多文化中并没有这种形式的"教学"语言，词汇的学习来自一般性的社会交流。儿童通过理解周围人的意图来学习。大脑的布洛卡区的镜像神经元是语言使用的关键，这很难说是一种巧合。这些神经元使我们能够读懂他人的意图，这是有效使用语言的必要条件。在一项针对2岁儿童的实验中，托马塞洛和梅里曼（Tomasello and Merriman, 2014）编造了一些指代行为的动词，然后在做出特定行为时使用这些动词（例如"plinnock"）。之后，他们发现婴儿能够将编造的词与行为联系起来，但只有当婴儿能读懂使用该词语的意图时，他们才能进行联系。这些婴儿进入了一个复杂的**主体间**（intersubjective）世界，他们需要理解成人的意图，并发展出社会参照和联合注意等技能。这就是为什么孤独症谱系中的一些儿童，由于对他人心智缺乏常规的理解，会对意义的微妙差别感到很困惑。一些简单的语句，比如"真热（that's hot）"，可能有完全不同的含义，这取决于说话者是在抱怨饮料的温度太高、在享受夏日的阳光或在形容一件时尚的物品，还是在巧妙地暗示某人应该把空调打开。

正如哲学家维特根斯坦（Wittgenstein, 1974）告诉我们的那样，一个词的意义源自它在社会交流的语言游戏中的使用，而不是对外部事物的简单指称。一个词在各种语境中的使用，让婴儿能够清晰地了解它的含义（Roy et al., 2015）。在托马塞洛开展的另一个实验中，大人会告诉孩子他们正在寻找一个叫"toma"的东西。然后大人拿起孩子不熟悉的各种物体，并做出失望或兴奋等手势，用来表示他们是否找到了，果然这些婴儿很快就明白了"toma"的意思。这不仅仅是指着一个物体和给它命名，婴儿还需要理解愿望和意图来破译其含义。当幼儿面对着一种新的发音和它可能指代的几种事物时，这样的学习是一个相当大的成就。年仅18个月的幼儿就能通过破译成人的行为线索（例如通过观察视线和情感表达）来弄清词语的含义，从而进入一个联合注意的世界。

婴儿在最初几个月里学习的技能，如模仿、往复的原初对话、微妙的双人互动等，都是日后使用语言的基础。毕比（Beebe and Lachmann, 2002）的研究显示，成人与婴儿交流的节奏与成人之间对话的节奏相似，包括时间控制、停顿，以及婴儿看（或不看）对话伙伴的方式。前语言的互动让我们能够从节奏上理解对话的运作。从非常早期的互动到1岁左右的联合注意之间，贯穿着一条发展线索。镜像神经元的发现进一步深化了语言使用和理解他人心智之间的关系。非言语姿态是言语对话的核心，语言和象征性交流是在姿态和行动的基础上发展起来的（Fonagy and Target, 2007）。做出与别人说话节奏一致的动作，往往标志着一个人想要加入对话。转变话题或改变谈话重点等技能是通过非言语手段实现的，如面部表情和手部动作，这些技能的习得远远早于语言。

儿童意识到人们的想法彼此不同的时候，大致就是他们开始说话的时候，这并不是一种巧合。原初叙述指向（如兴奋地指着一个物体并希望别人能明白）表明儿童想要分享经验，从而在人与人之间建立起主体间的桥梁。孤独症谱系中的儿童在这一点上同样会遇到困难，他们只能处理原初要求指向，这更多是出于工具性动机而非主体间的动机，他们指向某物，是因为他们想要别人把这个东西递给自己。

儿童能读懂别人的意思，并据此调整自己的沟通。在一项实验中，2岁左右的儿童会看到一个玩具被藏起来。其中一些孩子知道是母亲藏起了玩具，而另一些孩子则知道母亲没有看到藏玩具的过程（Akhtar and Tomasello, 2000）。那些认为母亲不知道玩具下落的儿童，更有可能既说出玩具的名字，又说出它藏在哪里。换句话说，他们能知道母亲的想法，因此他们也知道自己需要说什么才能保证玩具被顺利找到。年龄稍小的前语言期儿童也会使用不同的手势，这取决于他们是否认为母亲知道玩具藏在哪里。儿童需要对他人的心智有一定的了解，才能使用这些技能。当成人对1岁的孩子表示不理解时，这些孩子往往会尝试各种策略，从重复自己，到使用夸大的手势，再到替换不同的手势，这都需要对主体间过程有相当精细复杂的理解（Golinkoff, 1993）。

婴儿在14个月时的联合注意可以预测2岁时的语言发展，或者换言之，孩子越是能理解他人的心智和意图，他们的语言能力就会发展得越好（Mundy and Burnette, 2005）。儿童在互动过程中跟随母亲注意力的能力，能够预测他们在语言期开始后对词语的理解能力（Silvén, 2001）。因此，语言本身是主体间的过程，它是"人类为了建立、调节和维持与同伴的主体间互动而合作发明的"（Akhtar and Tomasello, 1998, p.334）。

语言与脑

我们必须小心地避免认为语言处理专属于特定的脑区，因为实际情况要更加复杂。许多研究者认为大脑左半球主导语言使用（McGilchrist, 2010），具有较多的线性和理性思维；而右半球则主导情绪状态，这在许多物种身上都有体现（Corballis, 2014）。这种观点有一定的道理。即便婴儿在咿呀学语时，也会更多地从右侧张嘴，这表明他们大脑的左半球被激活了（Holowka and Petitto, 2002），脑成像也显示了这一结果（Shultz et al., 2014）。成人说话时使用的左半球特定区域，在婴儿身上也非常活跃（Dehaene-Lambertz, 2000）。不过，要想真正地使用语言，一个人必须能使用和整合人格的许多方面，并且能将许多独立的大脑功能和区域联系起来。人类的语言还与大脑的情绪中心紧密相连，认知能力和情绪能力对于语言使用都很重要。事实上，右脑半球在语言中的使用程度因性别和文化而异：亚洲的语言使用者更依赖右半球（McGilchrist, 2010），土耳其的"口哨文化"同时使用两个半球（Güntürkün et al., 2015），而女性在说话时比男性更多地使用右半球，至少在西方样本中是如此。

语言使用的核心区域——布洛卡区和韦尼克区——都在大脑左半球。成年人的布洛卡区受损会导致无法生成词汇，即便患者一般仍然能理解词语的意思。如果韦尼克区受损，患者可以生成词汇，但其理解力受限。这些发现表明思维和语言之间存在着差异，而文字可以用来捕捉思维。例如，索尔姆斯和卡普兰-索尔姆斯（Solms and Kaplan-Solms, 2001, p.104）描述了一位患有大脑和语言障碍的韦尼克失语症的病人，他说："我知道我想说什么，但我找不到词汇，它们消失不见了。然后，在我找到词汇之前，我的想法已经消失了。"这是一个生动而令人痛苦的例子，它说明词语和思维不能混为一谈。

语言的使用依靠的是**程序性记忆**（procedural memory）而非**陈述性记忆**（declarative memory）。例如，失忆的病人无法说出有意义的句子，但他们仍然能使用与其他人相同的语法结构（Ferreira et al., 2008），这是基于他们已经习得的无意识模板。

语言能力的培养有着明确的时机。如果一个人在几岁以后开始学习第二语言，那么他使用第二语言时用到的大脑区域会与第一语言不同（Klein et al., 2014）。在生命头几年很少接触语言的儿童很少能完全掌握语言使用，而且在处理复杂的语法形式时经常出现问题。许多遭受过严重忽视的儿童会无法正常使用语言，关于"野孩子"的报告也显示了类似的情况（Newton, 2002）。

一个著名的例子是吉妮（Genie），她在 18 个月大时被父亲囚禁起来，而后在 20 世纪 70 年代，她长到 13 岁时被人发现。尽管人们试图教她语言，但她只学会了一些最简单的话，而且几乎没有语法。由此可见，语言学习的相关脑区可能会因为在适当的时期缺乏使用而萎缩。同样，许多在孤儿院长大、较晚才被收养的儿童，在语言能力和社会理解方面会出现缺陷，并且他们的语言使用相关的脑区激活也不同于常人（Helder et al., 2014; Rutter et al., 2007）。社会互动、自身体验得到他人的同调，以及与语言的接触，都是语言和沟通能力发展的必要条件。

为了进行口头交流，我们总是需要理解对方的心智状态。这种理解能力可能会受到一些因素的阻碍，包括发育障碍（如孤独症）、早期的经验以及说者和听者迥异的文化期望。伯克（Burck, 2005）引用过这样一个例子：一个讲第二语言的学生被老师问到"那个神奇的词怎么说？"，老师以为这个学生能理解这个神奇的词是"请"。这个学生不说"请"字，在英国被认为是无礼的表现，但在这个学生所在的文化中，这种表达方式是没有必要的，在他自己的家庭里，为别人做事不需要用任何表示感谢的语言。能够理解他人、了解他人的想法和感受，是成功使用语言的先决条件。

语言与情绪加工过程

依恋研究显示，在成人依恋访谈中被评为"安全－自主"的父母，其子女很可能形成安全型依恋。这样的父母可以用语言来理解情绪体验，创造出连贯的叙事。使用语言来描述情绪等内部状态，是情感调节的一个重要方面。例如，用语言描述和命名恐惧，能降低杏仁核等脑区的反应（Kircanski et al., 2012）。让被试用语言重新评价他们所看到的图片，能够降低唤醒水平并有助于调节情绪。给不同的情绪命名能降低恐惧反应（Hariri et al., 2000）和皮质醇水平（Daubenmier et al., 2014）。然而，创伤会产生相反的效果，患有创伤后应激障碍的退伍军人较少使用布洛卡区，并且很难将体验转化为语言（van der Kolk, 2014）。

一般来说，将感受转化为语言有助于个体管理困难的情绪状态。事实上，长久以来人们发现，把各种体验写下来，对情绪和身体健康都有好处。特别是将第一人称代词（"我"）转变为第三人称（"他""她"）或"我们"进行叙述的能力，与健康程度的提高有关（Pennebaker, 2012）。如果孩子能与父母分享各种体验，并且感觉得到了理解和倾听，那么他们之后对这些体验的描述就不那么消极了（Horstman et al., 2015）。以一种自我反思的方式，"用心"地使用语言来处理体验，能促进情绪调节和执行功能的发展（Winsler et al., 2009）。这在许多心理疗法中都可以看到。

如果我们具备处理困难体验的能力，那就不再需要对这些体验进行过多的防御。在连贯的叙述中用语言来反映情绪状态，与安全依恋和将心比心的能力有关（Meins et al., 2012）。这些发现很有实践意义。有冲动问题的儿童往往言语能力较差（McEachern and Snyder, 2012），而不安全依恋儿童的父母往往无法对自己的情绪感受进行复杂叙述。回避型依恋的人使用语言来描述情绪体验的能力往往很有限。用语言将想法和感受转化为文字，是发展情商和读写能力的基本方式，也是心理治疗的核心工具。

语言能力与社会优势

不管是儿童还是成人，语言能力都能给他们带来相当大的优势，这一点在西方社会也许尤为明显。家庭、社会团体或整个文化对语言的重视程度，以及儿童接触语言的程度，都会影响语言能力的发展。在一项精细的研究中，哈特和里斯利（Hart and Risley, 2003）对儿童几岁之前与家人的对话进行了录音。研究中的家庭按照福利家庭（即失业家庭）、工人家庭或职员家庭进行分组。研究人员的目的是计算出儿童在与父母或照料者的每次互动中听到的词语数量。分析结果显示了明显的阶层差异。一个专业人员的孩子在 4 岁时已经听到了 5000 万个词，而工人阶层的孩子听到了 3000 万个词，福利家庭的孩子则只听到了 1200 万个词。换句话说，福利家庭的孩子听到的词语数还不到职员家庭孩子的四分之一。平均 1 小时内，专业人员的孩子能听到 2100 个词，工人家庭的孩子能听到 1200 个，福利家庭则只有 600 个。到了 3 岁时，专业人员的孩子已经得到了大约 80 万次鼓励，还有仅仅约 8 万次劝阻。然而，福利家庭的孩子得到的鼓励只有 6 万次，收到的劝阻却是鼓励的 2 倍之多，这一点可能更加令人担忧。这项研究说明了心理结果是如何与社会因素（如贫困、社会心理压力和地位）密切相关的。

这些孩子在词汇量和语言互动风格方面的表现通常与他们的父母类似。儿童在 3 岁时的测量结果也能预测之后的在校成绩。同样令人担忧的还有智商与词汇量的对应关系，职员家庭儿童的平均智商为 117，而工人阶层的儿童只有 79。这些早期的发现会一直保持到 10 岁。虽然样本量相对较小，但这些结果与其他研究一致，尽管重新分析表明，除社会经济阶层以外，父母的教育水平也是同等重要的因素（Rindermann and Baumeister, 2015）。让儿童接触广泛的词汇、多鼓励、少挫败、对儿童的心智状态感兴趣、低压力、创造积极的感受，都有可能促进语言和其他能力的发展。为了避免陷入决定论，我们要注意，这些结果不仅仅在于我们"对"儿童说什么，而是像这项研究和其他研究一致显示的那样，最重要的是，对于儿童的姿态、交流或儿童发起的其他沟通，父母能做出多少口头上的回应（Tamis-LeMonda et al., 2014）。与以往一样，参与双向的互动才是最重要的。

哈特和里斯利的工作只是一个例子，它说明了社会因素是如何影响语言理解的。还有一些其他的例子，包括讲特定的方言或拥有特殊的词汇表达，比如拥有英国公立学校的口音或工人阶层的表达方式，都会带来极大的优势或劣势。词汇和语言形式所具有的意义会让人呈现出不同的特点，正如巴赫京（Bakhtin, 1982, p. 293-294）所说：

> 每个词都有其语境，这种语境都与社会生活相联系……只有说话者把自己的意图、自己的口音注入语言中，语言才会成为自己的语言……语言不是一个中性的媒介，它并不是自由轻松地进入说话者的意图之中；它总是被注入了——甚至过度注入了——他人的意图。

本章要点 >>>>>

- 沟通不仅仅通过语言进行，它也是一个涉及身体姿态的过程。
- 精细复杂的语言使用取决于主体间性、情绪和社会理解能力的发展，这些能力又取决于敏感的、将心比心的养育方式。
- 语言可以用于处理情绪体验，安抚压力和威胁系统。
- 语言可以用于欺骗的目的，也可以用来实现情绪上的坦诚；它可以传递支持，也可以发出威胁。
- 语言的使用方式可以是僵死的、乏味的，也可以是生动的、有表现力的；语言可以打开未涉足的象征性或想象性的领域，也可以关闭思考。
- 语言可以成为亲密交流的媒介，但也能成为人们与他人和自己的情绪自我保持距离的方式。
- 语言是对话性的，我们可以通过语言了解他人，当然也可以了解自己。

- 当婴儿意识到，不同人的心智可以联结在一起，可以共同关注某件事情——无论是恐惧的对象还是快乐的时刻——语言的发展就开始了。
- 并非所有的婴儿都能发展出精细复杂的语言能力，比如遭到忽视的儿童和患有某些神经系统疾病的儿童。

第 11 章

记忆：知道我们是谁、我们期望什么

本章将探讨记忆，以及过去的经历对当下生活的各种影响。我会阐述过去的经历是如何通过程序性记忆被带入我们当下的功能中的。我还会探讨陈述性记忆，即记住过去的事实和事件的能力，其中包括对创伤性经历的记忆这一棘手问题。我还会谈到自传体记忆，以及个体拥有自己的历史与连续性的感觉是如何发展出来的。

作为未来预测者的大脑

为了确保生存，任何生物都需要预测接下来可能发生的情况。我们的大脑具有预测能力（Clark, 2013），这并不是说大脑能预测彩票号码或未来的天气，而是说，它会试图预测在人际层面即将发生什么。如果我们不知道明天太阳是否会升起，或者我们不能预测父母阴晴不定的情绪，我们就会感到焦虑，然后更加努力地寻找可以做出预测的线索。我们会试图通过对现在的理解来想象未来，并利用过去的经验来做到这一点。在回忆过去和预测未来这两种活动中，相似的脑区被激活，而某些脑区的损伤则会对两者造成破坏（Coste et al., 2015）。如果我的父亲常常充满爱意地拥抱我，那么我可能会预期之后他也会这样做，也许还会预期其他成年人也这样做。我们几乎一直在不自觉地进行预测，这个过程就发生在短短的几分之一秒内。

具有讽刺意味的是，对未来的预测真的能改变实际发生的事。如果我预测的是天气晴好、阳光明媚，那么这并不会改变天气。然而，如果我预期的是某人对我不感兴趣，那么我就可能用一种导致他对我不感兴趣的方式与他交往。同样，如果我带着得到热情回应的预期接近某人，事实上也更有可能得到比较友好的回应。我们会把过去的期望以关系"模板"的形式带到当下，依恋模式就是一个典型的例子。一般来说，如果某种策略是有效的，那么我们往往会一直使用它。

这种方式通常能成功奏效，它能让我们迅速地判断某个情境、某个人或某个时刻是否安全。然而，我们的猜测也可能出现错误，比如出现心理学家所说的"基本归因偏差（fundamental attribution error）"（Moran et al., 2013）。它指的是我们太容易高估一个人跨时间的一致性。在一项经典研究中，被试被要求与一个伪装成大学生的女性交谈（Goethals and Reckman, 1973）。这位女性对一部分被试表现得既友好又热情，但对另一部分却表现得很冷淡。之后，被试被要求不去评价她的行为，而是去评价她的真实个性。不出意料的是，那些目睹了她不友好表现的被试，将她的性格评价为冷漠和拒绝，而那些经历了她友好表现的被试则认为她"真的"很友好、很善良。有趣的是，即便告知被试这其实是一个女演员扮演的角色，被试的回答仍然大致相同。新的事实并没有改变他们之前对她的个性的看法。

我们会给人们短暂的行为赋予稳定的特征。如果我们给某人呈现一张中性的面部照片，并告知他这是一张纳粹的照片，他们往往会在照片中看到残酷的特征；但如果在同一张中性面孔旁边显示一个科学方程式，他们可能会看到一张好学的脸。我们也可能根据自身的心情赋予照片各种特征，这些特征反映的更多是我们的心理状态，而不是照片中的人，这种现象被精神分析学家称为**投射**（projection; Klein, 1960）。早期经历中的情绪学习，会极大地影响大脑对现实的建构。一个遭受过虐待之后被收养的孩子，面对友善的老师或父母伸出的援助之手，可能会觉得这是一种攻击性姿态。这就是为什么心理治疗师如此重视有意识的自我反思，并把它用作一种挑战无意识预期的手段。如果一个人能够从先入为主的观念中后撤一步、检查证据，他可能就会看到，他的老师／父母／治疗师实际上并没有攻击性。当然，还有一些比较浅层的因素也会改变我们看待世界的方式。例如，法官在饿肚子时更有可能做出有罪的判决（Danziger et al., 2011），在受到种族偏见等因素的影响时也是如此（Kutateladze et al., 2014）。我们对自以为的"真实性"的认知，实际受到了这些表面因素、情境因素以及过去经历的巨大影响。

预期会改变体验，例如，当人们被告知接下来会接收到一个痛苦刺激时，与疼痛相关的脑区会在实际刺激发生之前就做出反应。此外，给被试涂上一种药膏，称其可以消除疼痛（但实际上是安慰剂），这时，与疼痛有关的脑区并没有反应（Colloca et al., 2013）。有趣的是，抑郁症患者往往对生理上的疼痛更加敏感（Yoshino et al., 2012），这可能是因为他们对不愉快的体验有更多的预期。

我们需要这些程序性的、自动化的理解，才能做好一些事情，比如骑自行车或拉小提琴。如果让蜈蚣对它踏出的每一步都有所觉察，它就会摔倒。情绪性学习和对人际关系的预期都属于程序性记忆，它们最初是便捷有效的，也会产生持久的心理影响。一个从小受到严厉批评的人，可能会尽量不引人注意、回避社交场合，用这种方式来保护自己，而这可能会损害他们之后应对社交场合的能力。然而，要改变这样的模式需要有意识的努力，而这往往会遭到个体的抵制，因为在我们无意识的深处，我们已经学会了相信这些程序化的自动判断。我们可以学着改变网球的发球手法或驾驶的风格，但在情绪方面，虽然再学习也是可能的，但它可能被视为危险的或可怕的，因而遭到更深的抵制。这并不是单纯的**条件作用**（conditioning），也不是仅仅与行为有关。一个经常遭受攻击的孩子可能会变得习惯于预期危险的发生，他可能将中立的信号解释为威胁，还会产生不信任的想法（例如，"她只是为了整我"或"如果我相信她，我会再次失望"）。觉察和正念练习，有助于消除这种预期。

对事件与事实的记忆

借助记忆,我们把经验整合成关于自身的连贯的主观意识,对事件进行回顾性的理解。正如斯特恩(2004)所说,一个个微小时刻的感受经验作为素材或"组块",被我们的心智组织起来。例如,如果我们的某个经历与之前类似,比如看到祖父母微笑着拿着一个袋子,我们可能就会认为存在一种模式:也许像上次一样,拿着袋子的人会给我们糖果并亲吻我们,给我们带来好的感觉。甚至对婴儿而言,哪怕某件事情只发生了一两次,他们也会产生这样的预期,而当类似的事件发生几次后,儿童就会发展出斯特恩所说的**互动的概括性表征**(representations of interactions generalised, RIGS)。RIGS 源自这样一种能力,即能够对过去的事件进行抽象的平均化,并推测出某种情况接下来发生的可能性。

抑郁母亲的婴儿已经学会了对母亲的情绪低落有所预期,哪怕是仅仅几个月大的婴儿,也会预测与他们进行同调的他人也会像母亲一样情绪低落(Murray et al., 2015)。正如我们在"静止面孔"实验中观察到的,当婴儿的期望(基于记忆的非意识性预测)被母亲意料之外的反应扰乱时,他们就会感到不安。记忆的积累让我们能知道自己是谁,也知道什么可能发生。当一个孩子在完成某项任务上遇到困难时,他们会有意识或无意识地利用之前的经验。面对一幅困难的拼图时,有些孩子的反应可能是砸碎它,有些孩子会寻求帮助,有些孩子会说拼图是错的,还有些孩子则会坚定地尝试拼出来,还会大声地说"只要我努力就能做到"——我在治疗中看到的一个孩子就是这样。这些不同的反应方式,都在程序上借鉴了过去的经验。

在婴儿早期,大多数学习都是内隐的或程序性的,尽管事物、面孔和其他"事实"可能会被短暂地记住,但它们很少能在以后被回忆起来。某些陈述性记忆在最初几个月确实可能发生,比如婴儿在 24 小时后仍然能记住物体，5 个月大的孩子在几周后仍然能记住面孔（Mullally and Maguire，2014）。不过对于成年人来说，很少有人能记住三四岁之前的事，这个现象通常被称为**婴儿期遗忘**（infantile amnesia）。到了 4 岁，儿童就能明确地记起以前发生过的一些事。当一些 3—5 岁的儿童被问及过去 18 个月内发生的迪士尼世界之旅，他们的回忆似乎很准确，而且得到了成人的证实，即便他们在 20 年后并不会记得这次旅行（Hamond and Fivush, 1991）。年龄较大的儿童能更好地回忆之前发生的事，给他们一些提示也有助于回忆。关于模仿的研究同样表明，14 个月大的儿童在观看了某些运动序列后，一周后仍能重现相同的序列（Marshall and Meltzoff，2014）。这种**延迟模仿**（deferred imitation），与程序性记忆以及"如何"做一件事的记忆有关。

心理学家仍然没有完全了解婴儿期遗忘到底为什么会发生，以及为什么有些记忆能跨越这个"鸿沟"，有些记忆则不能。记忆研究领域的前沿学者鲍尔（Bauer, 2006）认为，由于神经系统的不成熟，早期的记忆不太可能得到巩固，因此会有更多的存储失败。她认为，在 4 岁之前，记忆丢失的速度比获得的速度快，而随着后来额叶皮层和海马体的发展，记忆形成的速度就比遗忘的速度快了。

然而，我们可能会低估幼儿对未经语言编码的事件的记忆能力。幼儿不通过有意识的语言进行回忆，也可以记住很多东西，而且他们能以非言语的方式表达这些记忆。带有情绪的事件更容易被记住。对某些医疗程序（例如打针）感到很有压力的儿童，比压力较小的儿童更容易记住这个过程（von Baeyer et al., 2004）。根据根斯鲍尔（Gaensbauer, 2011, 2002）的描述，7 个月大的婴儿在几年后似乎还保留着对创伤性事件的记忆。例如，一个 9 个月大的婴儿遭遇了一场车祸之后，虽然这件事从未被提起过，但他后来在 2 岁的时候用玩具重现了事故现场。根斯鲍尔和其他研究者都报告了这样的情况：儿童在前语言期遭受的虐待，包括性虐待，后来会在儿童的绘画或游戏中表现出来，其准确性令人吃惊。

例如，一个孩子描述了她身体某个特定部位遭受过的虐待，这后来被视频所证实。这些例子都属于传闻逸事，也许不能算作研究证据，但把这些报告和研究结合起来，提示着至少在非言语层面上，婴儿能保有几岁以前的记忆。

在上述例子中，记忆并不是通过语言被唤起的。在对记忆进行编码时，语言还没有形成，记忆也就无法转化为语言的形式。当儿童能够用语言描述创伤性事件时，以后回忆起早期创伤的可能性就更大了（Mcnally, 2003）。将语言"注入"前言语记忆，从而将非言语记忆转变为言语记忆，这是可能的，但并不容易。鲍尔（2006, p.321）的研究表明，当这种情况发生时，也许是当父母与孩子谈论一个事件时，相关的记忆更有可能保留下来，并跨越婴儿期遗忘的阻碍。前语言性的体验不是通过语言线索来回忆的，因此它们相对难以被唤醒，这就是为什么当研究人员只提供语言线索时，关于儿童早期记忆的研究可能会存在缺陷。

记忆能力还会受到其他因素的影响，比如安全感。如果一个人承受的压力太大，他的回忆能力就会下降，大脑中有关记忆的区域会受到影响（Gamo et al., 2015），尽管我们也需要一定程度的压力才能记住一些东西。婴儿的情绪显然会影响记忆（Flom et al., 2014）。在一项测试中，痛苦哭泣的婴儿在3周后会不记得他们看过的手机，而不痛苦的婴儿却能记得（Fagan and Singer, 1983）。在学校里对危险高度警觉的孩子，其集中注意力和吸收信息的能力会下降。

压力也会影响大脑的发育，比如，与记忆的形成和保留关系特别密切的海马体，会受到早期童年虐待经历的深刻影响，受此影响的人成年后的海马体较小（Teicher et al., 2012）。被忽视和创伤性的经历也会影响记忆的发展。从罗马尼亚孤儿院被领养至条件更好的家庭中的幼儿，在进行延迟模仿等任务时，他们的记忆力很差，其中陈述性记忆的能力更差（Kroupina et al., 2010）。

不过，与长期持续的压力不同，某些压力是有助于记忆的。如果我们走在大街上，没有什么特别的事情发生，那么我们可能不太记得走过的路，但如果一辆逆行的汽车飞奔着呼啸而过，我们就更容易记得。人们对不同寻常的、充满感情的时刻的记忆，有时被称为**闪光灯记忆**（flashbulb memory），比如，美国总统肯尼迪遇刺时或"9·11"事件发生时他们在做什么。这种现象被称为应激特征，即之前的事件会通过生物过程在有机体上留下痕迹。我们需要一定的压力来对记忆进行编码，但太多的压力会抑制记忆。

情景记忆与自传体记忆

"自传体自我"的建立，取决于我们对生活情景有组织的记忆，例如我们的父母是谁、我们的名字、我们在哪里出生、喜欢或不喜欢什么、我们的个人历史，以及我们对各种情况的惯常反应。达马西奥（1999, p.172）将这种身份感描述为一种感觉，他称之为"感觉到的核心自我"，它是利用非意识性的经验和可以回忆的记忆，来形成一种"我在时间中和关系中是谁"的持续观念。这种记忆被称为**情景**（episodic）记忆，它往往形成于儿童能用语言去叙述事件以后，此后的记忆就会呈现新的形式。如前所述，在2岁之前，参与外显记忆编码的主要脑区还没有完全"上线"，大部分学习都是程序性的。在接下来的几年里，外显记忆系统逐渐得到巩固。到2岁时，儿童开始形成关于自己和他人的欲望和愿望的故事。这个年龄段的幼儿也能意识到，他们在镜子里看到的脸上的记号，其实是自己脸上的记号。这种表现，有时被看作自我意识的开端，自我意识中就包括自传体记忆，后者是情景记忆的一种形式。

更完整的自传体记忆直到儿童四五岁时才真正出现，这时儿童的心智理论能力得到了更为充分的发展。在这个年龄段，大多数儿童开始意识到自身的存在具有时间上的连续性，他们开始能讲述关于自己的故事和事实，这表明他们对自我有了更连贯的认识。在他们自己和其他人的眼中，他们形成了一种自我连续性的感觉。在这个年龄段，他们看视频时能真正地认出自己，如果视频中的孩子（即他们自己）头上有一个贴纸，当被问及贴纸在哪里时，他们会指着自己的头（Suddendorf et al., 2007）。这标志着儿童发展出了更为复杂的表征能力，他们能在脑海中同时持有世界的不同版本。早期与父母的同调性互动能够增强这种能力（Kristen-Antonow et al., 2015）。

  这种记忆的"感受"方面非常重要，因为情景记忆不是简单地被储存下来，而是"活出来"的，它与语义记忆不同，后者是与生活经验分离的事实、意义或观念。语言，以及通过叙事进行自我反思的能力，是情景记忆的核心，因为情景记忆需要自我反思的能力。将心比心的父母有利于孩子形成情景记忆。安全型依恋儿童的父母往往有更精细、更复杂的叙事风格，他们的孩子也会发展出这样的特点。正如达马西奥所说，"无论我们是否愿意，人类的心智都在不断分裂，就像一栋房子被分割成不同的房间，象征认识者的部分和被认识的部分也在不断分裂"（Damasio, 1999, p.191）。这种自传性体验，这种对自身连续身份的确定性，用达马西奥的比喻来说，取决于一种自我感觉。在这种感觉中，我们是自己故事的讲述者。我们还可以补充一点：当我们存在于他人的心智中，是别人故事的一部分时，我们就觉得自己是存在的。在医疗系统中，我们经常看到一些不幸的儿童，他们很少能真正进入别人的心智，也没有一个关于自己的清晰故事，当我们知道了这给儿童带来的影响，就很容易理解在他人心智中存在有多么重要。

  自传体记忆并不是对过去经历的精确再现。与其他所有的记忆一样，它也会受到当下的关注点和状态的影响，也会受记忆背景的影响。当我们感到快乐时，就更容易记起愉快的童年事件。记忆的背景也很重要。一项研究要求潜水员在水下记住单词，之后在陆上和水下分别测试他们的记忆，结果表明他们在水下回忆的效果比在陆地上更好（Godden and Baddeley, 1975）。

自传体记忆是用语言表达的，因而依赖于语言和叙事能力，一些儿童在这方面占有优势。自传体记忆能力发展较快的儿童，也能较早地在镜子中认出自己（Kristen-Antonow et al., 2015）。如果母亲使用的语言比较精细复杂，那么孩子也会更早发展出心智理论，事实上，如果母亲在精细叙事方面受过训练，那么孩子对他人心智的理解能力也会发展得更好（Taumoepeau and Reese, 2013）。这种精细叙事，在偏重自我为中心的西方文化中更为多见，且出现的时间也更早。例如，韩国和中国的儿童与成人有关个人的记忆较少，他们较少提及自己，而是更多地叙述一般的事件和共同的历史（Leichtman and Wang, 2013）。如我们所见，一些社会不太强调自我，也就谈不上发展关于自己的故事的能力。尽管如此，无论在什么文化中，接触到更精细的叙事风格的儿童，往往会以更复杂的方式描述自传体记忆中的个人事件。至少在西方，这样的儿童通常会发展出安全型依恋。

创伤、记忆与遗忘

心理学的一大争议关乎创伤性记忆，包括创伤性记忆有多大的可靠性或准确性，以及过去的创伤性记忆是否可能会被压抑，只有在一段时间后才能被想起。记忆并不是精确地储存在硬盘中的照片或视频，它们是出了名地不可靠。大脑存储的只是信息的痕迹，它们后来才被"制造"成记忆。正如贝特曼和福纳吉（Bateman and Fonagy, 2004, p.105）所描述的："一个复杂的神经网络，涉及大脑的许多不同部分，起到编码、存储和提取信息的作用，它可以用来'创造记忆'。"

在一项研究中，70多个男孩被问到一些问题，诸如"小时候爸爸多长时间打你一次"或"你对某些问题的担忧程度"。大约30年后，研者对这些男孩中的许多人进行了重新访谈，而他们坚信不疑的回忆与他们最初的观点大相径庭。例如，有些人记得自己小时候是外向的，但实际上在14岁时，他们把自己描述成害羞的，而他们对30年前他们如何描述自己的猜测，并不比随机答案更准确（Offer et al., 2000）。

实验结果不断表明记忆是不可靠的。在一项经典实验中（Loftus and Palmer, 1974），被试观看了一个关于车祸的视频。当被问及"那辆车撞上另一辆车时速度有多快"时，被试的"记忆"与他们听到"碰上"（而不是"撞上"）一词时完全不同。那些听到"撞上"的人认为车速更快，而且他们往往自称看到了视频中实际没有的东西，比如挡风玻璃破裂。个体可能被植入虚假的自传体记忆，因为记忆很容易受到暗示。

当记忆涉及童年期的性虐待等创伤性事件时，关于记忆可靠性的问题就更有争议了。记忆不仅容易受到暗示的影响，而且某个特定时刻的记忆也会受到当前背景和环境的影响。尽管某些事件可能是心理治疗师暗示给来访者的，如所谓的虚假记忆综合征（Davis and Loftus, 2009），但也有证据表明，有些创伤性事件确实会被忘记。布伦内斯（Brenneis, 2000）分析了治疗文献中的很多案例。一些案例无法得到证实，但还有一些案例提供了令人信服的证据，表明记忆中的虐待经历是真实存在的。

其中有这样一个例子：一位女性一直有儿时遭受性虐待的记忆，但她不记得自己在成年后遭受过任何虐待。一次有人对她说，在童年遭受过虐待的人，有时在成年后也会受到虐待。之后在开车回家的路上，她想起大约13年前，也就是自己在22岁时，曾被一个陌生人强奸过。她对此进行了调查，并且后来对强奸她的人提出了指控，法院核实证据后，判定施暴者有罪（Geraerts et al., 2007）。然而在之前的很多年间，她都不记得这件事了。布伦内斯分析了几个情况类似的案例，在这些案例中，记忆似乎又回来了。这些记忆在得到了相关信息的提示后直接展开，不需要任何解读和辨认。回忆过程伴随着强烈的情绪和身体反应，例如回忆者会浑身发抖。而且，这些案例的回忆没有一个是由心理治疗引起的。

　　遗忘创伤性记忆的情况并不少见。例如，对 1400 名女性的研究（Epstein and Bottoms, 2002）发现，在遭遇人际创伤（尤其是性虐待）以后，有多达 20% 的案例会出现遗忘的情况。而在非人际性创伤中（如遭遇车祸以后），遗忘的可能性较小。不过，遗忘的机制不一定是弗洛伊德所说的压抑，很多情况下，当事人的遗忘都是部分遗忘，这可以被解释为主动回避，或是赋予不同的解释。还有一些研究者，如洛夫特斯（Loftus）及其同事（Patihis et al., 2014），仍然持怀疑态度，但他们也认为某些经历在发生时，当事人的认识并不清晰，在事后才重新将其解释为虐待。

　　程序性记忆与创伤性记忆不同，因为前者一般都"没有内容"。遭受暴力的儿童对危险的预期在脑环路中已经根深蒂固，这可能会导致他们对轻微的噪音也感到畏惧，但这个反应不一定伴随着有意识的记忆。此外还有一种记忆形式，它既不属于一般的陈述性记忆，也不属于程序性记忆。创伤后应激障碍患者出现的"闪回"现象，似乎也植根于杏仁核中，而且是有内容的，但这不是我们通常所说的外显记忆。一种理论认为，这种创伤性的闪回记忆没有被海马体赋予时间和空间上的背景，所以它们缺乏背景性特征。正如范德考克所说，严重的创伤可能导致丘脑关闭，进而导致相关的经验无法成为自传体记忆的一部分。受困于这些侵入性和淹没性记忆的人，似乎不像虚假记忆的情况下那样容易受到暗示的影响。他们的记忆很难被言语化，很难被叙述；事实上，在这种情况下，语言的中心区域（如布洛卡区）常常几乎丧失了功能，此时大脑的左半球几乎处于离线状态（van der Kolk, 2014）。创伤后应激障碍的"记忆"被体验到时，仿佛它就发生在当下，此时往往伴随着背外侧前额叶皮质的去激活。这样的记忆就像把直接的体验重新经历了一遍，并且不太容易改变。创伤性记忆和非创伤性记忆之间一个很大的区别是，创伤性记忆会伴随剧烈的生理反应，如颤抖或出汗。

经历过暴力或折磨等可怕事件的儿童，往往无法阻止暴力图像的侵入。麦克纳利（McNally, 2003, p.105）报告了这样一个例子：在残暴的波尔布特政权中幸存下来的儿童，会不断地受到杀戮图像的侵扰。这些幸存者仿佛在重温事件带来的情绪体验，其中还包括气味、味道等其他感受。似乎他们记住的是创伤带来的情绪体验，而不是精确的图像表征，因此具体的细节不一定准确。例如，在继发性创伤的情况下，有亲人被谋杀的人可能会做有关该事件的噩梦，或出现相关的闪回，即使谋杀发生时他们不在现场。

关于创伤性记忆，以及这种记忆是否可以被压抑或隔离，目前仍然有很多争议。一些研究表明，压抑不愉快的记忆可以有效地抑制其对未来感知的影响（Gagnepain et al., 2014）。在创伤性经历中，我们必然会缩小关注的范围，之后就无法再回忆起事件的更多细节。例如在一项实验中，给一些被试仅呈现中性图片，而对另外一些被试，则在他们的图片序列中插入了一张谋杀被害人的惊悚图片（Kramer et al., 1990）。那些看到惊悚图片的被试相对不容易记住后面的图片。当我们目睹一些可怕的东西（比如暴力）时，我们会关注最突出的细节（谁拿着刀，刀离我们有多远），而不太注意外围的细节（外面是否在下雨）。由于这个原因，法庭上的证人可能会显得不太可靠，因为他们不太可能记住那么多详细的信息。当人们分别看到同一事件的暴力或非暴力版本时，看到非暴力版本的人对周边细节的记忆要准确得多。

创伤发生以后，自传体细节的回忆能力会受到损害。例如，一些越战老兵身上就出现了这种现象，他们的个人记忆往往"过分概括化"，很难以常规的方式记住具体事件（McNally et al., 1994）。在对"善良"或"恐慌"这样的提示词做出反应时，他们无法找到与这些词相匹配的记忆或叙述（Moore and Zoellner, 2007）。某些教养方式无法培养起儿童的叙事能力，这可能又与创伤的影响交织在一起，进而导致儿童更加无法形成记忆并处理记忆。创伤受害者的叙事往往充满了未完成的想法，语言模糊不清、反复重复，叙述也支离破碎（Brewin, 2011）。

很多针对创伤的治疗，其目标之一都在于确保创伤性记忆不要过于强烈地被重新唤起。此外，个体也需要与人格中功能更健全的部分相关的想法和记忆建立联系。这样做有可能整合创伤性体验，使这些体验得到反思、调节和处理。一些父母虽然在童年期受过创伤，但他们在成人依恋访谈中仍然被评为"安全－自主"的类型，在他们身上就可以看到这种处理情绪体验的能力。而受过创伤的"未解决型"成年人却不太具备这种能力。这两种类型之间的一个明显区别是，安全自主型的成人已经发展出了自我反思能力，他们能够将经验以连贯叙事的形式整合到自传体记忆中。我们记忆的内容和方式，与我们反思自己和他人心智状态的能力、心智化能力和一致性叙事的能力息息相关。

本章要点 >>>>>

- 记忆涉及过去、现在和未来之间的关系，而人脑特别能有效地根据过去发生的事情预测未来。
- 我们为当前经历赋予的意义，部分是由过去的经历决定的，但我们的记忆在很大程度上取决于当前的情绪和环境。
- 经验从生命的早期就被刻在内隐记忆中，成为我们的模式并被带入新的关系之中，这甚至发生在编码、保存和提取外显记忆的能力形成之前。
- 记忆是出了名地不可靠，一些所谓的记忆可能是暗示的结果。
- 在创伤后应激障碍中出现的创伤性记忆，可能是侵入性的、可怕的和淹没性的，这些记忆与叙事或反思功能没有联系，并且往往伴随着强大的生理反应。

- 在某些情绪中，我们的记忆效果会更好，比如在轻微的压力下，就像在闪光灯记忆中表现出的那样，但在压力太小或压力太大时，记忆效果就会下降。
- 能对自己的生活进行精细叙事并感到被他人"放在心里"的儿童，更有可能发展出复杂的自传体记忆。
- 许多儿童没有这样的经历，特别是那些以回避型依恋风格为主的儿童，以及医疗系统中的许多儿童。
- 程序性记忆一旦形成就很难改变，但新的学习仍然可以发生，特别是随着自我反思能力的发展。如果情绪自我和心理自我得到了他人心智的见证和反思，就更有可能得到较好的发展，比如在心理治疗中发生的情况。

第12章

游戏：乐趣、象征、实践与嬉闹

游戏是童年期的一种重要活动，它是许多其他能力的发展所必需的，但同时，只有在某些其他层面的发展已经发生的情况下，游戏才能出现。沉浸在游戏中的儿童常常让成人惊叹和敬畏。我们可以完全沉浸在游戏中，被游戏所占据。精神分析学家温尼科特（1971）将游戏与现实进行对比，认为游戏、象征性和创造性在根本上是相通的，这并非巧合。游戏通常具备其固有价值；我们做游戏不是为了达到其他目的，尽管有价值的副产品也常常存在。正如福纳吉和塔吉特所说（Fonagy and Target, 1996），即使是非常年幼的儿童，也能将他们在游戏中创造的世界与现实区分开。严酷的现实有时会闯进来，破坏脆弱的游戏时刻。比如一个小女孩穿戴上父亲最好的鞋子和帽子，假装自己是个老师，直到她父亲进来，严厉地质问她在干什么。

是什么让一些事成为游戏，而另一些事则不是游戏，甚至是工作呢？游戏并没有一个单一的总体性定义，游戏的形态和规模多种多样。游戏可以是孤独的，也可以是社交性的；可以是想象性的，也可以是追逐打闹；可以有很多规则，也可以没什么规则；可以是言语性的，也可以是非言语性的；可以是借助物品的，也可以是假装的，等等。游戏通常具有灵活的特点，比如把物体进行新的组合、改变角色或用物品代表其他东西。游戏的另一个特点是其中包含积极的情感，正如汤姆·索亚的姨妈波莉命令他粉刷围栏时，他使出的经典诡计所体现出的那样（Twain, 1986）。汤姆不想出力，于是他设法蒙骗他的朋友们，让他们相信他是为了好玩才去刷围栏，于是朋友们都争着去刷。而在这之前，这项工作是件苦差事，但它突然间就变成了游戏。马克·吐温（Mark Twain）写道："工作是一个人有义务做的事情，而游戏则是一个人没有义务做的事情"（p. 14）。很多实验都证明了这一点。比如，一项实验中，一些被试完成一项任务后会拿到报酬，而另一些被试也完成同样的任务但没有报酬，结果拿报酬的被试更早地放弃了任务（Deci and Ryan, 2000）。同样，一些幼儿园的孩子使用带有星星和彩带的笔就会得到奖励，而另一些孩子则不会得到奖励。下一次，当水彩笔被随意地留在周围时，那些没有得到奖励的孩子更想玩它们（Lepper et al., 1973）。单纯想做某事带来的内在奖励（比如喜欢帮助别人），本身就是一种激励，对儿童和成人都是如此（Warneken and Tomasello, 2008）。

游戏本身就会给游戏者带来好处，促进其他方面的发展，但游戏通常只是为了其内在回报而进行的。潘克塞普（Panksepp et al., 2003; Panksepp and Watt, 2011）的研究显示，在具有多动神经倾向的大鼠中，增加游戏的机会能减少多动行为并增进自我调节。他认为这一点同样适用于儿童，而且许多针对儿童的治疗工作都是通过游戏进行的，这大概不是巧合。

然而，并非所有的儿童或动物都有游戏的能力。处于紧张状态的时候，不太自信的时候，或者很焦虑的时候，儿童的游戏性就会降低（Repacholi et al., 2014）。哈洛（1965）关于隔离饲养的猴子的早期研究发现，与那些由母亲抚养的猴子不同，隔离饲养的猴子无法做游戏。同样，在孤儿院中养育的儿童由于缺乏情绪滋养或情绪刺激，他们的游戏性就比较差。哈佛大学的一项研究表明，冷漠的、没有感情的母亲养育的男孩，在他们45—65岁的生活中，不太会与朋友玩游戏、做运动，甚至度假（Vaillant, 2012）。这里的预测因素是他们在童年时感到被爱的程度。安全感和自在感是游戏的前提，而游戏本身可以促进人的发展。

早期的游戏

我最喜欢的关于游戏的一句话是：游戏是"对不可预料之事的训练"（Spinka et al. 2001, p.141）。游戏很少是死板的、有计划的；它通常是自发的，有着不确定和惊喜的成分。在经典的婴儿游戏，如"藏猫猫"中，游戏双方都知道接下来会发生什么，但不知道究竟什么时候会发生。在这样的游戏中，儿童也在学习一些技能，比如轮流玩、理解和预测他人的想法和行动。这类游戏往往有明确的模式，自发性就在其中产生。

通过模仿和原初对话等方式，婴儿能积极地参与互动，到3个月左右，婴儿就可以进行复杂的交流了，比如他们听儿歌时会产生愉悦的反应，伴随着有节奏的身体运动。通常，游戏中的双方会与对方的节奏相适应，并随着对方的节奏调整自己的姿态。这个过程有助于建立能动性、社交自信和灵活性。

到5个月时，婴儿就可以通过主动模仿姿态和手势，与同伴进行幽默的交流。很快，父母和婴儿之间的游戏就可以持续更长的时间，而且有结构、有次序、有高潮。歌曲有复杂的节拍、韵律和旋律，对其中一些突出的时刻，婴儿喜欢用自己的姿态和声音做出反应，例如他们会在特定的时刻拍手，带来一种共同的享受和"游戏性"（Malloch and Trevarthen, 2009）。积极的情感是这里的关键，抑郁的母亲的声音缺乏音乐性，这可能导致婴儿不会参与游戏，而是表现得非常平淡。婴儿在仅仅3个大月时就能表现出幽默感，也能在互动中更开放地分享快乐，雷迪（1991）很好地描述了这一点，他用实验阐述了婴儿在出生后第一年的后半段所表现出的戏弄与嬉闹。婴儿满1岁时，随着原初叙述指向等技能的发展，游戏也变得更加复杂，更有可能出现两个伙伴一起玩一个东西的情况。这时，婴儿已经能记住并重复与他人互动和共处的方式。

这样的游戏依赖的是微妙的、相互同调的体验，并且需要在相互的积极情感氛围中，把灵活性和可预测性复杂地结合在一起。兴奋、享受和愉悦这些情绪状态，也许在发展层面没有得到足够的重视。有人研究了7—12个月的婴儿在双人和三人互动中的游戏情节，游戏中充满了快乐和喜悦，而中性和消极的情绪几乎不存在（Kugiumutzakis et al., 2004）。从满1岁开始，儿童的发展出现了令人振奋的飞跃，尤其是活动能力、敏捷性和语言能力大大提高，我们可以看到角色扮演、幻想以及想象性游戏的雏形。正如丹尼尔·斯特恩所写的那样："游戏只能在一种轻松、安全、无须警惕、没有其他迫切需求的情境中发生"（Stern, 2001, p.141）。他在研究婴儿时发现，当婴儿感到不自在时，比如有陌生人在场时，他们的互动就不那么具有"游戏性"了；如果这个陌生人让人紧张害怕，那就更没法游戏了。这种现象甚至在婴儿能够抓握或移动之前就已经出现了（Repacholi et al., 2014）。

其他物种的游戏与追逐打闹

游戏有其生物学和神经学基础，潘克塞普和比文（Panksepp and Biven, 2012）认为我们有一个游戏系统，它与恐惧、性、攻击或依恋系统是并列的，在这个游戏系统中，追逐打闹特别重要。不管处在何种文化中，人类儿童都会做游戏，所以我们必须假设，游戏是因其积极的进化意义而被正向选择的结果。在生物学上，游戏似乎与许多哺乳动物在婴儿期的一段高度唤起、几乎精力无限的时期有关。游戏可以刺激大脑组织的各个方面，发展斯霍勒（1994）所说的"探索－自信动机系统"和潘克塞普所说的"寻求"系统。游戏可以"巩固社会习惯"，并发展身体和认知能力、与社交相关的脑环路以及执行功能。

大多数哺乳动物都会玩游戏（Pellis and Pellis, 2013），比如小猫活泼地玩耍、小狗追球，或小老虎相互打闹。这些游戏具有与人类游戏相似的特征。狗会通过降低身姿、把重心转移到前腿来表明它们在游戏，黑猩猩则有自己的"游戏面孔"，以此向其他黑猩猩表示某个动作是游戏而不是认真的（Bekoff and DiMotta, 2008）。年幼动物的游戏往往是精力充沛的，没有明显的"意义"。一般认为，游戏可以增进日后生活所需的技能和能力。小鹿的急速冲刺现在可能是游戏，但以后需要从捕食者那里逃走时，就可能成为救命的本领。对隔离饲养的大鼠进行的实验研究发现，没有机会做游戏的大鼠长大后的活动能力会下降，并且经常受到陌生大鼠的猛烈攻击。

动物做的许多行为与人类的假装游戏有惊人的相似之处。比如，有人看到，一只会手语的红毛猩猩通过手语"猫"来假装出现了一只看不见的猫，并表现出害怕的样子。还有人报告，一只海豚通过水下窗口观察人类吸烟，然后从它的母亲那里吸了一口奶，把牛奶喷射到水下，模拟吸烟的样子（Mitchell, 2001）。在动物中更常见的游戏是模拟性的打斗，以及精力充沛的追逐打闹。游戏常见于生活在复杂社会群体中的物种，如黑猩猩和海豚，它们既有模仿能力，也有一定程度的社会复杂性。在这些物种中，幼小的动物经常使用夸张的社会性姿态进行游戏，尝试一些行为、声音、动作和存在方式，这些东西在它们之后的实际生活中会真的用到，比如在战斗或狩猎时。

佩莱格里尼（Pellegrini, 2007）认为，追逐打闹游戏的特点包括积极的情绪、"游戏面孔"、充沛的精力、夸张的动作，以及柔软的、开放的踢打。这种身体游戏在大多数年幼的哺乳动物中都可以看到，之后，随着动物的性成熟，这种游戏会逐渐减少。它有助于锻炼肌肉技巧，增强力量和耐力并刺激大脑发育。

追逐打闹是一种非常特殊的游戏形式，它表面上看起来像打架，但两者有明显的不同。一般来说，这种游戏开始时并不存在真正的威胁，之后游戏伙伴又会恢复友好的关系。在童年期，追逐打闹通常会促进亲近感，比如，佩莱格里尼的研究表明，在追逐打闹之后，亲密的联结会增强。佩莱格里尼认为，青春期的攻击性和追逐打闹，更多地与获得支配地位和强有力的位置有关。佩莱格里尼甚至发现，伴侣选择也与青春期的支配地位有关，男孩在12岁时的战斗能力与其后的地位有直接关系，而后者又关系着其他方面的成功，比如约会时的受欢迎程度。

在西方社会发现的性别差异，在研究涉及的大部分文化中也都存在。男孩更喜欢身体游戏，同样的现象在猴子和猩猩身上也能观察到。事实上，无论胎儿的性别是男是女，接触睾酮等**雄性激素**（androgen）都会使他们在之后的儿童期更喜欢追逐打闹游戏（Grossi and Fine, 2012）。不仅在研究涉及的大多数文化中，而且在大多数哺乳动物物种中，我们都可以看到这种打闹游戏。

不同类型的游戏，不同类型的学习

在不同的社会中，儿童有不同的游戏方式。在大多数前工业社会中，儿童大部分时间都与各种年龄的孩子待在一起，因此他们能向年长的儿童学习。在大多数文化中，游戏都涉及假装和想象。儿童经常扮演成人，从而练习日常生活的脚本，不管是墨西哥小镇的玛雅男孩扮演酒吧老板，还是欧洲儿童扮演老师和学生，或者喀拉哈里地区的昆族（Kung）儿童做捣碎和挖掘的游戏。

在不同的文化中，成人对象征性游戏的重要性的看法也有所不同。美国人倾向于将游戏视为辅助学习的方式，而韩国母亲则更会将游戏视为娱乐。日本人可能会鼓励婴儿进行社会性的游戏，更多关注"以他人为导向"，如"给洋娃娃吃饭"，而美国母亲可能会鼓励孩子玩一些提高自主性或自信的游戏（"是的，如果你努力，你可以做到"）。在受儒家价值观影响的中国台湾地区的中产阶级家庭中，儿童在游戏中被期望表现出"恰当的行为"并正确地称呼长辈（Goncu and Gaskins, 2007）。在对一个贫穷的土耳其农村社区的研究中,研究者发现,儿童在很小的时候就必须做出劳动方面的贡献,游戏在这里并不那么受重视,在许多其他文化中也是如此,例如墨西哥尤卡坦州的玛雅儿童,在那里,人们会主动限制儿童的游戏,以此鼓励更多的"生产"活动。并非所有文化都很重视象征性游戏。

上述很多例子都涉及基于现实的假装游戏,它们是在演绎现实生活中的角色和脚本。还有一些更为抽象的幻想游戏,它在鼓励抽象学习的西方文化中更为常见。在西方文化中,观念的使用可以脱离语境,因此与其他一些社会相比,西方文化更接受"玩弄(play around)"概念,这些概念较少受到实际角色和现实的约束(Harris, 2007)。某些文化的思维范畴并不包含这样的抽象思维,因此他们无法理解诸如"三匹粉色的马,加上四头蓝色的牛"这样的数学问题。

许多游戏理论家都困惑于这样一个悖论:人们沉迷游戏是因为游戏本身,但游戏一定是因为某种目的才演变出来并得以存在的,否则为什么大多数儿童和动物会沉迷其中?几百年前就有人提出这样的理论,认为人们是通过游戏练习成人生活中所需的技能和能力。例如,史密斯(Smith, 2004)认为,玩打仗、做饭或打猎的游戏,既可以学习基本的技能,同时也比实际做这些事的危险性要小。假装捣碎谷物,也可以锻炼实际做这项工作所需的所有技能。在研究涉及的社会中,捣碎谷物的游戏在六岁时达到顶峰,在八九岁时逐渐减少,这时人们会希望孩子做出更大的贡献,去捣碎真实的谷物(Bock, 2002)。尽管我们无法确切地知道游戏有什么功能,但我们知道剥夺游戏对儿童和哺乳动物都会产生不利影响。

无论是捣碎红薯还是使用计算机,游戏的作用除了发展以后所需的实用技能外,还能促进其他能力的发展。西方教育思想对"自由"游戏的优点有很多讨论,在自由的游戏中,儿童是遵循自己的兴趣,而不是在学校和托儿所进行有组织的活动。支持自发游戏、自由游戏的观点认为，儿童在自我激励的情况下能学得更好。例如，在一项实验中，当儿童被要求站着不动时，他们只坚持了大约两分钟，但当儿童被要求扮演守卫的士兵时，他们坚持了将近12分钟（Bronson and Merryman, 2009）。

人类似乎需要非结构化的休息时间。我们专注于任务时会使用不同的脑区。当我们停止努力或不再专注时，一系列被称为"默认模式网络"的脑区会突然变得活跃（Kühn et al., 2014），而且会表现出更强的创造力（Beaty et al., 2014）。当我们开始积极专注于一项任务时，这些区域就会关闭。在更重视成就的教育文化和家庭中，游戏在开发想象力、创造力和学习能力等方面的重要作用可能会被低估，因为任务导向的执行注意网络往往更受重视，与默认模式网络活动相关的、非目标导向的游戏活动则不太受重视（Agnati et al., 2013）。

席尔瓦（Sylva, 1984）等教育研究者发现，当任务不太结构化，同时游戏也不是完全自由，而是以**支架式教学**（scaffolding）的方式组织游戏（Bruner, 1966）、帮助儿童进入下一层次的挑战时，儿童学得更多，教育的效果更好。近年来，这样的理念在美国的一些项目中得到了很好的应用，如"心智工具（Tools of the Mind）"项目（Aras, 2015），以及其他引导性的游戏方法（Weisberg et al., 2013）。这些方法利用了维果斯基（1962）有关**最近发展区**（zone of proximal development）的观点，即促进儿童在现有知识和技能的基础上达到一个新的水平，通过游戏激发儿童的内在学习动机。例如，在玩医院的游戏时，教师会让儿童扮演各种角色（如医生、护士、护工），鼓励他们规划任务，并帮助他们使用各种道具（例如，娃娃也可以扮成医生）。这种以游戏为基础的学习，可以使儿童长时间起劲地从事某种活动，并培养一系列能力。这些能力包括做计划、集中注意力、自我调节，以及参与复杂的人际互动。上述研究可以与潘克塞普等人的观点联系起来，即游戏和基于游戏的治疗能提高自我调节能力和执行功能，并在教育方面和情感方面发挥重要作用。

游戏是心灵之窗

儿童做游戏的方式很大程度上揭示了他们的关注点和心智状态。许多研究都把儿童游戏的意义与儿童的心智和日常生活联系起来。自克莱因（Klein, 1960）、洛温费尔德（Lowenfeld, 1991）和安娜·弗洛伊德（Midgley, 2012）以来，儿童心理治疗师一直在治疗性地使用儿童游戏，他们认为童年期的游戏等同于成人的自由联想。西格蒙德·弗洛伊德（Sigmund Freud）可能是第一个分析儿童游戏意义的人，他讲述了他孙子的案例：他的孙子在小床上玩一卷棉线，他把棉线扔掉，然后又"哒"的一声高兴地把它卷回来。弗洛伊德（1920）认为，这个男孩是在用这种方式处理母亲的离开，即便他无法控制现实中母亲的离开和返回，但他创造了一个受他控制的离开和返回的场景。

儿童用游戏来象征性地表达他们关注的东西。游戏是了解儿童心理状态的重要窗口。在学校日子不好过的儿童回到家里，可能会对着弟弟妹妹扮演严格的教师。如果一个儿童的游戏中充满了死亡、暴力、破坏，或儿童与成人之间不恰当的性接触，就会引起儿童心理治疗师和其他专业人员的担心。

有一些理解儿童游戏的标准化方法，可以佐证治疗师的临床理解。其中最著名的也许当属故事主干（story stem）技术（Hodges et al., 2003），它是由伦敦的安娜·弗洛伊德中心的依恋研究人员提出的。故事主干技术利用玩偶和道具，向儿童展示日常生活中的情景，先给儿童展示一个故事的主干或开头，然后要求儿童使用玩具并发挥想象力来完成这些故事。举一个简单的例子：一个孩子在学校画了一幅画，老师表扬了他，然后他把画带回了家。访谈员用玩偶来演示孩子回家的情景，并询问儿童："告诉我接下来会发生什么？"根据儿童经历和历史的不同，他们回答的多样性令人惊讶。一些儿童讲的故事是孩子回家把画拿给父母看,受到了赞扬,大家都很高兴。不过,还有一些儿童讲述了这样的故事:父母无视孩子的画,暴力可能随之而来,画可能被遗忘或被扔进垃圾桶。故事的叙述方式和内容、各种人物的形象,以及叙事结构,都要经过分析、评定和编码。这项技术给出了一种实证依据,用以理解儿童幻想游戏的意义,以及幻想游戏与儿童的生活状况、依恋和体验的关系。儿童心理治疗师早就了解到了这一点。尤其是,儿童对成人可能如何对待自己的预期,常常在游戏中得到生动的说明。受过虐待或创伤且即将被收养的儿童,经常讲述充满暴力和忽视的故事。有趣的是,在被收养的 3 个月内,许多儿童已经开始发展出对成人世界更有希望的故事版本,一些给予照料和关怀的角色悄悄地进入了他们的叙事中(Hodges et al. 2003a)。旧的版本并没有完全消失,但新的版本也同时得到了发展。

儿童会自然而然地通过游戏来表现担忧和关注,以及希望和愿望。据报道,"9·11"事件后,许多美国儿童在游戏中再现了创伤和灾难的场景。同样,一些有哮喘病的儿童经常扮演医生和护士,当演到大灰狼要把房子吹倒但"气"不够用时,他们感到非常有趣(Clark, 2003)。当然,有些儿童会卡在游戏中,这往往发生在创伤之后,在这种情况下,我们看到的很可能不是象征性游戏,而是创伤的重现,类似于创伤受害者身上常见的闪回现象(Osofsky, 2007)。其中的差别需要谨慎和经验才能辨认。

儿童玩游戏的原因是多种多样的。一个受到了欺负的孩子回家后可能会感到不安或愤怒,于是玩起了欺负弟弟妹妹的游戏,从而将不想要的感觉投射到别人身上(Klein, 1975)。实验发现,当人们的自尊受到打击时,他们往往会对他人更加恶劣,更有偏见,更会以贬低他人为乐,这样做似乎是为了提升自我价值。阿尔瓦雷斯(Alvarez, 2012)报告了这样一个案例:一个严重肢体残疾的孩子在治疗过程中用胶带绑住了治疗师的腿,不知不觉中让治疗师体会到了肢体不能动的感觉。有时,这个过程不是象征性的，而更像是把某种感觉"丢给"别人。游戏可能介于象征性和重现场景之间，在后一种情况下，体验被"释放"出来，传达出的意思是"看看你体会如何，让你了解这种感觉有多糟糕"。这样一来，体验就被"摆脱"了，同时也得到了分享，并且通过让其他人也产生同样的体验而得到缓解。

当然，积极的体验也同样会传递出去，一个得到了很多爱的孩子可能会深情地爱护她的娃娃或妹妹。在比较乐观的情况下，儿童所扮演的角色并不那么固定，而且可能出现数不清的变化和反转。这些儿童既能扮演无助的婴儿，也能扮演慈爱的父母，而有些不那么幸运的儿童就没有这么灵活了。从研究中，从父母和一代代治疗师那里，我们了解到，在幻想游戏中，重要的体验、感受、担忧和希望可以得到表达、上演和处理。有些人认为，当有一个富有爱心的成年人在场时，游戏的体验本身就是有治疗作用的。

游戏、假装、象征与心智发展

一个人若是看到过幼儿表演复杂的幻想故事，并体验到一份安静的敬畏之感，那么他将意识到自己目睹了一些神奇和微妙的东西——这是一个丰盈的泡泡，它可能会因为意识到自己正在受到观察而突然破灭。母亲不在身边时，3岁的儿童能表演一个关于旅行和团聚的复杂游戏，以此将个人体验和人际体验具体化，用一种既虚构又真实的形式表达出来，利用这些体验进行游戏并处理它们。游戏的丰富性部分体现在，它可以容纳模糊的意义、未解决的问题，并且有丰富的多重解释。游戏者可以"尝试"存在的方式，先认同一方，再认同另一方，既当医生又当病人，打针的方式可能是善意的，也可能是虐待性的，或者是两者兼有，这个过程使共情或心智化能力得到发展。

这种游戏中存在无穷无尽的可能性。复杂的假装游戏是人类独有的。有人描述过类人猿在游戏中试图欺骗其他类人猿，让他们以为自己正在玩的球不见了（Mitchell, 2001）。但这与有人物的持续性叙事不同，后者需要有能力区分假装的现实和实际的现实，需要能以元表征（meta-representational）的方式运作，并且具有象征的能力，这些都不是人类以外的物种能做到的。这种真正具有想象性的行为方式，比一些动物所能做到的欺骗更加复杂精细。

我已经描述了儿童如何通过游戏模仿成人的活动，通过这种方式，儿童能从内部学着理解成人如何思考、行动、感受和理解世界。例如，儿童在玩打猎、战斗或准备宴会的游戏时，会感觉自己进入了特定的角色之中。有时，孩子们进入角色太深，以至于他们觉得自己真的成了自己所扮演的角色。不过，如果一个幼儿假装一块破布是一个婴儿，然后假装拥抱它，那么他和其他人都知道，一个人不可能真的安慰破布，而且这种假装的行为在某种程度上是示意性的。儿童也同样知道，父母并不会愚蠢地把破布和婴儿混为一谈。

当 18 个月大的幼儿观察假装游戏时，他们会用假装游戏来回应，而且能学着分辨游戏与现实的不同，当他们与爱玩的父母在一起时这种现象会更加明显（Hoicka and Butcher, 2015）。当儿童注意到一个错误时，他们常常会试图纠正它。当一个儿童看到一个成年人写字时没有摘掉笔帽，他们能分辨以下两者的区别：他是真的忘了摘掉笔帽，还是为了好玩而假装用笔帽写字（Rakoczy et al., 2004）。对于假装，父母会给出明确的提示（Hoicka and Butcher, 2015）。假装涉及一种不同的存在方式。当一个人笑得更多，笑的时间也更长，那就意味着微笑是一种信号，而不仅仅是在表达快乐。当母亲假装吃东西时，她们会比真正吃东西时更多地看向她们的游戏伙伴，她们在假装游戏中也会说更多的话，有更多重复性的语言，以及更多的音调变化。在假装游戏中，成年人的行动也会更加迅速，也许这并不奇怪，因为在假装游戏中，可能在短短几分钟之内，就会发生一场大战、睡觉、成为父母，然后又老了好几岁!

儿童需要达到某些发展的里程碑,才能进行象征性的游戏。从教师到学生,从医生到病人,从攻击者到防御者,这些位置的改变需要儿童有能力将自己想象性地置于另一个角色中,有能力"感受"到另一个人的心理状态。在游戏中,人们可以进入一个边缘世界,在这里,现实被悬置起来,人们处于一系列潜在体验的临界点上。这种能力可能会被视为理所当然,直到我们看到这方面能力欠缺或能力有限的儿童。

与一个成熟的游戏伙伴(如父母或哥哥姐姐)一起参与象征性游戏,可以增强儿童的象征能力。重视象征性游戏的父母,其子女的游戏也更具象征性,这种现象是跨文化的。一个稍微成熟的游戏伙伴通过搭建"脚手架"的方式,提高了不太成熟的伙伴的水平。

脱离语境的能力是假装游戏的核心,尤其是用物体代表其他东西的游戏。有物体支持的想象性游戏,如假装用杯子喝水,大约在婴儿9个月时就可以开始,并在接下来的一年半里会有进一步发展,但可能在3岁以后才会正式被儿童掌握。在这个年龄之前,当实际的物体就在那里时,儿童往往不会用替代物来代替实际的物体。4岁的儿童能够知道,如果他们要假装成某样东西,比如扮成一只老虎,那他们就必须传达一种模仿或假装的意图,这再次表明假装的能力取决于心智理论的能力。同样重要的还有抛开自己的身份、扮演另一个角色的能力;这也需要有一定的能力来理解自己和他人的心智状态,理解不同的观点,并拥有一种伙伴的感觉。

更复杂的角色转换发生在2岁以后。纳德尔和缪尔(Nadel and Muir, 2005)对2岁幼儿的3人组进行研究,发现每个幼儿在模仿或被模仿的时间上是对称的,在时间上呈现出协调性和同步性,他们能自然地准备好进入和离开角色。然而,孤独症谱系儿童在模仿和转换角色方面明显存在困难,而且缺乏邀请对方模仿自己的必要技能,这并不令人意外。同样,许多受到虐待的儿童缺乏平静或共情的能力,无法真正开展这种相互性的假装游戏，因此，他们也就无法通过这类游戏提高相应的能力，从而陷入更加不利的情况。

象征性游戏可以让儿童站在现实之外，它提供了一个"元"视角，这种视角在依恋理论家所说的反思性自我功能中也可以看到。我们可以发现，安全型依恋的成人或儿童对自己的体验和感受拥有一个连贯的叙事，而且他们能使用这种元认知能力去讲述关于自己的一致的故事。讲故事和假装游戏之间存在着联系。尼科洛普鲁（Nicolopoulou, 1997）提出了两条独立的发展路线，它们会随着儿童年龄的增长而汇聚到一起。在第一条路线上，假装游戏的早期阶段会越来越多地关注对人物表征的理解，它的发展方向是越来越能理解某人是什么样子，并开始理解不同人的不同视角。第二条路线更多与早期的故事讲述相关，不太关注人物，更关注情节和事件是如何相继发生的（例如，"她那么做了之后，他生气了，然后他们都哭了"）。上述各种技能通常在学龄早期汇集在一起，产生一种能力，即利用玩游戏和讲故事的技能（这两种技能既平行又互补），进行既有情节顺序又有人物特点的假装幻想游戏。

回到本书的主要主题上，游戏的根基在于婴儿早期。一般来说，在生命的第一年，放松的、充满爱的同调，以及准确的情绪表达，可以预测孩子以后的象征性游戏能力（Feldman, 2003）。不仅仅是游戏，人类许多重要能力的社会基础和主体间基础，都在于同调的互动。因此毫不意外的是，受虐待的经历（Valentino et al., 2011）会对儿童的游戏能力和其他技能产生负面影响。虽然很多动物都会玩游戏，但某些种类的游戏是人类特有的，特别是与社会性和亲社会性相关的游戏。游戏与社交技能和人际技能有关，如情绪调节（Berk and Meyers, 2013）、执行功能（Barker et al., 2014）和社交能力（Lindsey and Colwell, 2013），而且童年时的游戏可以预测之后的生活中各种积极的结果（Greve et al. 2013）。弄得乱糟糟的游戏其实能带来益处（Perry et al., 2014），而最有益处的游戏就是有趣的游戏。也许游戏之所以会深深地触动我们，是因为在繁忙的后工业社会，很多儿童和成人很少有时间去玩游戏；游戏的能力是要活在当下，沉浸在活动中，沉浸于自己的存在中。

本章要点 >>>>>

- 游戏，尤其是象征性游戏，是人类标志性的独特活动。
- 游戏的目的就是游戏本身，但它也带来了许多其他好处。
- 游戏通常伴随着积极的情感，游戏让人们沉浸其中。
- 其他哺乳动物也沉迷于游戏，特别是战斗和追逐打闹的游戏。
- 许多游戏似乎也在培养以后的生活技能，被剥夺了游戏的动物会表现出严重的发展缺陷。
- 游戏在不同文化中具有不同的价值。在西方，与复杂的象征性游戏联系在一起的，通常是儿童理解他人心智的能力，以及通过想象的游戏来处理体验的能力。
- 游戏为了解儿童的关注点和精神生活提供了一个窗口，使他们最深的感受得以表达并得到理解。
- 象征的使用似乎存在于所有文化中，它是一种技能和成就。使用象征，例如在假装游戏中，意味着"悬置"此时此地的体验，参与另一个现实。象征物代表或唤起了与象征物不同的另一个世界。
- 有些儿童永远无法做到这一点，比如许多患有孤独症谱系障碍的儿童，以及一些被忽视或被虐待的儿童。
- 没有乐趣的游戏终究不是游戏，儿童不仅沉浸在游戏中（包括假装的游戏），而且游戏的过程总是伴随着快乐和好奇的感觉，这是一种普遍现象。

第 13 章

男孩、女孩与性别

本章将探讨性别差异，以及它们在多大程度上取决于社会因素或生物因素、养育或天性。有些人认为，不同的生理结构、大脑结构和激素系统导致了不同的性别行为。相反，还有些人认为性别刻板印象和性别差异来自文化的影响，如父母的教育方式、榜样和社会的意义系统。朱迪思·巴特勒（Judith Butler, 1997, p.49）认为性别是一种表演性，也就是说人们要"扮演"性别。她写道："医生接过孩子并宣布：'是个女孩'——由此开始了一个漫长的过程，在这个过程中，女孩逐渐被赋予了女性性别。"与之截然相反的观点则认为生物学因素是最重要的，比如《脑内乾坤》(*Brain Sex*; Moir and Jessel, 1992, p.38）一书提到的："如果男性和女性的大脑结构和激素系统存在差异，那么我们就不应该为两性不同的行为方式感到惊讶。"我们将要进入的是一个颇具争议性的领域，而辩论双方都非常忠于自己的观点。

近几十年来，人们开始谈论儿童的社会性别（gender），而不是生物性别（sex），对性别由生物因素赋予的想法提出了挑战，并提出了文化对性别相关问题的影响。当然，一些人可能会（或被认为是）更偏男性化或更偏女性化，无论其生理上的性别是什么；而且，许多人并不认同自己先天的性别。性别可以被看成一个连续谱，某些男性和女性被认为是更偏男性化，或更偏女性化。关于性别的研究显示，明确的事实和比较模糊的观点混合在一起，这些研究提出的问题和回答的问题一样多。为什么大多数暴力罪犯、数学天才和政治领袖都是男性，而女性在科学等领域的代表人数不足（Ceci et al., 2009）、工资较低，并承担了不成比例的育儿工作？这到底是天性使然还是教养所致？

一个更加复杂的情况是，性别之间微小的差异往往被夸大成头条新闻，而很少有人对性别之间的相似性感兴趣。还有一个危险是基于不充分的证据进行概括。例如，我们可以很快地将男性在视觉空间能力方面的平均优势（尽管这个优势很小），与男性更善于停车或阅读地图的刻板印象联系起来，然后将其进行归因，比如归因于人类男性投掷长矛的狩猎采集历史。事实上，性别之间的这种平均差异主要体现在空间能力——心理旋转的能力——这一个小的子类别上，而且空间能力还会受到文化差异的影响（Neuburger et al., 2012）。

如果我们把性别看成一个连续谱，那么在连续谱的中间区域，性别之间的差异比两端要小。男孩比女孩更容易患阅读障碍、学习困难和多动症，但在数学上获得高分的大多数也是男孩。在大学教授中，男性占多数，但在学业失败的学生中，男性也占多数，在监狱的人群中也是如此。因此从某种角度来看，男性既是成就较高的性别，也是成就较低的性别。另外，性别间的差异也会受到教养和文化的影响。

社会学习

性别是儿童最早理解的社会类别之一（Halim et al., 2013）。大多数人在3岁前就能认识到自己的性别。在这个年龄，一些儿童可能仍然以为另一个孩子的性别是不固定的，认为脱下裤子后穿上裙子的孩子会从男孩变成女孩。在4—6岁，儿童往往仍然会通过表面特征来确认性别，如发型或衣服。到了六七岁，对性别的确认就比较稳定了，在大多数已知的文化中，到了这个年龄段，儿童会分成不同的性别群体进行游戏，而且这个年龄段的性别分离似乎具有普遍性,这说明至少存在某种生物倾向。

不过,我们很容易对一些基于社会期望的行为做出生物学上的解释。在男女兼收的学校里,女孩常常在"男性"科目上表现较差,而且当男孩在场时,她们的竞争性会降低(Salomone, 2003)。不仅仅是男孩的在场会带来影响,男女同校的精神和价值观可能是一个更重要的影响因素(Hughes et al., 2013),教育风格会极大地影响女性在物理学等科目上取得好成绩的可能性(Shi et al., 2015)。性别化的期望和刻板印象会对女性施加巨大的压力,让女性按特定的方式行事。例如,一些女性在与她们觉得有吸引力的男性交谈时,她们会倾向于少吃东西,声音也变得更加柔和。当遇到一个表示喜欢传统女性的男性时,女性往往会在智力测试中表现较差,或者把自己形容得更加女性化(Zanna and Pack, 1975)。还有许多人指出,在英国的两次世界大战期间,妇女能很好地适应以前只属于男性的职业,这个典型的例子说明,一些被视为"天性"的东西实际上是社会因素决定的。

大多数儿童都会认同与性别相适应的游戏。忠实于与自己的性别一致的活动或玩具,体现出对性别及其类别的认知性理解(Halim et al., 2014)。社会化在这里很重要。在一个小孔中穿线的任务,在孩子面前可以被解释为针线活,也可以被解释为电器活。当任务被视为符合儿童的性别认同时,儿童的表现会有所提高(Davies, 1989)。一些经典的研究给婴儿穿上另一性别的典型服装,贴上另一性别的名字,来观察成年人的反应(Stern and Karraker, 1989)。成人在摆弄那些被标记为男孩的婴儿时,动作会更加粗鲁,身体运动幅度更大,而且他们会给婴儿拿符合性别的典型玩具。特别是父亲,他们很容易推动男孩去发展传统的男性化表现,而阻止女性化游戏的迹象(Lamb, 2004)。在西方文化中,偏离性别规范可能成为男孩抑郁和霸凌的风险因素。

向他人学习也一定会带来影响,这里的他人可以是兄弟姐妹、同龄人、父母、教师以及媒体。如果儿童有一个同性别的哥哥或姐姐，那么一般来说，他们的行为会比没有这样的哥哥姐姐时更具有性别的典型特征。同样，独生子女的行为比有异性哥哥姐姐的儿童更具有性别典型性（Rust et al., 2000）。我们会受到亲近的人和所处文化的影响。在加拿大的一个城镇，这里由于信号传输问题而没有电视，与邻近城镇的儿童相比，这些看不到电视的儿童有关性别的刻板印象比较少，而当电视最终到达落基山脉的这个地方时，这种情况就改变了（Kimball, 1986）。正如后来的研究发现的那样（Bryant and Oliver, 2009），文化学习（无论是从媒体还是从兄弟姐妹那里获得）肯定会带来影响。例如，给女孩玩芭比娃娃，与女孩较低的职业期望值之间存在联系（Sherman and Zurbriggen, 2014）。对媒体影响的研究，以及对带有强烈性别刻板印象的玩具和服装的营销的研究表明，这些影响可能正在增强（Holtzman and Sharpe, 2014）。同样，在青春期接触到包含性相关的露骨内容的音乐（van Oosten et al., 2015）或色情作品（Szymanski and Stewart-Richardson, 2014）对性别角色的态度也有影响。

不同的文化，不同的性别

对其他社会的观察，也许会对生物导向的性别差异观念提出挑战。卡梅伦（Cameron, 2007）在反对"男人来自火星、女人来自金星"的观点时，谈到了巴布亚新几内亚的加蓬族（Gapun）女性。她们有一种攻击性的语言交流方式，叫作"kros"，她们通过这种方式对惹恼她们的人发泄愤怒，特别是对她们的丈夫。在这里，被攻击的对象不能回击，而kros是女人的特权。卡梅伦描述了一个愤怒的女人如何猛烈攻击她的丈夫，这种攻击常常至少会持续45分钟。在下面的摘录（p. 33）中可以看到她们的表达特点：

> 你是一个垃圾男人。听到没有？你的那玩意儿里长满了蛆。浑蛋！你××是黑色的！×你大爷！你给我盖的房子真好，害我在里面摔跤！你他×的！

在这种文化中，女性的语言是果断的、直接的、富于侵略性的，而男性则以委婉谨慎的言语为荣，这挑战了西方的刻板印象。卡梅伦还描述了马达加斯加人，那里的女性比男性更果敢，也更容易发怒。在这种文化中，人们似乎认为女性天生就是果敢、有攻击性、有竞争性的性别，而且在言语上也不那么含蓄。

吉尔摩（Gilmore, 1990）对不同文化中的男性气质有这样的描述：在许多社会中，男性气质是通过仪式、力量展示、体魄和"男子气概"的行为来辛苦赢得的。这样的文化很常见，但也有很多例外情况。南太平洋的特鲁克（Truk）渔民就是这种"努力获得的英雄式男子汉形象"的典型，他们会用危险的"男子汉"行为来证明自己，比如在深海捕鱼。不这样做的男性会遭到嘲笑和诋毁。许多文化都有类似的仪式。马赛族战士会被从母亲身边带走，接受血腥的割礼，如果男孩哭出来，他们就会终身蒙羞。对于前文中提到的桑比亚人来说，他们必须"制造"出男性气质：把男孩从他们的母亲身边带走，把男性化的方式灌输给他们（Herdt, 1994）。在这样的文化中，男人必须赢得男性气质，而且总是有滑到女性世界中的危险。我们可能也会联想到为英国上层阶级的男性设计的寄宿制学校，在那里，年幼的男孩在陌生人的严格管制下长大，坚韧和体能受到高度重视，温柔和脆弱受到贬低，许多政治领导人身上都可以看到这种制度的影子（Duffell, 2000; Schaverien, 2015）。

还有一些例外情况表明，这种极端的男子气概并不是普遍存在的。霍罗克斯（Horrocks, 1994）提到了塔希提岛的一个社会组织，在那里，女性的地位很高，而男性无须证明自己的男子气概。他们的经济模式会促进合作而不是竞争，物质上的奋斗是不受欢迎的。在这里，男人不必扮演供养者的角色,也不存在一种"真正"的男子汉的理想典范。

马来西亚的塞迈人(Semai)的文化挑战了性别刻板印象,这个民族的生存之道是逃跑而不是战斗(Dentan, 1968)。他们认为,拒绝别人的要求无异于攻击别人,一个人应该同意他人的要求。他们说他们不会生气,并认为一个人在受到威胁时应该逃跑。在这里,孩子们不会受到纪律约束,他们有一个有趣的概念叫"bood",大致意思是不想做某件事。如果一个孩子说"我 bood",就会被接受,因为人们认为给别人施加任何压力都是不合适的。这里似乎没有竞争,没有暴力游戏,也没有做"男子汉"的压力。这是一个异常温和的民族,没有暴力犯罪。

性别不能等同于生物属性。不同的生活方式是存在的,歧视和偏见也是存在的,这些理解势必有助于推动女权主义的发展。对于生活在多元文化群体中的许多人来说,有关恰当的性别角色的问题可能会激发其他问题,如代际之间的冲突和身份危机。认为性别在一定程度上是"制造"出来的(Butler, 1999),这样的观点可以带来令人兴奋的可能性,尽管有时也会引发混乱和分歧。

不确定的性别

一般来说,生物学上的一些差异把男性和女性区分开。女性产生卵子,男性产生精子。男性不能生育,不能哺乳,也不能来月经。男性身体会产生更多的雄性激素(如睾酮),而女性身体则会产生更多的雌性激素。男性通常毛发较多,平均身高较高。两性的体形也有差异,一般女性臀部较大,而男性肩部较宽。男性一般有更大的大脑,而女性的大脑中则有更为复杂的神经元连接。至少在西方,男性的语言更多定位在左半球,而视觉空间任务则定位在右半球。有关中风对男性和女性语言影响的研究表明,女性比男性更多地使用右半球进行语言活动(Kansaku and Kitazawa, 2001),尽管这种差异很小(Hirnstein et al., 2013)。

人类的 23 对染色体（其中含有遗传物质）中，有一对性染色体。如果这对染色体由两条 X 染色体组成，个体就成为女性，如果同时拥有一条 X 染色体和一条 Y 染色体，个体就成为男性，尽管有一些罕见的变异会导致我们无法明显区分个体的性别。母亲会将 X 染色体传给所有后代，而父亲则将 Y 染色体传给儿子，X 染色体传给女儿。有趣的是，在子宫内，两种性别起初都有相同的性器官，但在大约 6 周时，男性性腺会分化为睾丸。睾丸会产生睾酮等雄性激素并释放到血液中，进而影响性别发育。当释放出的睾酮足够多时，阴茎和阴囊就会形成，到受孕第 3 个月时就能被辨认出来。在没有睾酮释放的情况下，同样的结构就发育成了阴蒂和阴唇。这些现象让一些人认为，女性气质是人类"默认"的状态，而男性气质需要"形成"。这些激素还会直接影响大脑和神经系统，使其按照生物性别的特点发展。到了青春期，在睾酮及其相关激素——二氢睾酮的刺激下，阴茎会进一步发育，而女孩的乳房则在雌性激素的刺激下得到发育。

巴伦-科恩（Baron-Cohen, 2003）的研究表明，女孩往往会比男孩进行更多的目光接触，这种倾向与产前睾酮水平有关；无论性别如何，睾酮水平越高，目光接触就会越少。科恩向 1 天大的婴儿展示了一部手机和一张脸。实验人员不知道婴儿的性别，手机被设计成与脸部相同的颜色，甚至将脸部的特征以乱码的形式呈现在手机上。有趣的是，男孩看手机的时间比较长，而女孩看脸的时间比较长。但法恩（Fine, 2011）等人对这一结论持谨慎态度，认为研究使用的方法是有缺陷的。当然，即使生物倾向确实存在性别差异，但许多女孩也会较少进行目光接触，或者更喜欢玩汽车。同样，有些男孩的表现也会与普遍情况相反。此外，虽然性别认同确实受到生物因素的影响，甚至常常会反映在脑结构上（Spies et al., 2014），但它也会受到文化的影响，因果方向的次序常常很难判定。

许多人没有明确的性别认同，有时这是由生物原因造成的。如果个体释放的激素异于一般水平，那么就会导致非典型的结果出现，挑战我们对性别的固有印象。有些男孩缺乏雄性激素受体，其睾酮无法正常发挥作用，他们可能看起来像女性，阴茎很小，并在视觉空间、语言和人格测试中表现得很像女性（Hughes et al., 2012）。有些男性缺乏还原酶，其激素活动会发生异常，因此他们会发育出女性生殖器。他们的大脑是男性化的，但他们通常被当作女孩来抚养。一项对超过 25 个男孩的研究显示，这些孩子生来就没有阴茎，因此他们常常被当作女孩抚养，但他们后来表现出典型的男性行为，如追逐打闹，还有一半人后来纷纷宣布自己是男孩（Reiner and Gearhart, 2004）。

患有先天性肾上腺皮质增生（congenital adrenal hyperplasia, CAH）的女孩，其雄性激素水平与男孩相似，生殖器很难清晰界定，有时她们的阴蒂过于肥大，以至于出生时被误认为是男孩。这种情况可能导致她们攻击性更强，不喜欢通常意义上的女性游戏，更喜欢追逐打闹游戏，更有可能成为女同性恋者或双性恋者（Pasterski et al., 2015），也更有可能选择典型的男性职业（Beltz et al., 2011），虽然在这样的情况下，父母的社会化也会产生影响（Wong et al., 2012）。患有完全型雄激素不敏感综合征（complete androgen insensitivity syndrome, CAIS）的婴儿同时拥有 X 和 Y 染色体，但可能被认为是女孩并当作女孩抚养，而且他们很难明确归属于任何一种性别。

尽管上述表现在历史上曾经被视为"障碍"，但人们越来越意识到性别问题的复杂性。许多人并不认同他们天生的性别，他们认为自己是**跨性别者**（transgender），有些人的性别身份飘忽不定，有些人则明显感觉到自己与天生的性别相反。**变性者**（transsexual）是指那些通过医疗和激素干预，向另一性别进行生理转变的人，他们的性认同不仅是心理上的，还包括生理上的。这种认同与性取向无关，他们可能是异性恋、双性恋、无性恋或同性恋。

在许多其他文化中，我们可以看到对传统的二元性别划分的挑战。

在阿拉伯阿曼苏丹国发现的"沙丽斯（Xanith）"就好像是第三种性别（Wikan, 1991）。这些生理上的男性在被动的同性恋关系中出卖自己，成为家庭佣人，他们拥有男性的名字，但穿得像女性一样，并遵守女性的礼节仪式，如深闺习俗。男性不能与女性亲密交谈，但他们却可以，而且他们从不与男性同吃同坐。他们的香水味很重，说话的音调很高；女人留长发，男人留短发，而他们的头发是中等长度。他们占据了一个第三性别的文化空间，尽管是一个被压迫的空间。

另一个众所周知的例子是美洲原住民伯达奇人（Berdache），据说他们分布在150多个部落中。伯达奇人常常被称为"双灵人"，他们的身体里存在男女两个灵魂，所以他们可以和任何性别的人发生性关系。伯达奇是一个受人尊重的角色，他们可以从事男性的活动，比如打仗或进入男人的汗蒸房，也可以从事传统的女性活动，如做饭（Jacobs et al., 1997）。这些例子以及跨性别认同等议题的存在，都挑战了人们对于性别的成见。

要区分生物因素和文化因素对性别问题的影响是个复杂的过程。例如，从男性变为女性的变性者，其大脑的一些功能性（Kranz et al., 2014）和结构性（Hahn et al. 2014）特征更像女性，而不像男性。如今，大部分人都同意性别认同是一个连续谱，也不会试图通过所谓的"补救疗法"把某种性别强加给一个人，这样做不仅无效，而且具有破坏性和虐待性（Moss, 2014）。不过，这个领域仍然充满了争议，尤其在是否要对那些可能认同另一种性别的年轻人和儿童采取干预措施（Wren, 2000），以及早期的性别身份认同是稳定的还是可变的等方面。

哪种性别更脆弱？性别与早期经历的影响

研究和观察表明，在大多数社会中，男性在很多情况下都会获得不公平的优势。许多不平等现象仍然存在，比如就业的"玻璃天花板"，以及男性做同样的工作却得到更多的报酬。在操场上，男孩往往会占据主要空间（Karsten, 2003），而且一般来说，男孩在课堂上会要求更多的关注，也会得到更多的关注。男性担任了大多数领导职位，很多暴力是男性对女性实施的，而且直到20世纪，世界上大多数国家才允许女性投票。

然而，有研究表明，男孩在某些方面也很脆弱（Kraemer, 2000）。尽管在不同的文化和历史时期会有所差异，但有资料表明，男婴与女婴受孕的比例是140∶100，出生的比例则是106∶100（Davis D et al., 1998），这意味着很多男婴甚至没有等到出生就夭折了。由于男性死亡率较高，因此到了成年后期，男性和女性的数量就会相当，到了老年，女性的数量则会远远超过男性。男胎发生先天畸形、早产、死胎以及脑瘫的情况要远远多于女胎。早产男孩的表现不如女孩，他们更容易患上儿童疾病并因此死亡。女孩生来在发育上就是领先的，有人说女孩甚至在出生时就领先4~6周，她们的相对成熟度在整个童年时期会有所提高。男孩更有可能患上孤独症、多发性抽动症（Tourette's syndrome）和阅读延迟等疾病。在整个生命周期中，男性更容易生病和早逝，这可能与Y染色体有关（Jones, 2002）。

从出生开始，女孩对社会刺激的反应就更好，她们通常更有能力调节自己的情绪，而且受教养方式干扰的影响也更小。母亲往往会更努力地模仿和回应她们的儿子，研究人员认为男孩需要得到更多的投入，才能感受到情绪调节（Tronick and Weinberg, 2000）。在母亲患上产后抑郁之后，男孩的情况似乎更糟糕，他们在18个月时获得客体恒常性的能力较差，在学龄期也会出现较多的行为问题（Murray et al., 1993）。桑德（Sander, 2007）对一些新生儿进行了观察，这些新生儿被带离父母身边并安置在新的照护者那里。几天后，女孩都适应了新照护者的日夜节律，而男孩的适应则多花了好几天，这表明他们在照护中断后更容易受到影响。许多文献表明，男孩通常更容易受到不良照护的影响，而且情绪也更不稳定。

特罗尼克（2007）发现，患抑郁症的母亲对儿子表现出的愤怒情绪一直高于女儿。到6个月时，男孩的姿态更加焦虑，而且他们采取自我安慰策略（如吸吮拇指）的可能性是女婴的3倍。由此可见，男孩似乎普遍对互动伙伴有更高的要求。法国的一项研究表明，有抑郁倾向的母亲如果生了男孩，就更有可能真的患上抑郁症（de Tychey et al., 2008），尽管我们经常看到对男性的性别偏见，但实际上男婴的需求可能比女婴更多（Jain et al., 2014）。

一项经典的研究揭示，男孩的一些弱点看上去有可能像是他们的长处。研究给一些6岁的儿童听婴儿啼哭的录音。女孩比较有同情心，而男孩则更有可能转身离开，或试图关掉声音。有趣的是，对他们心率的测量发现，男孩的焦虑程度高于女孩，他们转身离开是因为不太能忍受痛苦（Adam et al., 1995）。这可能是一个典型的、男性的脆弱伪装成坚强的例子。从最早的婴儿期开始，男孩往往比女孩更加活跃（Campbell and Eaton, 1999）。婴儿在感到不安时，其肌肉活动也常常会增多，一些精神分析研究者将这种活动理解为**次级皮肤的防御**（second-skin defence），这是婴儿通过躯体运动进行自我抱持（Bick, 1968）。

男孩似乎更容易受到不良儿童照护的影响，特别是当家里和幼儿园提供的照护都不好的时候（Hungerford et al., 2000），男孩也更容易受到父母不在身边、父母关系不和谐以及离婚的影响，并出现更多的**外化**（externalising）行为问题（Wallerstein et al., 2000）。当然，随着儿童年龄的增长，很难知道哪个性别受到的影响更严重，因为他们的反应不同。女孩的问题倾向于内化，这不像男孩的行动化和攻击性那么显而易见，但同样严重。

随后，男性对压力和创伤的反应也更为强烈。创伤对青春期男孩大脑发育的不利影响要大过女孩，德贝利斯（De Bellis, 2003）甚至提出，男性这一性别本身可能就是一个神经生物学上的风险因素，它代表个体面对压力时可能会更加脆弱。一位研究者调查了 70 多岁的成年人并发现，在男性中，将近 40% 的躯体疾病和精神疾病都可以由早期童年经历来解释，但在女性中这样的情况要少得多（Patterson et al., 1992）。男性占据了一个奇怪的位置，他们似乎既强大又弱小。他们拥有更多的权力，施加更多的暴力（包括对女性的暴力）和虐待，并以各种方式进行支配，但在很多方面也更脆弱。

金星与火星：语言与不同星球

在西方，女孩的语言能力发展通常比男孩要好，但目前还不清楚这是与生物因素有关还是与教养方式有关。克拉克－斯图尔特（Clarke-Stewart, 1973）发现，美国女孩的语言能力比男孩好，同时也发现母亲和女儿在一起的时间更多，相互接触也更多，还有后来的研究表明，母亲与女孩的交谈也更多（Johnson et al., 2014）。这些研究为天性与养育两方面的影响都提供了依据。

在许多大众心理学和心理自助书籍中，我们会看到这样的说法：面对压力，男人会退缩，女人则想说话；女性更偏言语导向，男性更偏身体导向；男性更善于看地图，而不善于看人。而实际上，研究更多表明，这些差异比人们通常以为的要小（Hyde, 2005; Fine, 2011）。

正如卡梅伦（2007）指出的那样，语言的使用因社会环境而异。在西方，女性比男性更多地使用"模糊限制语"，即表示不确定的词语，如"也许"或"你知道"。但这种习惯会发生变化，取决于谈话双方的身份和权力关系。在日本，女性使用的语言范围更加有限，女性使用的贬义词较少，说话更为礼貌。然而，这种礼貌在英国或美国越来越多的女孩帮派成员的行为中是看不到的。在许多文化中，女性使用的语言比较文雅，而男性则更多地使用非标准的俚语和脏话（Coates, 2004）。人的说话方式会因社会地位而不同，也会因性别而有差异。女孩可能会使用更多"模糊限制语"(如"对吗"),但如果语境允许,她们完全可以采用更直接、更明确的对话方式。

许多学习来自同性别的同伴。研究表明,在运动场上,女孩会更多地交谈,而男孩则更多地参与活动。与性别相适应的语言风格就这样被习得了,这样个体就会按照性别期望行事。例如,在西方,女孩被灌输了这样的信念:大声喧哗和专横霸道是不符合女性特征的。而教师往往和孩子们一样有这样的期望,不知不觉地在课堂上对男孩的吵闹更宽容,而且可能在无意识中给予男孩更多的关注(Einarrson and Granstrom, 2002)。这些模式是很难改变的。一位努力让自己给予男孩和女孩的关注保持平衡的科学组负责人说,他觉得自己90%的注意力都在女孩身上(Whyte, 1984, p.196)。这也许是一个矫正性的例子,说明性别至少有一部分是"制造"出来的,就像朱迪思·巴特勒(1997)所说的那样,不过被制造出来的东西有时也可以被"消解"。

性别偏好

在许多文化中,父母都偏爱男孩,但情况也并非总是如此。虽然正常的出生比例是105个男孩对应100个女孩,但据赫尔迪(1999)报告称,在印度一家诊所的8000例堕胎中,有7997例是女胎。

在父权制社会中,男性控制着资源,而女性结婚时要离开自己所在的社群,因此生男孩更加有利。对男女出生比例的控制,部分是由于意识形态,同时也与哪种性别带来最多的回报有很大关系。其他物种在某些情况下也会表现出性别偏好。例如,鳄鱼可以让自己的蛋在特定温度下孵化,以此来决定后代的性别。特里弗斯(2002)的进化理论似乎最能解释人类的性别偏好,他认为,哪种性别能带来更多的回报,哪种性别就会得到更多的重视。肯尼亚的穆科戈多人(Mukogodo)比邻近的马赛人地位低,前者会把女儿嫁给马赛男人做第二和第三任妻子,以此获得聘礼。因此穆科戈多人会优先投资女儿，忽视儿子（Cronk, 1993）。偏爱女儿的情况比较少见，但也有一些例子，如匈牙利的吉普赛人或扎伊尔的汤加人（Tonga），他们的财富是通过母系继承的，他们的习俗是生女孩时大喊两声以示庆祝，而生男孩时只喊一声。在研究涉及的许多文化中，杀婴和夭折（可能是由于忽视）的情况更多出现在不受欢迎的性别中。

性别期许的平衡并不是静态的。在某些种类的猴子中，等级是通过母亲来继承的，在比较艰难的条件下，会有更多的女儿出生（儿子可能会被杀死或夭折）。但随着条件的改变，出生的性别比例也会改变。有趣的是，在人类遭遇经济和社会困难的时期，男胎的存活率会比较低（Catalano et al., 2012）。在欧洲和美国，有意识的性别偏好通常没有那么强烈，有研究（如 Andersson et al., 2006）表明，大多数家庭喜欢儿女双全，而对第三胎的性别偏好在不同的国家差异很大，没有我之前引述的例子那么极端。事实上，一些社会的性别偏好正在朝女孩倾斜，而性别偏见的形式往往是对特定文化条件的反应。

不同的性别，不同的心理表现

在西方，某些类型的心理障碍，即所谓的**内化**（internalising）心理障碍，在女孩中更为常见，其中包括抑郁症、焦虑症和进食障碍。外化心理障碍，如多动症或品行障碍，在男孩中更为常见。青春期男孩更有可能自杀，而女孩更有可能自伤。需要注意的是，不同文化背景下不同性别的表现可能会有差异，例如，美国男性比亚洲男性更多出现自我调节相关的问题（Wanless et al., 2013）。

平均而言，女孩似乎能够更好地进行自我调节。即使是在子宫内，男孩和女孩对应激源的反应也是不同的（Tibu et al., 2014），而我们知道，男孩在子宫里往往更活跃（Campbell and Eaton, 1999）。在大部分研究中，男孩从一个活动转换到另一个活动的频率比女孩高得多。同样，男孩玩追逐打闹游戏比女孩多，在灵长类动物中则是雄性比雌性多。在各种文化中，男孩和女孩大约都是从 4 岁开始，倾向于在同性别的群体中玩游戏，这会加强性别的文化和生物模式。婴儿仅仅通过观察身体动作就能对性别做出假设。平均而言，男孩和女孩的游戏是不同的，男孩的游戏要活跃得多（Pellegrini, 2007）。在西方，女孩的游戏通常偏向语言层面，而身体层面的活动较少，她们的游戏有更强的象征性，并且更有可能带有养育的成分，比如照顾玩具婴儿。与同性别伙伴玩耍的愿望，似乎与游戏的性别风格有很大关系，男孩似乎更喜欢具有男性游戏风格的女孩，而不是具有女性风格的男孩（Alexander and Hines, 1994）。

男性通常更爱冒险，尤其是年轻男性（Charness and Gneezy, 2012），当然这并不意味着所有男性都爱冒险，而所有女性都不爱冒险。确实有更多的年轻男性死于赛车、蹦极、爬山和暴力事件等活动。即使在学前教育阶段，男孩和女孩已经表现出了不同的攻击性水平，一些研究表明，男孩的幻想中含有更多的暴力主题（Ostrov and Keating, 2004）。大多数哺乳动物都是雄性更加暴力，其中一个例外是雌性鬣狗，她们比雄性鬣狗更具攻击性，有趣的是，雌性鬣狗的睾酮水平也比雄性更高。

进化论者认为，雄性动物进化出的勇于冒险的特点是性竞争（sexual competition）的结果。在人类和其他灵长类动物中，有些雄性可以独占几个雌性，所以并非所有雄性都有均等的繁殖机会。人类的女性一生中可以生育的孩子数量比男性多得多。对人类 DNA 的研究表明，在人类历史上，一些男性生育了许多后代，而完全没有子女的男性比女性多得多。吸引性伙伴的意图伴随着较高的冒险性（Greitemeyer et al., 2013），正如利帕（Lippa, 2005, p.92）所说，正是由于这种竞争，一些年轻男子实际上是在"拼死努力"，想要通过冒险来吸引年轻女性。

然而，进化理论也发现了其他的竞争策略。一个经常被提到的例子是蓝鳃太阳鱼，它们之中占统治地位的雄鱼具有与众不同的颜色，但也有许多其他雄性保持着雌性的颜色，并偷偷地与雌性交配（Magurran and Garcia, 2000）。类似的情况也见于灵长类动物，例如猩猩：通常一个高大、强壮、多毛的雄性猩猩拥有整个"后宫"，其他雄性在几十年内都保持着"彼得潘"式的青春期身材，但他们会偶尔与雌性猩猩暗中交配（Utami et al., 2002）。然而，当为首的雄性死亡或消失时，这些"彼得潘"式雄性中的一个就会转变为首领，它的身体会变得和它的前辈一样高大、多毛又强壮。成为雄性的方式是多种多样的。

再述睾酮与其他激素

大多数暴力罪犯都是男性，大多数谋杀案是男性对男性实施的，而且一般来说，男性比女性更加暴力，尽管也有例外。睾酮水平高与较强的攻击性有关。睾酮水平较高的囚犯犯下的暴力罪行更多，睾酮水平较高的越战老兵在儿童时期有更多的行为问题，而睾酮水平低于平均水平的大学兄弟会成员更为彬彬有礼，不那么爱惹是生非（Dabbs and Dabbs, 2000）。睾酮水平高也会导致工作的成功率较低，婚姻成功的可能性较低，礼貌程度较低，甚至在公司里微笑也比较少。对女性而言，睾酮水平高还与较强的支配性、攻击性和竞争性相关。

睾酮水平低的男性的视觉空间能力低于平均水平，但如果给予一定剂量的睾酮，他们的能力就会得到改善。在怀孕 4—6 个月接触到高水平睾酮的胎儿，长大后会变得更加男性化，而睾酮水平较低的胎儿往往有更灵活的性别身份认同，当他们的母亲鼓励女性化的表现时，他们就变得更加女性化（Udry, 2000）。睾酮水平高的人受母亲的影响较小，这就引出了一个有趣的问题，即睾酮水平高是否会使孩子不容易接受父母的影响。

其他激素的作用也显现出了性别差异。血清素水平低的男性往往更容易做出反应，更加暴力，而社会剥夺或虐待会导致血清素水平降低

（Cirulli et al., 2009）。对女性而言，与血清素水平低相关的则是更高水平的焦虑和抑郁，而不是暴力。

许多研究都指出了激素对性别发展的影响，但重要的是，我们产生的激素不是一成不变的，激素水平会由于社会刺激而发生改变。例如，男性运动员在主场比赛或与劲敌比赛时，其睾酮水平会大幅升高（Allen and Jones, 2014）；2008年美国大选结果公布后，支持麦凯恩而不支持奥巴马的人，其睾酮水平降低了（Stanton et al., 2009）。这些现象表明，当环境改变时，激素水平也可能发生变化。男婴的睾酮水平似乎会受到父母教养方式的影响（Caramaschi et al., 2012）。面对完全相同的刺激（例如实验中出乎意料的有意冒犯），美国得克萨斯州的成年男性比美国北部各州的男性表现出更多的攻击性反应（Nisbett and Cohen, 1996）。在这里，男子气概的文化是关键，它可能导致更高的睾酮水平。攻击性和睾酮可能有关联，但正如我讨论的许多研究所显示的一样，天性和养育的相对影响并不总是非常清楚。

本章要点 >>>>>

- 性别差异在统计学上相对较小，尽管与其相关的新闻经常占据头条。
- 不同男性在男性气质上是有差异的，不同女性在女性气质上也是有差异的，一个人的男性或女性气质可以很强或很弱。
- 文化和偏见会对性别角色产生深远的影响。
- 生物因素和文化因素对性别差异的相对作用仍存在不确定性和争议。
- 同龄人和父母对性别适当行为施加的压力可能产生深远的影响。
- 激素会影响性别角色的表现方式。

- 至少在某些社会中，男性在很多方面是更为强大的性别，但男性在某些方面也是虚弱和脆弱的。
- 在大多数文化中，男性和女性的情绪发展都是不同的，但这种性别差异在不同的文化中以不同的方式出现。
- 归根结底，男性和女性的相似之处多于不同之处，但我们仍然是不同的，而我们是更多地强调相似之处还是不同之处，部分是出于个人选择或偏见。

第四部分 不仅仅是母亲

第 14 章

由母亲以外的其他人提供的儿童照护

在本章中，我考察了西方社会和其他社会中，由母亲以外的其他人提供的儿童照护形式，其中包括比较正式的、有组织的托儿机构，如托儿所。人类被称为一种合作养育的物种（Hrdy, 2009），照护孩子的工作历来都是由可以提供照顾的成年人分担完成的。然而，在不同的社会文化中，这类照护会以不同的方式发生，关于照护孩子的正确方式也有非常不同的看法。鲍尔比（1969）曾受到过严厉的批判，尤其是来自女权主义思想家的批评，因为他的依恋理论被解释为母亲应该待在家里陪孩子。另一方面，职场妈妈仍然会遭受公共舆论的质疑，政客们也会通过宣扬传统核心家庭的重要性来赢得选票。

孩子由父母以外的其他人照料的情况一直存在。这很可能是进化的结果。进化选择使婴儿发展出各种吸引父母之外的成年人的特质，比如大眼睛或对称的特征，这使他们能获得更多人的照护，从而增加生存的机会。并非所有灵长类动物都有人类的这种合作养育的进化史，也就是说，对人类而言，总是有母亲以外的其他人分担照护的任务。尽管支付育儿费用是近代才出现的现象，但母亲把孩子留在托儿所或交给幼儿托管员（childminder[1]）是一项悠久的传统。从某种意义上说，养育人类婴

---

[1] 指在自己家里照看别家孩子的专业人员。在英国，幼儿托管员需要在政府的相关机构或专门的保育机构登记注册。——译者注

儿要付出高昂的代价，婴儿需要大量的时间和精力投入，到下一个孩子出生的时候，前一个孩子往往还远没有达到可以独立生活的程度。人类婴儿所需要的物质和情感资源，超出了母亲可以独自提供的范围。人类合作的育儿方式可以让更多的后代存活下来，同时也缩短了每个婴儿出生的时间间隔。

赫尔迪（2000）等人认为，婴儿存活率的最佳预测指标是母亲的投入程度，而母亲的投入程度又受到母亲感知到（包括有意识和无意识的感知）的社会支持程度、替代性养育的可获得性等因素影响。这种由父母以外的其他人提供的照护，有时被生物学家和灵长类动物学家称为**替代父母行为**（alloparenting）。"allo"在希腊语中是"其他"的意思，提供照护的人既包括近亲，如（外）祖父母、父亲、阿姨、兄弟姐妹，也包括没有亲缘关系的成年人和年龄较大的儿童。传统上，祖母发挥着主要作用。在一项对哈扎人（Hadza；坦桑尼亚的一个狩猎采集部落）的研究显示，在食物短缺的时期，那些有祖母在世的孩子更有可能活下来（Hawkes and Coxworth, 2013）。这样，哈扎母亲就可以离开婴儿外出寻找食物，下次喂奶时再及时返回。在祖母支持力量强大的许多社会中，儿童的存活率更高，出生间隔也更短（Kramer, 2015）。德国、芬兰和加拿大的孩子在祖母参与的情况下也更有可能茁壮成长，然而祖父是否参与对此并无影响（Sear and Mace, 2007）。

许多替代父母行为都是由青春期女孩承担的，在许多尚未进入工业化的社会中，她们都承担着相当比例的儿童照护工作，这样母亲就能集中精力照顾婴儿，并承担繁重的体力劳动（Hewlett and Lamb, 2005）。不同的社会中，由母亲以外的其他人提供的照护所占的比重各不相同，但一点都不占的情况几乎不存在。在埃菲人的社会中（Tronick et al., 1987），婴儿平均每小时可能会被转手 8 个人。埃菲人的婴儿仍然保有对母亲的原初依恋，但如果你问他们："由谁来照顾孩子？"成年埃菲人会回答："我们都会照顾。"

对于人类和其他许多合作养育的物种而言，母亲对新生儿的投入程度，取决于母亲对自身支持系统的评估。有文献记载的人类弃婴史（如欧洲的弃婴院），以及历史上人类杀婴的频率，挑战了母性本能普遍存在的假设（Hrdy, 2009）。这也可以解释为什么婴儿从生命的最初时刻开始，就会搜寻他人的面孔和目光，这样做能激发他人积极的反应，有利于婴儿存活。当婴儿长大一些，他们就能利用对他人心智的理解（前几章中对此有过详细描述），熟练地识别出哪些人能为他们提供照护和支持。与其他类人猿相比，人类具有高度的利他主义和社会合作能力（Warneken and Tomasello, 2009），大概是因为这些有助于生存。婴儿"咿呀学语"的习性主要发生在合作养育的物种中。例如，侏儒狨猴只在替代父母出现的年龄才会开始叽叽喳喳，大概是因为这种发声有助于与重要的成年个体保持联系。

漫长的童年期也提示着人类进化出了合作养育的倾向，在许多其他采取合作养育的物种中，都可以看到较长的童年期，而这些物种与人类几乎没有其他共同之处，比如狼和许多鸟类。其逻辑或许是，当周围有其他帮手的时候，人就不必急于去做照顾孩子这样的工作了。人类似乎已经进化到以社区为环境来养育婴儿，其中社会支持对婴儿的生存和成长至关重要。

领养是某些社会中常见的现象

由母亲以外的其他人提供的照护的一种极端形式就是领养。在欧洲，被领养的大部分都是在出生时因为各种原因被"放弃"的婴儿。在一些西方国家，领养的方式已经逐渐改变，它越来越多地被用作一种为帮助遭受亲生父母忽视或虐待的儿童远离伤害的解决方案，目的是为这样的孩子寻找新家。这样的孩子的过往经历通常非常复杂，常伴有创伤，对继任的养育者来说可能是一个巨大的挑战（Kenrick et al., 2006）。

事实上，在世界范围内，领养比人们以为的要普遍得多。孩子"应该"由亲生父母抚养的观点并不是放之四海而皆准的。例如，在许多文化中，孩子是家族或血缘群体的共同"所属物"，孩子的养育可以在家族中传递。人类学家鲍伊（Bowie, 2004）发现，领养和收养经常被视为积极的和有用的。在巴布亚新几内亚的沃格奥（Wogeo）部族的一些村庄里，多达一半的孩子是被领养的（Anderson, 2004）；在喀麦隆东部，4—10岁的孩子中有大约30%不是和他们的亲生父母住在一起。有些时候，领养的动机是给孩子更好的机会。在巴西的部分地区，贫困家庭经常会把他们的孩子送到比较富裕的养父母那里生活（Fonseca, 2004）。在这些文化中，一个人可以有不止一个母亲，新的母亲不会抵消亲生母亲的重要性。这种做法并不总是意味着将孩子的全部监护权移交给新的父母，在当代海外领养案例中，移交监护权的做法常会引起两家人的冲突和误解。

我们倾向于用"真正的"和"天然的"这样的词来描述亲生父母，而跨文化比较可以让我们重新审视血缘关系的神圣性。例如，贝宁北部的巴里巴人（Baatombu）没有"亲生父母"的概念，他们用作表达"生孩子"的词可以同时用于领养父母和亲生父母身上（Alber, 2003）。在西非的某些地区，妇女依据孩子是不是属于某一血统，而不是根据他们是不是自己亲生的来区分孩子们。祖母们竞相创立自己的母系族谱。在一些西非文化中，婴儿由更广泛的亲属群体共同所有；而在一些传统的日本家庭，孩子被视为属于家族（Hendry, 1986），这两个社会都是典型案例，说明儿童不一定被视为"属于"亲生父母。事实上，在西方国家，父母对孩子的"所有权"也一样是有限的，比如当儿童被送到照护机构，或安置在不是父母的亲属照护之下的时候（Music and Crehan, 2013）。正如鲍伊（2004）明确指出的那样，对一个母亲来说，放弃自己的孩子是非常困难的，同样，对孩子来说，经历依恋对象的变化也绝非易事。人类学证据表明，如果这些做法是社会文化所允许的，那么其造成的影响的破坏性就不像另一些行为那么严重，比如我们在西方社会中见到的养育中断。

由他人提供的收费儿童照护：托儿所

在当代社会，由他人提供的儿童照护已经发展为一种全新的形式，即有组织的收费儿童照护。例如，在英国，有超过150万名5岁以下儿童的母亲从事全职工作，在她们当中，有75%的人在婴儿时期是由母亲在家照料的，所以这是一个相对新的现象（Leach, 2009）。越来越多的幼童在父母外出工作时被安置在各种形式的托儿机构中。关于这样的托儿服务对孩子是有益还是有害，一直存在争议，但是这些问题非常复杂，很难简单地说托儿所本身对孩子是好是坏，或者儿童和母亲一起待在家里是否会更好。某些托儿所似乎在大多数标准上都优于其他托儿所，对某些儿童来说，托儿所也许能提供比在家里更多的激励和情感照料。我在使用"好"或"差"这样的词来描述儿童照护的质量时会尽量谨慎，因为我意识到"质量"在一定程度上是一个主观判断问题，难以客观衡量。我遵循了一些研究的定义，这些研究表明，适当的保育员占比、训练有素的专业人员、保育员的稳定性，尤其是保育员愿意投入时间和精力，并且有情感回应能力，这些因素都有助于产生更好的结果，无论是在儿童的行为、情绪发展还是学术成就上。美国儿童健康和人类发展研究所（National Institute of Child Health and Human Development, NICHD）幼儿保育研究网络的斯卡尔（Scarr）给出了一个恰当的定义："高质量的儿童照护，是在安全、健康和激励性的环境中与成年人之间进行温暖的、支持性的互动，将早期教育与信任关系相结合，支持每一个儿童在身体、情绪、社交和智力上的发展"（Scarr, 1998, p.375）。

早期依恋研究强调，与依恋对象长时间的分离可能是有害的。鲍尔比已经观察到了战争造成的亲子分离对儿童的影响。他的同事——詹姆斯（James）和乔伊斯·罗伯逊（Joyce Robertson）——详细研究了与父母分离对儿童每时每刻的影响。其中最著名也最令人心碎的一项研究，是一部记录了一个18个月大的男孩的电影。男孩名叫约翰，他的父母有了另一个孩子，所以把他安置在一个寄宿的地方大约一个星期（Robertson, 1971）。这部影片以影像的形式，呈现了一个正常且快乐的小男孩，如何努力地通过自己的内部力量，来应对变动巨大的新处境。影片记录了他如何在与其他强硬的儿童竞争照护者的关注时落败，然后变得心烦意乱、泪流满面、极力抗议，几天后他变得绝望、无精打采、灰心丧气，继而情绪低落。这个托儿所的环境并非残酷或者有虐待的情况，只是没有足够的保育员，或者保育员没有足够的情感能力给予约翰所需要或期望得到的关注。

尽管这样的研究被一些人用来论证儿童应该和母亲待在家里，但是我们在这里得到的主要经验是，孩子需要能够依赖他们熟悉的、可靠的依恋对象，而这些人不一定是他们的亲生父母。这种原则上的理解，如果被认真对待，可以对育儿实践产生深远的影响（Bowlby, 2007）。

毫无疑问，上托儿所对儿童来说是一种压力很大的经历。从出生起就一直待在家里的孩子开始上托儿所的时候，会感受到很高的压力水平，皮质醇水平比在家时高出75%~100%（Ahnert et al., 2004）。安全的依恋关系和高质量的儿童照护会在一定程度上缓解这种压力（Badanes et al., 2012）。事实上，那些来自高风险家庭的孩子，如果进入了高质量的托儿所，他们的皮质醇水平反而会降低（Berry, Blair, et al., 2014）。然而，即使是安全型依恋的幼儿，也会在入托5个月后表现出较高的皮质醇反应性和"慢性轻度压力"。这些孩子其实并没有表现出外显的压力或焦虑的迹象，这可能就是为什么托儿所的工作人员总是向父母们保证他们的孩子"很好"。

为了理解儿童照护的影响，我们需要考虑几个因素，例如儿童照护服务本身的性质、儿童自身的因素（如气质），以及家庭生活的质量。没有任何单一的因素能够决定结果。如果一个孩子出生在一个混乱的家庭，例如有一个患精神疾病的母亲，然后又去了一个很糟糕的托儿所，那么他出现问题的风险可能就会高得多。换句话说，孩子在家里和在托儿所都得不到情感回应性的照护，这会让事情变得很糟。另一方面，高质量的儿童照护，无论是来自托儿所、幼儿托管员、保姆还是祖母，都可以减少风险更大的家庭环境的影响，带来比预期更好的结果，而且能够帮助儿童发展出他们在家庭中无法学到的社交和适应技能（Melhuish, 2004）。不过，那些来自有爱的、充满鼓励的家庭的儿童，如果被送到质量差的托儿所，也有可能会变糟。

儿童的先天气质也会带来影响。携带某种特定的（短型）血清素转运体基因的幼儿更容易受到托儿所质量的影响（Belsky and Pluess, 2013），同样，有 DRD4 多巴胺受体基因变体的儿童身上也有此现象（Berry, McCartney et al., 2014）。气质不仅会影响儿童如何适应日托（day-care），甚至影响他们是否会被送到日托机构。英国的一项大型研究表明，脾气比较暴躁的孩子比其他儿童留在日托机构的时间更长（Sylva et al., 2007）。

大多数研究表明，家庭因素——如稳定的居住环境和敏感细腻的养育方式——比托儿所的质量更能够预测儿童未来的表现。一般来说，托儿所带来的负面影响比很多人认为的要小很多，但仍然有影响。例如，在托儿所里待了较长时间的安全型依恋儿童，在 42 个月大时，会在一些结构化的亲子互动游戏中对母亲表现出更多的敌意，也会被教师们认为更有攻击性（Egeland and Hiester, 1995）。这种差异性虽然很小，但仍然是重要的。较早进入低质量托儿所的孩子比那些较晚进入的孩子更有可能出现注意力缺陷，上幼儿园时对任务的专注度也更低（Barnes et al., 2010）。兰姆（Lamb, 1996）发现，日托中心的孩子比居家照护的孩子更有可能形成回避型依恋，虽然从统计数据上看，两组之间的差异并不大。

贝尔斯基及其同事（2007）特意收集了大量的研究并得出结论：增加孩子在托儿所的时间会产生持续、微小但可测量的影响，比如更多的行为问题。这些少量的行为问题的增加，可能会通过一种微妙而清晰的传递效应，传播到班里的其他孩子身上。儿童照护产生的影响，如儿童身上更多的冒险行为倾向，会一直持续到青春期（Vandell et al, 2010）。正如我们之前所说的，显然会产生重要影响的是，低敏感度的父母与低质量和（或）更长的日托时间所造成的"双重风险"（Huston et al., 2015），再加上婴儿的先天气质或基因遗传。

我们从保育机构那里看到的结果往往非常糟糕，不过我们应该避免将这些结果推论到日间照护，因为日间照护的影响往往小得多（Rutter and O'Connor, 1999）。确实，童年早期长时间在托儿所中度过，会导致儿童与母亲之间形成不安全的依恋；儿童在1岁之前接受全天的日间照护，尤其是接受不稳定、不连续的照护，这些都是真正的风险因素（NICDH, 2004）。整体而言，研究表明，这些影响确实存在，但并不是极为严重。

然而，各种形式的日托中心大量存在，因此我们对这些问题的理解是至关重要的。有史以来最大规模的儿童照护研究是在美国进行的。美国儿童健康和人类发展研究所（NICHD Early Child Care Research Network, 2005）发现，50%的1岁以下婴儿每周待在日托所的时间超过30小时，74%的婴儿每周待的时间至少有10小时。我要再次强调，这里的讨论不涉及道德评判。一个孩子被送到托儿所的时间长短，通常取决于家庭在多大程度上依赖父母的收入，尤其是母亲的收入，很多母亲没有选择做全职主妇的奢侈机会。对父母照料孩子给予政策上的支持，可以带来很大的改变。一项针对20个西方国家的研究显示，令人吃惊的是，仅仅通过增加10周的带薪产假，婴儿死亡率就下降了4%以上，如果批准更长的产假，婴儿死亡率可能会下降得更多（Tanaka, 2005）。在欧洲国家，较长的带薪产假与母亲的长期健康福祉密切相关（Avendano et al., 2015）。在挪威，产假的增加给儿童带来的益处甚至可以持续到他们30岁的时候（Carneiro et al., 2015）。研究还显示，更长的父亲陪产假也会带来有益的影响（Cools et al., 2015）。

外出工作对母亲来说不一定就是好事或坏事。那些对自己的工作角色不太满意且得到较少家庭支持的母亲，更倾向于控制她们的孩子，孩子反过来也倾向于变得更叛逆。而许多职场母亲能从工作中获得满足感，会成为更快乐、更有耐心的家长（Grzywacz and Bass, 2003）。工作和家庭的冲突会产生不良影响（O'Brien et al., 2014），尤其是在工作环境压力大的情况下。外出工作的母亲们回到家，会用更多的"高质量时间"来陪伴孩子，以补偿她们不在家的时间。在许多情况下，她们与孩子待在一起的时间加起来甚至等于全职在家的母亲所花的时间（Bryant and Zick, 1996），而母亲陪伴孩子的时间总量会带来显著的影响（Milkie et al., 2015）。

大多数研究表明，儿童照护的质量确实对孩子有很大影响。例如，日托服务的质量越高，2—4岁的儿童表现出的行为问题就越少。实际上，来自混乱家庭的儿童可以很大程度上从照护服务中获益，从而增进情绪调节能力和学习能力（Berry et al., 2016）。对于这样的孩子，我们看到的是，在儿童照护水平非常高的情况下，他们的情绪和认知能力可以得到有效提高（Finch et al., 2015）。

托儿所的保育员很少能代替母亲。一项对超过2000个案例的分析发现，托儿所中的儿童的依恋模式大多是回避型或矛盾型，而不是安全型（Ahnert et al., 2006）。大多数参与研究的孩子与他们的母亲之间是安全型依恋，他们对保育员的反应，证明了他们具备与不同照护者发展不同类型依恋的能力。尽管那些有耐心而且训练有素的保育员，可能比许多父母对孩子更敏感，然而即使是最敏感的保育员，有时也不可避免地变得不那么敏感，比如当他们所进行的活动需要适应全部孩子的需要，而不是针对某个特定的孩子时。也许正是因为这个原因，安全依恋更常见于在家庭的环境下提供的儿童照护中，例如来自幼儿托管员和保姆的照顾。日托机构的保育人员往往无法调节儿童的情绪，因此儿童很少会去向他们寻求安慰。兰姆（1996）认为，儿童会意识到这些照护者的主要目标是提供一个学习环境，尽量减少不良行为，保证集体的和谐有序。包括理查德·鲍尔比（Richard Bowlby）在内的很多人都认为，儿童的依恋需求在托儿所里受到了低估，这对儿童未来的健康是有害的（Bowlby, 2007）。

几年前，特鲁迪·马歇尔（Trudy Marshall）在伦敦地方当局工作时，做了一项关于儿童照护的研究，将这些有时会带来不适感的议题带入人们的视线。她发现大多数保育员都很年轻，没有受过什么专业训练，而且对亲近孩子心存恐惧，或担心"溺爱"他们。一个受访的保育员说了一句有代表性的话："他们如果只是因为想被抱抱而哭泣，我会尽量不去抱"（Marshall, 1982, p.28）。人们害怕并且不鼓励依赖，正如马歇尔所写的，"似乎有一种潜在的信念，认为照顾一个孩子就是在溺爱他，尤其是当他哭的时候"（1982, p.24）。在这些托儿所里，一个孩子除了在刚到托儿所时，其他时间从来不会被抱超过几秒钟，很少有孩子受到持续的关注，因为工作人员会迅速地将注意力从一个孩子转移到另一个孩子身上，关注整个集体。焦虑和退缩的孩子得到的关注甚至比哭闹的孩子还要少，当孩子哭的时候，保育员一般都找一些无关紧要的理由，比如孩子"脏了"或"冷了"，而不是情绪原因，比如悲伤、想家、害怕或者不开心。

埃尔弗和佩奇（Elfer and Page, 2015）在多家托儿所进行了详细的观察性研究，他们更多聚焦于儿童的视角。他们的研究描述了在不同的托儿所里，决策者是否将情绪理解和依恋作为机构的核心文化和原则，以及这给儿童带来的截然不同的体验。他们发现在许多托儿所里，保育员们都会主动防止自己意识到他们照顾的那些幼儿有情绪和依恋的需求，他们甚至会挫败儿童对自己的依赖。这里的儿童于是学会了适应保育员的期望。在这样的环境中，安全的依恋关系很难形成。托儿所生活的特点往往是缺乏"将心比心"，其原因既在于这类机构环境的运转功能，也在于工作人员的心理能力。虽然马歇尔的研究和埃尔弗的研究所覆盖的范围都相对较小，但他们也揭示了一些问题，比如在照护环境并不理想时儿童必须面对的困难。然而，对许多父母来说，全天的日托机构通常是首选，超过幼儿托管员和保姆，尽管这有时是出于经济上的考虑。大多数托儿所还没有将孩子与信任的成年人建立依恋关系这件事带来的好处纳入考量，比如帮助缓解幼儿的焦虑水平（Bowlby, 2007），他们也不重视为保育员提供培训和支持，而保育员其实是一份情绪消耗很大的工作（Elfer, 2014）。

托儿所、保姆、祖母和幼儿托管员

父母们经常要做的一个重要决定就是选择一家什么样的日托所。在英国的一个样本量很大的调查中，新生儿的母亲们被要求回答，她们理想的育儿方式是什么样的（Leach et al., 2006）。近一半的人表示，她们的理想方式是待在家里陪孩子，这个选项远远超过其他选项，如让祖父母照顾或把孩子送到托儿所。选择这后两个选项的人分别约占10%，选保姆和幼儿托管员的约占6%，而选父亲的比例最低，只有0.5%。这项研究是英国有史以来规模最大的儿童照护研究，但事实上参加了调查的母亲们有一半以上最终没有实现她们期待的育儿方式。

这项研究考察了不同形式的育儿质量，比较了托儿所、幼儿托管员、保姆和祖父母提供的照顾。研究发现，照护者对儿童的同调和共情会对育儿质量产生显著影响（Leach, 2009），照护者的稳定性和可及性尤其重要，托儿所保育员相对孩子的人数比例、所受培训和经验以及环境对员工的激励作用等，都会对结果产生重要影响。有趣的是，利奇

（Leach）的研究表明，父母常常误判儿童照护的质量好坏，尤其是托儿所的好坏，他们有时可能会根据一些因素做出判断，比如他们和保育员的关系如何，而不是依据孩子在托儿所时实际发生了什么。

这项研究的一个主要发现是，对 10 个月大的孩子来说，几乎所有的数据显示，托儿所的照护不及家庭中的一个主要养育者所提供的照护，并且造成这样的差距的原因通常与这一点有关，即托儿所无法提供和在家庭中同样多的积极互动和情感回应。相比之下，保姆、幼儿托管员和祖父母照护的效果是比较接近的，普遍要好于托儿所。在积极互动这项指标上，祖母比其他人略弱，但差异不是很明显。在卫生、安全和设备质量这些指标上，托儿所最优，但在互动和情感联系的质量方面，托儿所较差。也许更令父母们担心的是，托儿所的收费标准与照护质量的相关性似乎很低。

英国和美国的托儿所通常由年轻的工作人员提供托儿服务，他们没有多少受训经验，不像在一些北欧国家，托儿所的工作人员有很高的收入和社会地位（Dulai, 2014）。有趣的是，年长的保育员往往对儿童没有那么严厉，他们与儿童之间的互动也更积极。对年龄稍大的儿童来说，托儿所确实能够为认知发展提供良好的激励，也能够提供更好的物质环境和更多的设施。然而，群体环境能够提供的情感支持一般来说要低于个体照护。也许有点令人惊讶的是，平均而言，在祖父母提供的照护中，惩罚性行为略高于其他以家庭为基础的照护方式，并且祖父母家的环境安全性也略低。但总的来说，利奇的研究发现，以家庭为基础的照护形式为儿童提供的关注是最好的。随着托儿所的保育员数量相对孩子数量的比例有所上升，托儿所的照护在所有这些指标上也略有改进。我认为这些研究发现与本书其他部分的观点是一致的。儿童与照护者之间稳定、积极、温暖、持续的关系能让儿童从中获益，这样的照护者对儿童的心智和情绪感兴趣，他们能够为儿童带来安全、保障和激励。依恋理论表明，儿童如果相信照护者能够回应自己，帮助自己管理焦虑和担忧，他们就会感觉更安全。除了需要安全和保障之外，儿童也会在令他们感到自信、关爱、放松和鼓励的环境中茁壮成长。也许最重要的是，家庭生活的质量对儿童的影响要远远大于儿童照护质量对他们的影响（Stein et al.. 2013）。

本章要点 >>>>>

- 在几乎所有国家，由母亲以外的其他人提供的照护都是养育子女的核心部分。
- 人类属于合作养育的物种，在抚养孩子的过程中，只有母亲是远远不够的。
- 人类的成年人似乎在生物学层面具备向非己所生的儿童做出回应的能力，同样，人类幼童天生就会与他人互动，也会吸引其他成年人。
- 在不同社会中，由母亲以外的其他人提供的照护的占比和种类差异很大。在市场化的西方社会，这种照护越来越多地以收费照护的形式出现。
- 高质量的托儿服务可以提高儿童的认知和语言技能，但对社交和情感技能没有什么贡献，儿童待在托儿所的时间越长，日后出现行为问题的可能性就越大。
- 有些儿童有更高的遗传易感性，更容易受到低质量照护的负面影响。
- 相比儿童照护的质量，儿童与父母的关系质量对于儿童的学习成绩和社会功能的影响要大得多。
- 托儿所等日托机构可能不如以家庭为基础的照护形式好，但这部分取决于照护质量。

- 本章所述结论与本书其他部分的观点一致：拥有稳定的依恋对象和对儿童的心理和情感状态敏感的照护者，是儿童茁壮成长的重要条件。

第 15 章

童年中期、兄弟姐妹、同伴和集体生活

本章将探讨儿童的发展是如何受到他人影响的，这里的他人不仅包括父母，还包括其他儿童，比如同龄伙伴和兄弟姐妹。我将重点放在童年中期，即6—12岁这个时期。这是一个发生转变的时期，类似于其他物种的幼年期（juvenility），它的重要性被低估了。在这个时期，我们会看到激素水平的激增，对于这个名为"肾上腺功能初现（adrenarche）"的过程，我们到目前仍然知之甚少（Campbell, 2011）。肾上腺功能初现尤其涉及雄性激素的释放，雄性激素可以刺激大脑发育和性别分化，这些都发生在青春期之前。在这个时期，我们也会看到儿童开始明显远离父母的影响，学习并磨炼重要的人际交往技能，情绪调节能力有所提升，集体生活开始成为生活的重点。

在西方社会中，核心家庭的作用比在许多其他文化中都更为重要，很多儿童发展研究都聚焦在父母和孩子的互动上，对兄弟姐妹或同龄人的影响关注较少。在许多其他文化中，儿童在很小的年龄就被当作更大的社会集体的一分子，在日常生活中接触到不同年龄层次的人并受到他们的影响。在许多狩猎采集族群中，婴儿由母亲抚养到下一个孩子出生，然后就会更多地和同龄人、兄弟姐妹和其他成年人在一起，社交也会在这样的集体中发生。例如，一项研究表明，波利尼西亚儿童一旦能走路，就会被"释放"给三四岁的哥哥姐姐来照顾（Martini, 1994），母亲和其他成年人在附近监督。当哥哥姐姐把他们留给母亲时，他们通常会失望地哭泣，这就是儿童与同伴和兄弟姐妹之间的联结和依赖。

到了学龄期，儿童开始离开父母，为自己在集体中找到一个位置。不同的儿童融入社会的能力是不同的。一个孩子是否受欢迎、是否被邀请参加生日聚会，都可能是非常重要的事，而孩子被霸凌或孤立也会非常令人担忧。有些儿童内向孤僻，有些儿童经常打架，而比较幸运的儿童则会发展出复杂的社交技能并变得受欢迎。本章的一个目标就是思考为什么儿童会呈现出这样的发展轨迹。

我们知道，儿童的依恋状态很可能会影响他们在幼儿园以及之后在学校的人际关系。儿童的共情能力和理解他人想法的能力，会对社交能力产生影响，尽管哈里斯（Harris, 2009）等学者认为，父母的影响相较于同龄人的影响而言被高估了。

许多因素会影响儿童的社会交往能力。社会性发展很多发生在童年中期，内在的社会和集体生活倾向一般在这时变得越来越突出。在这段时期，大脑会发生很多变化，如皮质区灰质增加和轴突的增长。很多社会性学习都是通过与同龄人的互动进行的，特别是通过游戏。认知能力和社交能力快速发展，儿童变得更自省，抽象思考能力更强；他们的记忆力也得到了发展，可以同时保持住几个不同的想法。儿童也发展出了更强的自我调节能力、心智化能力，以及道德推理能力（Del Giudice, 2014）。

现在，儿童可以拿自己和别人比较，知道某个同伴群体是否适合自己。他们可能会明白自己比一些人更擅长数学，但在足球方面比别人差，或他们被一些人喜欢，但不被另一些人喜欢。他们在情绪层面可能有更多的自我觉察，描述自己的情绪状态用词更加细腻。他们也常常可以处理对同一个人或事件产生的矛盾情感，并且明白其他人也会有复杂的情绪。这种人际交往能力的发展意味着，如果一切顺利，儿童就可以通过预测他人的行为和了解他人的想法，发展出理解他人的能力。他们会学习如何以行为来获得集体的认可，而且从榜样的角度来看，集体变得越来越重要。

并不是所有的儿童都能在上述方面取得成功。欠缺社交技能的儿童和无法理解他人想法的儿童尤其容易受到伤害，比如那些遭受过严重虐待和忽视的儿童，他们经常难以与他人建立友谊。

兄弟姐妹和早期人际互动

学习如何与其他孩子相处，通常是从兄弟姐妹开始的。拥有一个哥哥或姐姐通常会增强一个人的心智理论和执行功能（Slaughter, 2015），并且有助于学习（Howe and Recchia, 2014），尤其当兄弟姐妹年龄相近时。

邓恩（Dunn, 2014）特别强调了兄弟姐妹对个体情感发展的重要作用，他强烈反对过分关注父母与孩子的关系。例如，在早期与兄弟姐妹玩假装游戏和角色扮演游戏的儿童，在成年后展现出更成熟的社交理解能力。儿童会从互动中学习，即使他们只是作为旁观者而并没有积极参与互动。当然，兄弟姐妹关系中也经常充满竞争和攻击，尽管研究表明，在适度的情况下，即使是这样的竞争也能提高一个人的社交技能，如协商、理解感受和调节情绪（Hughes, 2014）。

邓恩（2004）的研究发现，在儿童33—47个月这段时间，他们与其他儿童谈论感受和心理状态的行为会增加3倍，而与母亲进行这样的谈话的次数则几乎减少了一半。儿童之间的谈话是不同的，这可以发展他们与处在同等地位的人打交道的技能。邓恩的研究发现，与兄弟姐妹相处时间较长的儿童与其他儿童互动得最好，他们在两人一组玩时更有合作性，会更多地使用涉及他人想法和感受的语言表达。那些在3岁时对情绪有更好理解力的儿童，到6岁时会继续在相应的能力上领先同龄人，表现出较少的人际冲突和更多的合作行为。

事实上，同伴关系和集体生活的能力甚至可以追溯到更早期。厄温

（Urwin）等人（Bradley et al., 2012）研究了婴儿如何惊人地具备与其他婴儿交流的能力。塞尔比和布拉德利（Selby and Bradley, 2003, p. 213）研究了8个月大的婴儿，他们被分为三人一组，没有成年人在场。以下是一个典型的视频片段：

> 安开始频繁地发出断断续续的声音，同时一直看着乔……在乔回应了一声之后，安的发声频率明显增加（从乔发声前的每20秒2个声音变成每10秒10个声音；而在整个过程中，莫娜一直沉默不语）。看到安发出这些含糊的声音之后，乔转向莫娜，向她发起盛情邀请，仿佛是想把她带进这个谈话。他调整身体转向她，身体向她倾斜，双臂上下摆动，同时伴随着长达8秒的咧嘴微笑和眉飞色舞。
>
> 这引起了莫娜的注意，她也一直在看着安发出声音。相反，当安看到莫娜和乔相互凝视时，她的腿——本来是向着另外两个人伸出去的——这时候放下了，她低头看了看自己，似乎有点沮丧。乔短暂地回头看了她一眼，仍然微笑着，他们相互凝视。不过之后他还是转向莫娜，仍然面带微笑。在这之后，30秒过去了，安和乔才再一次相互凝视。在乔向莫娜发起盛情邀请的5秒钟后，安转过身，对莫娜皱起了眉头，这个表情她从来没有对乔做过。

毫无疑问，这些都是复杂的社交互动，包括相互调节、竞争、强烈要求关注和嬉戏，这些都展现了婴儿能够处理多重关系，而不仅仅是二元关系，并且能够参与集体生活。在这些简短的片段中，人们可以看到，即使是年幼的婴儿，也会产生对于归属压力的清晰意识，有关自己"属于"还是"不属于"一个集体。随着年龄的增长，孩子们会努力寻求集体的认同，并且他们似乎有一种自然的倾向，要将世界划分为"他们和我们"。人际互动的萌芽早在婴儿期就已经存在了，但是这些技能在童年中期才真正发挥作用。

转折点：同伴、父母和依恋

肾上腺功能初现可以被看作发展的一个转折点（Del Giudice, 2015），这个过程综合了从外部环境和之前生活经历获得的信息，激活了生理和心理上的变化。例如，根据一个人当前的环境，以及他早期的经历是虐待性的还是友善的，不同的变化将会发生。身处威胁性环境中的儿童可能会出现更多的情绪失调，而一个处在安全、可靠的环境中的儿童，会更能享受快乐、更会玩耍。在这些转折点上，不同的生活经历策略（Del Giudice, 2015）会被放大或缩小。

儿童与同龄人的关系会受到以往经历的影响。邓恩等人描述了普通的、无虐待行为的家庭中的婴儿和幼儿，是如何对其他感到痛苦的儿童表现出关心和共情的。梅因（1985）研究了少数来自弱势背景的幼儿，其中一些曾遭受过虐待，她发现没有一个受过虐待的孩子会对另一个感到痛苦的孩子表示关心和同情，而与此形成鲜明对照的是，在没有受过虐待的孩子中，超过一半人会这样做。几乎所有受过虐待的孩子都以攻击或愤怒回应其他哭泣的孩子。一个通常的表现是，一个孩子会"对另一个处在痛苦中的孩子露出凶狠的、威胁的表情，而没有记录显示他们以前有过任何互动"（p. 409）。这些年幼的儿童似乎已经成了代际传承的一部分，通过这种循环，将受虐待的经历传递给其他人。他们攻击日托中心的看护者，回避那些友好地接近他们的成年人和同龄人。具有混乱型依恋模式的儿童，他们得到的养育是威胁性的和不一致的，当他们进入学龄期的时候，很可能会表现出各种各样的人际困难（Seibert and Kerns, 2015）。混乱型依恋能预测儿童的暴力和控制倾向，这些儿童的养育环境往往存在严重的心理剥夺，这会影响他们的发展转折点。

反之亦然，到学龄期时，安全依恋的儿童比那些不安全依恋的儿童更受欢迎，而后者又被认为是更有攻击性的。在与其他儿童的互动中，安全型依恋的儿童反应更灵敏，也更灵活（Groh et al., 2014）。一般来说，矛盾型依恋的儿童更容易受到伤害，也更容易出现社交方面的困难。依恋理论家（Sroufe, 2005）认为，在家庭中通过同调、互惠的社会互动所习得的社交技能可以转化为更好的同伴关系能力。儿童在与他人的关系中发展自我表征，并将其作为他们未来人际关系的模板。此外，心理生物方面的影响也会起作用，比如自主神经系统的唤起程度、压力反应、情绪调节和腹侧迷走神经系统功能的高低（Porges, 2011）。

依恋理论的纵向研究（Sroufe, 2005; Grossmann et al., 2005）表明，与父母中任何一方有安全依恋关系的孩子随着年龄的增长，更容易发展出高质量的友谊，安全的依恋关系可以预测良好的社交能力和建立互惠友谊的能力（Groh et al., 2014）。

如果母亲要求非常严格或表现出攻击性行为，她们的孩子常常会在交友方面出现困难。带有强制性质的亲子关系中的儿童，会对同龄人表现出更多的攻击性，同样常见的是，如果父母控制欲较强或经常使用体罚，那么孩子在交友方面就会遇到更多困难（Lansford et al., 2011）。

社交能力强的儿童的母亲往往在情绪上更加积极，也更能体贴地回应孩子的感受。儿童与父母的互动方式，与他们和同伴的互动方式有非常大的相似性，比如相似的面部表情和说话方式（Attili et al., 2015）。父母对孩子更敏感，孩子也会对他人更敏感、更亲社会、更有共情能力，并拥有更好的友谊。

很明显，与父母的早期互动对儿童在其他关系中的能力有很大的影响。不足为奇的是，其他压力源（比如贫穷）会影响父母的养育技能，而这反过来又会影响孩子的同伴关系（Newland et al., 2013）。

情绪上受过折磨和虐待的儿童往往难以形成良好的人际关系，有时他们会遭到其他儿童的回避，而且，严重的家庭冲突会导致儿童更有可能被霸凌或成为霸凌者（Lereya et al., 2013），也更有可能跟其他有困难的儿童走到一起。哈里斯（2009）提出了一个重要观点：儿童与其他缺乏社交技能的儿童交往，会使他们无法以有良好社交能力的儿童为榜样，他们的问题行为会在同伴群体中得到进一步强化。然而，早期的家庭关系是影响孩子与同龄人关系的关键。

我们很容易理解为什么会发生这种情况。人缘好的儿童更有能力接受他人发起的互动，并做出适当的反应。当他们接收到一个不令人欢迎的互动邀请时，他们常常会提供另一种可能性，而不是直接拒绝。这样的儿童同样能以富有社交性和想象力的方式进行游戏。当然，人缘好的儿童也绝不全都是甜蜜和温柔的，因为这个时期也包含着激烈的地位竞争。地位高的儿童也会具有侵略性和支配性，但他们会巧用策略来实现他们的利益（Hawley, 2014）。大多数研究表明，人缘特别好的儿童也经常是强硬和无情的，但他们也具有社会协调性和亲社会性（Wolters et al., 2013）。这些人缘好的儿童有自信，他们比人缘差的儿童更外向，而有些人缘差的儿童会表现出控制欲强、专横和叛逆的特点（Hay et al., 2004）。这种行为当然与压力或创伤等早期经历有很大的关联。在童年中期，随着肾上腺功能初现，我们看到大脑中主导识别与回应社交和情感线索的区域（如岛叶皮质和扣带回）在发生变化，带来社交能力的飞跃式发展。不过，只有当过去和现在的环境让儿童感觉足够安全，让儿童能对同伴群体的互动有所响应时，积极的发展变化才会在这个转折点上发生。

集体的力量

在这个发展阶段，成为集体一员的倾向是人类发展的核心特征。人类是在小型的狩猎采集群体中进化生存的。从生命的最初几个月开始，我们就受到他人的影响，并且就像情绪氛围的晴雨表一样。4个月大的婴儿很可能会在周围环境的欢乐气氛中微笑，也会因气氛变得紧张而烦躁不安。婴儿的交流和模仿能力，以及他们的社会交往倾向，绝不仅仅是为了依恋关系而存在的（Nash, 1995）。同伴很少是儿童依恋的对象，但是儿童与同伴的互动从一开始就很强大。

许多研究显示出儿童是如何想要归属于某个群体的。在一个实验中，研究人员给男孩们看了一些只由许多点组成的图片，并要求他们估计图片中包含多少个点。然后，研究人员不根据事实地随机告知这些男孩，他们高估或低估了数字，并把他们标记为"高估者"或"低估者"。接下来，研究人员要求他们与其他被标记为"高估者"或"低估者"的男孩互动。有趣的是，研究发现，男孩们会更倾向于对那些与自己拥有同样标记的人表现出偏爱和慷慨，虽然这些标记是没有事实依据的（Tajfel and Turner, 1979）。归属感和成为群体的一分子对于人类的生存一直非常重要。

毕比援引了拉弗朗斯（LaFrance, 1979）关于姿势匹配的研究，该研究发现那些拥有相似姿势的人之间的关系更融洽。一些学生会不知不觉地模仿老师的姿势。当老师把右手托在下巴上，学生们会做出镜像的动作，把他们的左手托在下巴上。那些和老师关系较好的学生，也是那些无意识地模仿老师姿势的人，这暗示着与周围人的同步和谐会带来一定程度的良好感觉。事实上，与他人同步和谐会提高疼痛阈值，并增强人际联结（Tarr et al., 2015）。当我们分享情感故事的时候，大脑中的许多网络会发生同步（Nummenmaa et al., 2014）。此外，当我们被模仿时，我们也更有可能对陌生人表现出有益的亲社会行为（Müller et al., 2012），甚至幼儿也是如此（Cirelli et al., 2014）。模仿似乎能对社会生活起到润滑作用。

伯德威斯特（1970）发现，不同文化之间不仅是语言不同，连姿势和动作方式也存在差异。例如，说法语的人在做特定的手势时，会倾向于将嘴唇向前突出并歪头。会说两种语言的美洲土著库特奈部落人，则

第 15 章 童年中期、兄弟姐妹、同伴和集体生活　235

根据他们在说的语言（库特奈语或英语）而以不同的方式做出动作。儿童能领会并无意识地模仿这些线索，学会按照文化期望的方式行事，而不是仅仅按照父母的规范行事。

儿童在很小的时候就在学习如何"融入"，比如说话时使用的细微语气、玩什么游戏、穿什么样的衣服。仅仅 3 个月大的婴儿就表现出更喜欢本族人的面孔（Liu et al., 2015），更喜欢听他们自己的语言（Shaw et al., 2015）。群际"偏见"，以及对自身群体凝聚力的信心，能提升个体的自尊（Benish-Weisman et al., 2015），所以对我们来说，有归属感可能是件好事。关于种族、阶级或国籍的偏见，是这种群体归属感需求的一个令人担忧的对立面。

在一个经典的实验中，一位教师将她班级的学生分成棕色眼睛和蓝色眼睛两组，并宣布棕色眼睛的学生在各个方面都更好（Peters, 1987）。那些蓝色眼睛的学生在很多方面都表现出了明显的退步，而之前本来拥有良好友谊的蓝色眼睛和棕色眼睛的孩子，关系突然变得岌岌可危。我们可以推测，这种群体归属感的需要有合理的进化根源，比如不小心误入陌生人的领地可能带来的严重风险。

然而，人类的这种倾向可能会产生令人震惊的影响，正如我们在著名的斯坦福监狱实验中看到的。在这个实验中，人们被随意地指派成囚犯或看守的角色。在很短的时间内，所谓的囚犯们开始不信任看守，并对看守感到愤怒，而看守反过来也变得不信任他们，他们变得出人意料地残忍、具有报复性，这带来了巨大的愤怒、仇恨和相互间的暴力（Zimbardo et al., 2000）。这是一种典型的人类特质，即倾向于与我们的群体深刻认同，并相应地将"其他"群体视作"异类"。

米尔格拉姆（Milgram, 1974）的研究发现，当人们觉得某种行为符合他人的期望，尤其是符合权威的期望时，他们可能做出令人震惊的、突破道德的行为。在研究中，被试被告知，他们可以通过轻微的电击来惩罚答错题的学生，这样可以帮助他们学习。令人震惊的是，在一个穿着白大褂的权威男性的压力下，大约有 65% 的被试都准备使用足以致命的电击强度，以服从实验者的要求。这样的实验被重复了很多次，每一次几乎都是有超过 60% 的被试准备好了要使用致命的剂量。这让所有的预测都大打折扣，是社会压力的影响的一个鲜明例证。

儿童也会受到同伴压力的影响。如果班里其他人都用某种方式回答问题，那么他们也会跟着这样做，或者加入欺负另一个孩子的团体，就像实验中发生的那样（Morgan et al., 2015; Bond and Smith, 1996）。对"融入"和归属的愿望在很早期就开始了。6 个月大的婴儿就会判断谁是陌生人、谁是安全的。当我们看到熟悉的面孔和陌生人的面孔时，我们的大脑中被激活的区域是不同的（Krienen et al., 2010），尽管在某些情况下不一定如此，比如对孤独症儿童来说（Dawson et al., 2002）。

群体偏见可能会带来不幸的后果。在美国的一项典型实验中，白人被试在 30 毫秒的时间内，看到了黑人和白人的面孔，这么短的时间不足以形成意识判断。当被试看到黑人面孔时，扫描显示杏仁核反应升高，提示着一种无意识的恐惧反应。当这些照片随后被播放足够长的时间，让被试能意识到他们看到的东西时，扫描显示了大脑中与冲突解决有关的区域的激活（Cunningham et al., 2004），表明被试正在与他们的种族偏见进行激烈的斗争。实验显示，对其他种族的熟悉程度会使这种偏见有所下降，与之相伴的杏仁核激活也会降低（Cloutier et al., 2014）。同样让我们看到希望的是，各种旨在加强同情行为的实践，似乎减少了对其他种族等外群体（Hunsinger et al., 2014）和无家可归者（Parks et al., 2014）的偏见。我们的偏见是无意识的、内隐的，通常在童年早期发展，对我们如何定义自己起着重要作用，但幸运的是，它们也可以改变。

学会融入集体对儿童有着深远的社会影响。我们在童年和青少年时期被同龄人接受还是拒绝，可以预测成年后的社会适应程度（Bagwell et al., 1998）。反过来，能否融入集体又取决于心智化等能力，这些能力有助于发展和维持友谊（Fink et al., 2015）。有趣的是，孩子们甚至会在童年中期调整自己的性格去适应集体。例如，胆小的男孩变得不那么害羞、更加外向，大概是因为胆小的男孩可能会在人际上吃亏（Kerr, 2001），当然我们也看到了更多对预期的性别角色的顺应。童年中期是这种社会适应能力迅速发展的年龄，家庭以外的影响发挥的作用越来越大。

同龄人是最重要的吗？

哈里斯（2009）认为，父母对孩子的影响其实是很小的。虽然她可能过度强调了这一观点，但她的工作也提醒我们重新思考不同影响间的相对平衡。重要的环境影响还包括兄弟姐妹和其他成年人的影响，以及儿童居住的社区的影响。把儿童的环境等同于他们的母亲，这样的观点把压力和指责归咎于母亲，而忽略了其他关键影响。哈里斯描述的一个典型例子是儿童如何使用语言。移民父母很少说当地语言，他们的孩子却很快就会像当地人一样说话，而不是像第一代移民那样说着蹩脚的当地话。

哈里斯认为，儿童从一种环境中（比如从父母那里）学到的东西，在其他环境中不一定有用，而在家里有用的方式在学校就不一定有用。在童年中期，孩子们越来越多地认识到这一点，即不同的行为方式对不同的人有效，不同的环境有不同的规则。哈里斯举了很多有说服力的例子，例如波利尼西亚的孩子被培养成对成年人顺从和谦逊，但在同辈面前要咄咄逼人和自信果敢。

父母可能更愿意相信他们的态度对孩子有最大的影响力，但哈里斯对此提出了警告。儿童往往与他们的同伴有相似的学习态度，这不仅仅是因为来自相似背景的儿童彼此选择，或者因为父母对某种类型的友谊特别支持。一项针对同伴群体发生了改变的儿童进行的研究发现，这些儿童对学习的态度也发生了变化，以便适应新的同伴群体，而这影响了他们的学习成绩（Kindermann, 1993）。正如哈里斯指出的，儿童的智商和父母都没有改变，只有同伴改变了。儿童想要像和他们交往的其他儿童一样，接受他们的态度、着装规范和行为方式，这种倾向在童年中期时逐渐凸显。

儿童学着像同龄人一样说话、举止和着装，并接受他们在社交上的差异，这使得儿童能够融入群体。儿童能快速地从对方身上学习技能。这一点可以从儿童能快速地学会对父母而言非常困难的新科技中看出来。哈里斯描述了日本岛上的一只年轻的猕猴，它偶然发现了一种分离小麦粒的方法，把掺有沙子的小麦粒扔进水里，看看有什么漂浮上来。很快，所有其他的小猴子都这样做了，但年长的猴子却没有（2009, p.202）。从进化的角度来说，如果小猴子想要"保持领先"，它们必须相互学习，而不仅仅是向父母学习。

因此，童年中期的很多社会学习都是来自同龄人，这就是为什么父母经常担心这会给孩子带来不良影响。越来越多对有犯罪行为风险的青少年进行有效干预的方式证实，在同辈群体中的工作效果最好（Henggeler, 2012）。当男孩远离了令人担忧的同伴群体，其犯罪和行为困难会减少（Youngblade et al., 2007）。年轻人居住的社区、交往的人，都对他们有重要的影响力。生活在贫困地区的、年轻的非洲裔美国人，有高于平均水平的青少年犯罪倾向。然而，来自相似社会经济背景的孩子，当他们生活在中产阶级较多的地区时，则表现出较少的攻击性；他们会自觉使自己的行为在一定程度上符合社区规范（Wikström, 2000）。

一些关于性别和社会文化影响的研究发现，女孩之间在玩躲避球时非常有竞争性。然后一些男孩加入进来，女孩们就变得不那么争强好胜了，转而更多地站在一边或开玩笑（Weisfeld et al., 1982）。这是一项非常典型的研究，表明女孩会根据群体和性别预期来改变她们的行为（Drury et al., 2013）。

同伴群体经历的影响可以一直持续到成年。个子高的男性通常有更高的地位，能够得到更好的工作，以及拥有更多的领导职位。然而，造成这种影响的并不是他们成年后的身高。一些儿童在童年时个子很小，但在成年后赶上了那些发育较早的同龄人。尽管如此，他们从未在地位方面赶上来。成人的地位和自信更多地与人生早期的相对地位有关。青少年时期是男性在同伴群体中确立地位的时期，这时比同龄人矮小的男性，即便在成年后赶上了同龄人的身高，也倾向于保持之前较低的地位（Hall, 2006）。

因此，早期的群体学习可以持续，影响发生的时机非常重要。敏努拉（Minoura，1992）描述了一些移居美国加利福尼亚州的日本儿童的情况。这些儿童的父母确保家庭文化保留了传统的日本精神，因为他们打算日后回国，希望他们的孩子可以重新适应回国后的环境。但是，如果孩子在美国待得太久了，他们就会完全被当地文化同化，在回国后很难重新调整。如果孩子在十二三岁的时候还没有回国，他们会更加难以调整，而年龄更小的孩子可塑性更强，也更容易调整。这个现象在情理之中，部分原因是童年中期是社会学习的重要时期，儿童要向同龄人和更广泛的文化学习，而不仅仅是向父母学习。

气质

一个重要的研究问题是：儿童与生俱来的气质是否可以解释他们与其他儿童相处方式的差异。更积极、性格更温和的儿童的确能更好地与同伴相处。情绪更不稳定、很难控制情绪的儿童，他们的同伴关系会更糟糕，非常孤僻的儿童也是如此（Ladd et al., 2014）。儿童的气质可能会影响他们对他人的反应，以及父母或同龄人对他们的反应。性格强势的儿童、性情随和的儿童、害羞和焦虑的儿童，都会表现出不同的反应方式，也会相应地引发他人的不同反应。虽然气质在定义上更多指向遗传倾向甚至基因特点，但它也可以部分地用父母教养和家庭环境来解释。例如，产前压力或家庭暴力会导致情绪失调。

随着时间的推移，或许会有更多有关基因与环境的研究能够澄清其中一些问题。例如，一些研究表明，在友谊团体中，我们看到的基因相似性高于随机水平（Fowler and Christakis, 2010），同样，在受欢迎程度（Fowler et al., 2009）和有问题的同伴关系（St Pourcain et al., 2014）上，我们也能观察到一些基因方面的影响因素。然而，其他人对这些发现提出了质疑，并提出基因对友谊团体的影响很弱（Boardman et al., 2012）。还有一些研究关注了青少年加入犯罪同辈团伙的风险，并且不出意料地表明，基因和社会学习这两个因素都发挥了重要作用（Boisvert et al., 2013）。

当然，这绝不仅仅是基因或环境的问题。部分蹒跚学步的儿童可能只是在气质上有较低的情绪调节能力，但如果加上冷漠的父母养育方式，那么他们有些人（尤其是男孩）就会变得更具有攻击性。敏感的养育方式在帮助儿童调节情绪方面大有助益（Kim and Kochanska, 2015）。儿童也可以在家庭或同辈群体中找到一个适合自己气质的位置，但他们所扮演的角色可能会通过与他人的社交互动得到加强，这样一来，养育方式就对气质起了强化作用。

注意力不集中、情绪低落、容易激动的儿童往往不那么受欢迎（Walker et al., 2001）。非常活跃的儿童比其他孩子更少参与人际交往或假装游戏，对美国学龄儿童的研究表明，高运动量会让男孩更受欢迎，而对女孩并非如此，女孩更喜欢不那么活跃的同伴（Gleason et al., 2005）。高水平的情绪表达和较弱的情绪调节对朋辈关系有不利影响，似乎毫无疑问的是，气质不仅会影响孩子的同伴关系能力，也受到一些因素的影响，比如父母的教养方式。更加复杂的是，不同气质的儿童会引发不同类型的教养方式。不一致的纪律规范可能会增加儿童的消极情绪，而儿童易怒的特点本身也会引发不一致的教养方式（Laukkanen et al., 2014）。

干预研究表明，社会层面的因素（而不仅仅是基因）发挥着重要作用（Ladd, 2005, p.338）。旨在增进儿童的社交能力、抑制问题行为的干预，可以有效改善同伴关系和提高被其他儿童接受的程度。在未接受治疗的对照组中没有观察到同样的变化，这表明社交能力至少部分是习得的，而不仅仅是气质使然。这些研究表明，真正的改变是可能的，有些形式的帮助可以减少儿童成为受害者的可能性，结束欺凌的循环并带来希望，尽管儿童有其天生的气质禀赋，但他们并不是注定要以某一种特定的模式与他人互动。

这些都是必须阐述清楚的严肃问题。目前的研究还无法提出足以将气质、教养方式和遗传因素分开的确定性结论，而只能提出一些倾向性的结论。然而，我们知道，糟糕的同伴关系会摧毁儿童的生活。正如拉德（Ladd）所述，"这就形成了这样一幅画面：社会能力不强的儿童具有某种思维模式，这激发、佐证和延续了破坏其建立和维持积极的同伴关系的行为"（2005, p. 331）。研究发现，儿童对群体——无论是对同辈群体、学校、俱乐部还是家庭——的归属感和认同感，都会大大降低其日后出现精神健康问题的风险（Miller et al., 2015）。出于这个原因，促进儿童与同伴进行适当互动的能力是至关重要的。

本章要点 >>>>>

- 人类有一种天生的倾向，即融入群体、模仿别人，以及被身边人所影响。
- 除了父母以外，儿童会从同龄人、兄弟姐妹和其他人那里学习，这有助于年轻一代发展适应和改变的能力。
- 从童年中期开始，随着父母的影响开始减弱，其他儿童成为个体社会学习的主要途径，虽然父母仍然发挥着重要作用。

- 在这个人生阶段，早期养育和依恋关系对儿童的人际交往能力以及他们与同龄人相处的方式有很大的影响。
- 童年中期的一个重要特点是内分泌系统的变化，即肾上腺功能初现，这与大脑中的变化相关联，这个时期的发展是奠定儿童一生的处事策略的重要"转折点"。
- 童年中期培养的社交自信的影响可以一直持续到成年以后。
- 社交能力较弱的孩子更有可能被拒绝，表现出违背社会规范的行为方式，不擅长换位思考，也不太容易合群。
- 理解儿童的发展不能不考虑来自父母、同龄人以及一系列社会文化因素的影响。

第 16 章

父亲的角色

关于父亲角色的问题可能会引发争议。我们大多数人对父亲应该是什么样或做什么都有自己的看法。有些人认为儿童应该在异性恋婚姻中长大，另一些人认为父亲应该为孩子做得更多，但也有一些人认为父亲越来越无关紧要。在西方，随着人口结构的变化，例如更多的非婚生子——在美国，这个比例高达 40%（Hamilton et al., 2013）——更高的离婚率，更多的"重组"家庭，以及更多的女性从事全职或兼职工作，父亲的角色已经发生了许多转变。这一切都影响着父母的角色。英国一项调查了近 2 万名儿童的研究（Dex and Ward, 2007）表明，符合传统观念的家庭形式，即母亲全职在家、父亲外出工作，只存在于不到 30% 的家庭中。在英国，最常见的家庭组织形式（35%），是全职工作的父亲和兼职工作的母亲，还有 11% 的情况是父母双方都全职工作。在西方，近几十年来，父亲普遍越来越多地参与儿童的养育，虽然大部分的儿童养育工作仍然主要是靠母亲完成（Lamb, 2004）。母亲全职工作的趋势逐渐上升，特别是自从经济衰退以来（Wang et al., 2013）。

这一章主要着眼于父亲对孩子养育的参与和对孩子的影响。正如兰姆指出的，在当代社会，父亲的职能表现为多种形式，比如道德监督者、养家糊口的人、性别角色榜样，以及养育者 / 养育的参与者。社会组织形式是多样的，父亲也在扮演各种各样的角色。并不存在一种"天然的"父亲角色。

父亲是什么、做什么，在不同的社会和不同的时代有很大的差异。人类学研究表明，从游牧文明过渡到有稳定住所的农耕文明，然后进入以工资收入为支撑的货币经济，在这个过程中，父亲越来越少地参与照顾孩子的日常工作。但即使在当代西欧，男性在照顾孩子方面的参与度也有很大差异。拥有最长的陪产假的瑞典男性，对养育孩子的参与度是最高的，远远超过英国男性，而后者又比欧洲许多其他国家的父亲参与度高出许多（Cabrera and Tamis-LeMonda, 2013）。

最为人所知的父亲参与养育的实例发生在非洲中部的阿卡族觅食社会。在这里，一位父亲在 24 小时内约有一半的时间在抱着婴儿或距离婴儿一步之遥，在他们醒着的时间里有 88% 是围绕在婴儿左右的，约有四分之一的时间是怀抱婴儿的（Hewlett, 1991）。阿卡族人对父亲的期待是，他们要通过身体接触向孩子表达爱意，而且要非常支持母亲，阿卡族男性可以走向传统的女性角色，而丝毫不会丧失地位。

另一个极端是男性很少在场的家庭。在美国，单亲妈妈抚养的孩子的比例在过去 50 年中大幅上升（McLanahan and Jencks, 2015），而在欧洲，母亲成为家庭主要经济支柱的比例也在显著增加（Cory and Stirling, 2015）。非洲国家女性当家的比例最高。博茨瓦纳位居榜首，有近一半的家庭是以女性为主导的（Flouri, 2005）。有趣的是，在博茨瓦纳这样建立在强大母系血统基础上的社会中，儿童生命中最重要的男性是母亲的兄弟（De Wit et al., 2014）。什么叫作男性气质和女性气质，还有什么是父亲和母亲，在某种文化中被接受的概念不一定具有普遍意义。

鉴于文化和历史的差异，我们很难说父亲的角色是什么或应该是什么，但我们可以看一看不同的父亲角色以及父亲是否在场带来的影响。很多心理学理论（如精神分析）都强调父亲在分离母婴共生关系方面的作用，同时父亲也为母亲提供支持或"抱持（holding）"，这样母亲就可以在情感上支持孩子。很明显，父亲对母亲的情感支持可以增进对孩子的照护,即使父亲没有直接参与照护孩子(McHale and Fivaz-Depeursinge, 1999)。在一些不同的群体中,父亲对母亲的支持没有那么重要,比如女同性恋伴侣,或生父不在身边的母系家庭——在这样的家庭中,母亲的亲戚会较多地参与儿童照护。西方人口学研究显示,父亲的参与通常会带来好的结果,但就像本书中引用的很多研究显示的那样,关于父亲的研究越来越复杂和多维,这意味着关于父亲在场对儿童来说是不是一件好事,并没有简单的答案,我们甚至不能这样简单地发问。

生物学上的启动效应[1]

人们普遍认为,照顾孩子是母亲"天然的"责任,这一观点是否属实是值得追问的。毕竟,在所有已知的文化中,母亲承担着大部分的育儿工作。赫尔迪写到(1999, p.109),大部分物种中的雌性,受神经回路和激素倾向的影响,更容易对婴儿做出反应,而大多数物种中的雄性对婴儿更加疏远。然而,即使是最不重视养育的物种,如父系制的狒狒或叶猴,雄性也可以被诱导去照顾婴儿。一个未解的问题是,为什么男性的养育活动仍然这么少。赫尔迪认为,不同的生物倾向不必然导致我们通常在人类身上看到的照顾孩子的性别差异。相反她认为,这种轻微的生物倾向差异最初是由激素系统或母乳喂养功能造成的,然后可能就变成持续的模式。如此,社会期望的角色成了默认的存在方式,通过采取阻力最小的路线,就像水倾向于流过旧的渠道。

事实上,我们所掌握的证据表明,父亲在生物学上对婴儿发出的信号的敏感程度并不比母亲低。在适当的环境下,他们与婴儿互动以及模仿婴儿的方式与母亲大致相同(Lamb, 2004),当被蒙住眼睛,也不使用

---

[1] 英文原文为 priming。——译者注

嗅觉时，父亲和母亲一样能够通过触摸来识别孩子（Bader and Phillips, 2002），并且在喂奶时也有和母亲一样的敏感性，允许婴儿适时地停顿和恢复。安全型依恋的儿童，其母亲和父亲与他们相处的方式非常类似，比如父母都能更好地将心比心（Palm, 2014）。这些研究并没有表明父亲有什么独特的地方。在西方的研究样本中，父亲与孩子的互动普遍更偏重身体层面，更具游戏性质，但没有证据表明这是生物学上的原因所致，例如上面提到的阿卡族父亲，他们会花更多的时间和孩子在一起，与西方父亲相比，他们较少沉浸于活跃的游戏。

文化典范从根本上促成了父亲的行为。东非的基普西吉（Kipsigis）男性，在孩子大约4岁之前不喂养、不给他们穿衣服，也不抱他们，他们认为婴儿会被他们阳刚的目光所伤害（Hewlett and Lamb, 2005）。西方的父亲们对家庭的投入不足，很可能是受到女性和男性态度的双重影响。利奇选取了1200位英国母亲作为样本，在她们的第一个孩子出生后不久询问她们，假设钱和其他因素不是问题，她们理想的育儿安排是什么。在所有选择中，父亲排在最后一位，只有1/200的母亲首选父亲，其得分比倒数第二的选择——保育员还低8倍（Leach, 2009）。然而事实是，18个月大的时候，近8%的孩子主要是由他们的父亲照顾。这可能暗示了男性和女性对另一方扮演不那么传统的性别角色都抱有复杂的感受。

在许多物种中，雄性往往不太照顾婴儿，但保留了一种倾向，在有合适的诱因的条件下，会变得能够照顾婴儿。许多不愿做父亲的男性在孩子出生的那一刻可以立即变成慈爱的父亲。这种现象有其生物根源。人类和其他灵长类动物的雄性在照顾后代时，催乳素水平会上升。与怀孕伴侣同居的男性，除了催乳素水平升高，因此保护欲变强之外，在孩子出生以后，他们的睾酮水平也会降低，这种生物学倾向使他们变得更有保护欲，而性活动变少（Gettler, 2014）。当男性开始从事养育活动时，他们的大脑也会发生变化（Abraham et al., 2014），尤其是与情绪理解和依恋有关的神经回路。

阻碍男性参与照顾孩子的一个明显因素是，直到近些年基因测试技术出现之前，父亲们永远不能百分之百确定自己是孩子的生父。赫尔迪（1999）向我们展示，很多物种都会呈现这样的规律，当父亲更加确定他与婴儿的血缘关系时，也会更多地参与照料。例如，雄性篱雀（一种像麻雀的鸟）为幼雏提供食物的频率或多或少和它们与其母亲交配的次数成比例，而雄性狒狒也同样更多倾向于帮助那些它们认为是自己亲生的孩子。从生物学上来说，男性比女性可以生育更多的孩子，而女性平均而言对每个孩子的投入比男性更多。对人类基因组的分析表明，在进化史上，男性比女性更有可能有多个伴侣，与不止一个伴侣有孩子的男性比例也比女性更高，但没有成功生育孩子的男性比例也高于女性（Hammer et al., 2008）。

大多数研究表明，有父亲的支持，婴儿通常会过得更好。赫尔迪和其他人甚至指出，在一些社会中，与不止一个男性生孩子是获得额外帮助的一种方式。特别是在男性预期寿命较短的环境中，这增加了儿童获得供养和保护的机会。例如在坎尼拉（Canela）——巴西的一个母系氏族部落中，女性不仅被允许与一个以上的男性性交，并且如果她们不这样做，还会被视为自私（Crocker and Crocker, 1994）。这个社会信奉所谓的"可分割父权"，认为一个孩子可以有几个父亲，这在某种程度上对孩子有利（Walker et al., 2010）。在一些有相似文化的族群中，人们甚至认为胎儿的正常生长需要多个男人的精子。在委内瑞拉的巴里族（Bari），在青春期后期，有两个父亲（一个主要一个次要）的儿童的存活率，比只有一个父亲的儿童要高得多。怀孕的巴里族女性会接受地位较高的男性的性挑逗，比如成功的渔夫，以此给自己和孩子赢得更好的发展机会。这样的做法在西方一夫一妻的文化中可能没那么必要，因为男性的寿命普遍更长。

父母双全的儿童

有关父亲对儿童生活的影响，我们从对美国和欧洲样本的研究中了解了很多。英国的一个重要研究项目跟踪记录了在 1958 年的某一天出生的所有儿童（Flouri, 2005），并询问在儿童 7 岁、11 岁和 16 岁的时候，父亲参与照顾的程度。这些提问都很直截了当，比如问父亲多久带孩子出去一次，或者多久给他们读一次书。研究发现，当母亲也高度参与对孩子的照顾时，父亲会更关心自己的孩子，当父母的夫妻关系质量更好时，父亲对育儿的参与度也会更高。社会因素也会对人的行为产生强烈影响。社会经济地位较低的家庭，父亲对育儿的参与更少，孩子出现行为问题的情况更多，这种情况可能与家庭承受更多的经济和社会压力有关。

弗卢里（Flouri）等人的研究分析表明，父亲的参与主要是提供保护。那些没有和父亲住在一起的孩子更有可能患上多动症并出现品行问题。父亲的存在也与孩子的幸福感有关，并降低反社会行为的可能性。很多影响是持久的，比如弗卢里的研究就能够证明，早期育儿中的父亲参与可以预测男孩和女孩成年后的学业成就。当夫妻关系比较牢固时，父亲往往与他们的孩子感情更深（Waller and Swisher, 2006）。一项研究表明，相比于父母接受直接的育儿技能培训，让父母改善夫妻关系的伴侣咨询会让孩子获益更多（Cowan and Cowan, 2003）。父母之间保持好的夫妻关系似乎对儿童未来的发展更为有利。

不过，父亲较多的参与也未必全是好事，因为不同的父亲会带来不同的影响。新手爸爸患上产后抑郁症的比例高达 10%（Sethna et al., 2015）。一个抑郁的父亲的孩子会表现出情绪和行为上的困难，比如在 3 岁半的时候患上多动症，且男孩受到的影响大于女孩。在母亲怀孕期间，如果父亲遭受了心理上的痛苦，那么他们所生的孩子也会出现更多的社会情感问题和行为问题（Kvalevaag et al., 2013）。因此，父亲在场是不是一件好事，我们必须在下结论时持谨慎的态度，需要先仔细地考察这是一个什么样的父亲。抑郁会降低父亲对孩子的共情能力和情绪同调能力，以及维持和谐的夫妻关系的能力。

一项有趣的研究观察了具有反社会行为的父亲对孩子造成的影响（Jaffee et al., 2003）。有反社会倾向的父亲不太能亲近婴儿或者和他们一起住在家里。这对"双亲家庭是最好的"这样的观念是一个沉重打击，当反社会的父亲住在家里的时候，他们的孩子比他们不在家时更有可能表现出行为困难。当然，父亲对伴侣的暴力也会对儿童产生不良影响（Lamers-Winkelman et al., 2012），儿童的大脑发育和基因表达也会受到影响（Radtke et al., 2011）。确实有一些父亲会对孩子的发展起到好的作用，但不是所有的父亲都能做到。

通常情况下，当父亲具有养育性和游戏性并且经常鼓励孩子时，就会为孩子的发展带来优势（Lamb, 2004; Flouri, 2005）。这类父亲的孩子开始上学时，平均的智商水平会更高，词汇和认知能力也更好，并且更能管理好学校环境的要求。这种优势可以持续到青春期，这些孩子会获得更高的分数并且总体上发展得更好。一个人的认知和情感的发展终究是相互关联的。

当儿童自我感觉良好时，他们在学业上也往往会取得更好的成绩。而滋养性的、积极的养育，包括父亲的养育，有助于实现这一目标。来自充满爱的家庭的儿童，更易感到情感同调、被鼓励和被理解，他们往往更自信，更少出现心理健康或行为问题（Peters et al., 2014）。然而，这种关系可能是双向的，很难理清。中国的一项研究发现，父亲较多的参与可以预测儿童更好的社交能力，同时，较差的幼儿社交能力也会导致更糟的父子关系，所以这个影响是双向的（Zhang, 2013）。更细致深入的研究也提供了各种各样的发现，比如，做家务更多的父亲会有更有抱负的女儿（Croft et al., 2014）！

父亲参与度高的孩子患抑郁和焦虑的可能性较小，涉毒或违法行为也较少，他们更有可能发展出高自尊，在诸多学科的成绩方面也会有更好的表现（Dubowitz et al., 2001）。当然，相反的情况也存在：父亲的虐待和犯罪行为会给孩子带来更糟糕的结果（Gault-Sherman, 2011）。

当父亲选择积极地参与育儿时，结果会比较好。仅仅花时间和孩子在一起并不一定会产生同样的效果，比如当父亲是被默认参与而不是自愿参与，这种情况也许发生在母亲不情愿地成为家庭主要的经济支柱时。在这样的情况下长大的儿童往往表现不佳（O'Brien et al., 2005）。当受到母亲的鼓励时，父亲的参与度会提升，但母亲也有可能是阻止父亲参与的因素（Puhlman and Pasley, 2013）。如果父母双方都积极重视亲密的亲子关系，也认可共同养育的责任，那么这一切似乎都能带来积极的回报，但如果这中间存在不满和怨恨，比如父亲不愿意照顾孩子，或者母亲不愿意劳动，那么可能就会造成不太和谐的家庭的气氛。

孩子们似乎从权威式（authoritative）的父母而不是专制式（authoritarian）的父母那里获益最多（Morris et al., 2013），前者的教养方式中包含关爱和接纳、示范适当的规则和培养自主性等层面。虽然在许多家庭中，这些不同层面的任务可以根据性别的刻板印象来划分，比如父亲们负责纪律和玩耍，但研究提示，并不是非如此不可，父亲们不必然要去做一些母亲或其他成年人做不到的、独特的事情。研究真正提倡的，正如这本书一直在论述的，良好的亲子关系、共情、关爱和游戏性以及其他的因素，会培养出更快乐、更自信、更有安全感的孩子。良好亲子关系的关键，在于建立亲密关系和情感参与的能力（Dermott, 2014）。

亲生父亲缺位的儿童：单亲妈妈、女同性恋双亲和继父

了解生父的重要性的一种方法是看当他们不在孩子身边时会发生什么，比如孩子由单亲妈妈、女同性恋伴侣或者继父抚育的时候。大部分

数据表明，由单亲父母抚养长大的孩子表现更糟。他们的健康状况通常更糟（Scharte et al., 2013），受教育程度较低，并且更有可能出现行为和情绪上的问题。从表面来看，单亲养育似乎是一个主要的劣势。一项美国研究发现，单亲家庭中的 3 岁儿童的社交和认知能力有可能比双亲家庭中的儿童更弱，出现更多的行为问题，与成年人的关系更糟，形成不安全依恋的可能性更大（Clarke-Stewart, 2013）。

反对单亲家庭的人可以利用大量类似的研究来支持他们的主张。然而，我们在分析这些研究的发现时必须非常谨慎。经济和社会因素，如贫困，对儿童的发展的影响比父亲是否在场更大（Bornstein and Bradley, 2014）。单亲父母通常来自社会经济地位较低的群体，有许多社会劣势，更有可能被社会排斥。例如，来自单亲家庭的儿童在大学时的出勤率较低，除非将家庭收入这一因素也考虑进来（Huang et al., 2000）。对儿童的不良发展结果造成最大影响的，似乎是社会经济地位低下、贫困和缺乏支持等因素，而不是单亲家庭。

在这些研究中，当收入和社会劣势等因素被剔除，单亲家庭和双亲家庭的孩子之间的差异几乎消失（Spencer, 2005）。财务困境和贫困会影响教养能力（Pearce et al., 2012），并且当身边缺少成年人的支持时情况更糟，即使没有经济上的劣势，身边缺乏他人的支持仍然很可能会导致教养能力下降，这会影响家长的权威性和敏感性。总的来说，研究表明，儿童成长的最大风险因素是贫困和社会经济因素，而非单亲家庭。一个生活在贫困社区的 15 岁单身母亲，情况可能比一个生活在富裕地区、有充足的社会支持、富有的中产阶级单亲母亲差得多。

有纵向研究比较了在以女性为首的家庭中长大的儿童（如女同性恋伴侣或单亲妈妈家庭）和由异性恋家庭抚养的儿童，发现当他们成年后，以女性为首的家庭的儿童的情感能力等同甚至优于异性恋家庭的儿童（Golombok, 2015）。女同性恋家庭和异性恋家庭的儿童之间的相似点多于不同点，总的来说，在综合许多研究的结论后，我们可以看到，在这种家庭组织方式下，儿童的表现并不差（Adams and Light, 2015）。例如，在领养家庭中，最能预测儿童成长状况的因素是伴侣关系质量，与性取向无关（Farr and Patterson, 2013）。另一项大规模研究（Patterson and Wainright, 2007）发现，成长在女同性恋家庭，总体上对儿童没有影响，包括情绪调节能力、学业成绩、药物使用以及家庭和同伴关系。任何青少年功能的差异都不是家庭类型（即女同性恋伴侣、异性恋伴侣和单亲家庭）导致的结果，而是与家庭整体的情绪功能有关。总的来说，在一个以女性为首的家庭中长大并不是一个风险因素。

然而，与继父和生母一起生活的儿童相比那些和亲生父亲一起生活的儿童，可能会有更差的结果，包括更低的学业成绩、更多的犯罪行为、药物滥用和未成年怀孕（Hofferth and Anderson, 2003），在最糟糕的情况下，他们还更有可能遭受身体虐待和伤害（Nepomnyaschy and Donnelly, 2015）。对这种现象的部分解释是，这些"重组"家庭的儿童往往已经生活在不太和谐的环境中，而且在家庭中找不到自己的位置。但研究也一致表明，继父母对继子女的柔情、关爱和依恋程度都较低（Pryor and Rodgers, 2001）。一种假设是，平均而言，父母在亲生子女身上投入更多。更极端和令人担忧的是，大量研究表明，与继父生活在一起的儿童遭受虐待和暴力的情况更为常见（Hilton et al., 2015）。当然，许多儿童在重组家庭中也过得非常好（King et al., 2014），特别是当新的夫妻关系是亲密和稳定的、具有家庭凝聚力和情感联结的时候。我们当然需要避免模式化地看待所有继父。

研究表明，亲生父亲缺位在某些情况下是一种不利因素，但绝非在所有情况下都是如此。女同性恋伴侣的孩子似乎和异性恋夫妇的孩子成长得一样好。由单亲妈妈抚养长大的孩子似乎一般会存在一些劣势，但是经济和社会压力是造成这种情况的主要原因。在有继父的"重组"家庭中长大的孩子，更有可能成长得不太好，但这同样很大程度上取决于继父的个人特质和伴侣关系的情况。

有关父亲的研究提供的实践经验

鉴于很少有人能断言一个父亲"天然"是什么样或应该是什么样，我们似乎很难用现有的证据来思考哪些做法更可取，至少在西方文化的背景下是如此。针对所谓的"高风险"家庭，对养育方式的干预被越来越多地使用，这类干预所提倡的特定父母角色，看起来像是在鼓励性别刻板印象，如"作为规则执行者的父亲"。很多关于临床治疗的文献，比如某些精神分析思想，将父亲的角色定义为提供外部视角或"第三者位置"的人，这一观点很好地契合了将父亲作为母子关系"之外"的外部世界象征的普遍观点（Music, 2004）。在很多育儿文献中，父亲被鼓励扮演传统角色，作为家庭的供养者，作为通往更广阔领域的桥梁，鼓励自主性，同时也提供纪律。没有研究证明父亲比母亲在这些方面上做得更好，但是似乎肯定的是，当这些想法在有针对性的干预中被付诸实践时，结果往往是好的。

同样明显的是，许多育儿干预措施需要父亲的参与才更有效，虽然这很难实现（Ramchandani and Iles, 2014）。一个不出所料而又一致的发现是，父亲和母亲之间积极的夫妻关系有助于孩子成长，针对夫妻关系的干预也会对孩子有帮助（Cowan et al., 2009）。夫妻之间的体贴和尊重可以通过示范传递给下一代，正如暴力、仇恨和不尊重也可以向下一代传播。消极的、挑剔的父亲，以及很快就会退缩或攻击的父亲，对家庭生活会产生负面影响（Almeida et al., 2001）。

有些儿童是由他们的父亲独自抚养长大的，聚焦这些相对较小的样本的研究发现，他们往往成长得很好（Pruett, 2000）。有人可能会猜测，考虑到文化期望，这些父亲很可能对孩子特别用心。这种单亲家庭的儿童有稳定的性别认同，与异性儿童可以建立良好友谊，并且积极主动，有好奇心。这种育儿方式挑战了性别刻板印象，并且在欧洲和美国变得越来越普遍。

与这本书的主题一致的是,当儿童与家人的关系很好的时候,他们在与同龄人的人际关系中表现得也会更好,父亲在这方面很重要。当爸爸和孩子一起愉快地享受玩耍的时候,亲子间的联结得以建立,增强了良好的感觉。此外,在压力下能够保持冷静、能够管理孩子的不安并保持支持和关爱的父亲,其子女往往在学校更受欢迎,男孩不那么咄咄逼人,女孩与同学关系良好(Parke et al., 2002)。那些不太被父亲关心的孩子,则更有可能出现一系列问题,如学习成绩较差,男孩出现青少年犯罪,女孩出现未成年怀孕等问题(Flouri, 2005)。在其他社会中,劣势可能表现得更极端,就像赫尔迪(1999)指出的那样,在狩猎采集社会中,没有父亲的孩子很可能根本无法生存。

人们曾经认为母婴依恋是最重要的,但是越来越明显的是,孩子对父亲的依恋往往非常关键,这对孩子的影响有时几乎和他们与母亲的关系一样大,比如在幸福感和同伴关系等方面(Palm, 2014)。和父亲的安全依恋关系可以抵消和母亲的不安全依恋关系,反之亦然,当然最好是对两者都形成一种安全的依恋。与孩子有安全依恋关系的父亲的典型特征,看起来和那些有安全依恋的孩子的母亲非常相似。

最终,起决定作用的是,在和谐的亲子关系中,父亲始终能在孩子需要的时候在场。父亲的影响不是自然发生的,而是取决于他与孩子的实际互动。无论父亲是什么样的性格,如果孩子很少能见到他,也就谈不上任何父亲的影响。和孩子一起生活的、双亲家庭中的父亲,对孩子的投入越多,获得的收益也越多。一项早期研究表明,当父母双方(而不是只有母亲)一起参观孩子的学校时,孩子的阅读和数学成绩最多可以达到领先同龄人 7 个月的水平(Lambert and Hart, 1976)。当父母中没有任何一方去学校看望孩子时,他们孩子的成绩平均落后同龄人 13 个月,当然对这个结果也可能有其他的解释。

当父亲和孩子有更多温暖的接触时,孩子会成长得更好,虽然"成长得更好"在不同的时代和文化里有不同的含义。我之前提到过 20 世纪 50 年代的一项研究，参与度更高的父亲的儿子往往更"男性化"，至少在美国的研究中是这样。当时人们认为这是父亲的核心影响力所在。当代研究表明，有责任心的父亲会养育出更快乐、更满足的儿子，但这些男孩往往比生于 20 世纪五六十年代的男孩子们更敏感（Lamb, 2004）。孩子们想要像他们所崇拜的人一样，无论当代的文化典范是什么，无论受人尊敬的父亲是热情而投入的，还是冷漠而"大男子主义"的。

总的来说，孩子们受益于与照顾他们的人之间良好的、有爱的、体贴的关系，这样的关系能提供滋养和明确的边界，是相对和谐融洽和带有鼓励性的环境。父亲们在其中扮演着至关重要的角色，在大多数社会中，他们参与育儿的方式与母亲不同。然而，父亲们并不是这一切发生的必要条件，在某些情况下，他们的存在会阻碍而不是帮助孩子成长。整体上，诸多研究一致证明，一般来说，活跃的、有爱的父亲的存在对孩子发展的许多方面都有好处。

本章要点

- 在不同的历史时期和不同的文化中，做父亲的含义有着很大的不同。
- 近几十年来，西方的父亲角色经历了一系列变化，从严苛专制的家长到疏离的赚钱者，再到更多参与的父亲，尽管母亲始终承担着养育孩子的大部分责任。
- 大多数研究表明，父亲的在场对孩子有益，但也有例外，比如具有反社会倾向的父亲。
- 并没有确定的结论显示母亲能够提供的任何心理和情感上的养育是父亲不能提供的，反之亦然，虽然父亲和母亲往往会做不同的事情。

- 在西方的研究样本中，父亲倾向于更多地使用幽默或放任更多激烈的玩耍，但这因不同的文化而异。
- 在我们所生活的社会中，父母关系稳定、家庭中存在一个以上有爱心的成年人，可以给孩子带来更多好处。
- 研究清楚地表明，父亲缺席的养育不必然对孩子造成不利影响。
- 在一些西方社会，一夫一妻制可能是一种优势，但在其他社会，可分割的父权或与地位高的男性组成一妻多夫的关系可能对孩子更好。
- 关于父亲应该是什么样的，有太多不同的观点值得争论，很难确定哪种方式比另一种要好。

第 17 章

向成年期发展

当孩子进入青春期时,他们会逐渐远离父母,这是一个变化剧烈而令人兴奋的发展时期。在本章中,我将概述这一时期主要的发展挑战。青春期常被看作过渡时期,是童年期和成年期之间的桥梁,这一观点低估了这一时期本身的重要性。这个时期以生物和神经内分泌变化为主要特征。从女孩乳房发育、男孩睾丸变大为最初征兆,一连串的发展将持续十多年。类似于人类的青春期发展多见于大多数灵长类和哺乳动物。例如,啮齿类动物和灵长类动物也会在相应的时期发展更多同伴导向的社会互动(Brenhouse and Andersen, 2011),以及更多的冒险行为和新颖寻求行为,大多数上述物种(包括人类)在这个时期的死亡率都会上升(Steinberg, 2007)。人类青春期的主要特征是激素和大脑的变化、令人吃惊的身体的变化(特别是男性和女性身体特征的凸显)、抽象思维能力的增强,以及意识化的、自主的身份认同,所有这些都为成年生活奠定了基础,将所需能力逐一发展到位。

在青春期,人们往往会看到很多对依恋和依赖需求的抛弃,尽管这些需求仍然发挥着重要影响,并且超过许多青少年愿意承认的程度。在成年人尚未意识到时,真正的变化已经发生了,比如认知、情绪和社交能力的进步,独立性的迅猛发展,以及身份认同的领域进一步从家庭转向同伴。

青春期通常被描述为一个情绪动荡的时期，早在1904年，G. 斯坦利·霍尔（G. Stanley Hall, 1904, p. 306）就把它称为"暴风骤雨"的时期。然而，父母通常会发现，青春期带给他们的压力和带给孩子的压力相比一样大，甚至更大（Holmes et al., 2008）。已经有研究质疑了霍尔关于"青春期总是一个痛苦和困难的时期"的论点，但是在青春期，童年经历的影响会逐渐显现，如早期压力、创伤或家庭的困难，这些往往会导致动荡的青少年时期。

米德（Mead, 1943）等部分学者认为，青春期更像是一种特定的文化现象而非普遍规律，在某些文化中，青春期就不见得是动荡时期。一项针对170多个不同社会的研究（Schlegel and Barry, 1991）显示，大多数文化都会对童年期和成年期之间的过渡期有一个明确的定义，通常伴有特定的习俗和仪式。例如，肯尼亚的奥基耶克（Okiek）部落的男性（Kratz, 1990）在14—16岁之间会经历一系列的仪式，包括割礼。他们与异性的成年人分开生活长达24周，身上用白色黏土和木炭涂抹以显示野性，老人们将古老而深奥的知识传授给他们。在许多文化中，人们会举行各种仪式，帮助年轻人融入他们预期的角色和被赋予的价值观。其中最著名的是"美国土著幻象探索（Native American Vision Quest）"，在这个仪式中，14岁左右的男孩会经历一个包括净化仪式和汗蒸的过程（Foster and Little, 1987）。在一个药师的帮助下，青少年会参加祈祷和诵经，然后被带到一个隐蔽的地方独自待着，禁食大约4天。在那里，他等待着一个幻象的出现，指明他未来的社会道路。

青春期既是一种社会现象也是一种生理现象，它是由激素水平和一些其他因素的剧烈变化引发的，但是青春期的表现形式也很大程度上受到文化因素的影响。喀麦隆的恩索族人以是否结婚和生子来作为成年人的标准，14岁结婚生子的就是成年人，而一个24岁的人如果没有孩子，也会被认为还没有成年。世界各地都发展出了不同的成人礼作为步入成年期的标志，包括各种风俗、仪式和期望的标准。甚至女孩月经初潮的时间在不同的文化背景下也有差异，比如委内瑞拉的中产阶级城市女孩平均月经来潮的年龄是 12 岁，而一个居住在新几内亚布隆迪高地的女孩可能到 18 岁时才会月经初潮。在 20 世纪的西欧，初潮开始的平均年龄一直在下降。这些变化可能是由饮食习惯和富裕程度的变化带来的。一些人认为目前初潮年龄在西方社会已经基本稳定下来了（Bourguignon et al., 2015）。

青春期通常分为早期（11—14 岁）、中期（14—17 岁）和后期（17 岁以后）阶段，很多教科书都会提到，每一个时期都有不同的发展任务。例如，在青春期早期，青少年最主要的任务通常是与父母分离并发展自主性，这常常造成分离与重聚的挣扎；在青春期中期，他们转而为获取和掌握能力而拼命努力；在青春期后期，与人发展亲密的关系成为他们要解决的重要议题。上述这些只是反映普遍的发展过程的工作模型，但其实青春期的"任务"在不同的文化、不同的社会阶层、不同的历史时期有不同的定义。这也是为什么我们很难描述出一种普遍适用的"青少年心理状态"，而只能根据不同的文化和历史时期来分别讨论。

西方近些年的一个变化是，青春期开始的时间稍微提前了一点，但是成年期开始的年龄推后了。人们结婚或建立稳定伴侣关系的时间平均而言更晚了，也更晚进入职场，当然这还是他们能找到工作的前提下。如此看来，一个年轻人为生育后代和成为成人世界的一分子而做好的生理准备，已经与我们通常的社会规范越来越脱节了。阿尼特（Arnett, 2014）将此描述为一个新的人生阶段，他称之为"成年初显期"，处在这个时期的年轻人不把自己当成成年人，而把自己当成准备好为进入成年做出承诺的人。

青春期的开始和结束没有明确的时间。性成熟可以或早或晚，这是由不同的原因造成的，也会产生不同的影响。女孩的性早熟与早期创伤和不良经历有明显的相关性（Bleil et al., 2013），比如曾遭受性虐待（Mendle et al., 2015），在婴儿期有较高的焦虑水平，或者被国外的家庭或有虐待背景的家庭领养（Brooker et al., 2012）。这是创伤加速生命进程的典型表现（Hochberg and Belsky, 2013）。进化论学者用生物心理学的"生存选择"概念来解释这一现象：当生物感到不安全、有更短的预期寿命时，它们倾向于更早、更频繁地繁殖后代。当然，单纯的生理因素，如很差的饮食，也会导致性成熟的推迟。在波兰的一项有趣的研究中，研究人员观察到这两种因素并存的现象，贫困会导致性晚熟，但生存压力和父亲缺席又会抵消这些因素，从而导致女孩月经初潮提前（Hulanicka, 1999）。

青春期的大脑

青春期的特征是大脑的快速发育和激素飙升，这个时期的大脑发育速度几乎可以与儿童早期相媲美（Mills et al., 2014），伴随大量的神经元突触修剪、灰质减少和**髓鞘**（myelination）增加。髓鞘是包裹在神经细胞轴突外面的一层白色的膜，髓鞘增加使脑信号的传播速度提高了约100倍。神经元突触修剪可以帮助青少年掌握和磨炼专业化技能，为承担成年生活的任务做好准备。在不同的社会，青少年需要为不同的技能做准备，从用长矛狩猎、捣碎山药、在计算机上工作，到丛林或极地生存。这些文化上的差异会导致大脑不同的发育特征，例如美国和中国的青少年大脑的发育就表现出一些明显的差异（Xie et al., 2015）。从整体来看，青春期的发育主要包括认知技能飞跃发展、工作记忆增强，以及处理相互矛盾的信息的能力增强，这些都与大脑神经元突触修剪和髓鞘增加有关。

前额叶脑区是执行功能和情绪调节的中枢，在大脑中是最晚发育成熟的，它的变化会一直持续到二十几岁（Powers and Casey, 2015）。毫无疑问，青少年的冲动和追求快乐的倾向往往比其他年龄段的人来得更强烈（Urošević et al., 2014），同样的还有对威胁的敏感，无论是感知到的威胁还是真实存在的威胁。这些问题（对威胁的敏感性、奖赏寻求、较低的情绪调节能力）在那些曾有受虐待经历的青少年中更为凸显。他们的相关大脑区域与未受虐待的年轻人的相同脑区差异非常明显（Hummer et al., 2015）。

负责社会性理解的脑区在青春期会进行重组（Blakemore, 2012）。青少年要想在同龄人中找到一席之地，他们的大脑需要学会处理复杂的人际关系。这通常是一个非常关键的敏感期，掌管社会性的大脑区域大量发生变化，并且受社会环境的影响非常大（Blakmore and Mills, 2014）。例如，内侧前额叶皮层在这个时期比在其他生命阶段都要更加活跃，从而使青少年的心智化能力得以提升，让他们能意识到自己作为年轻人是如何被他人看待的。

青少年对社交信号的解读通常与成年人有差异（Casey et al., 2014），我们会看到，年轻人对刺激的反应通常是在大脑的杏仁核，而成年人受到刺激后前额叶会变得活跃。这或许可以解释，为什么一些青少年会有过激反应和快速的情绪爆发。大脑扫描显示，青少年的边缘系统反应性更强，导致他们经常误读他人的面部表情（通常是负面解读），这一点同成人和儿童很不一样（Kragel et al., 2014）。因此，他们常用杏仁核导向的和其他的皮质下反应，而不是使用尚处在发育过程中的前额叶皮质，同时他们对于如何防御可怕的刺激也显得无能为力（Pattwell et al., 2013）。有理论这样解释，随着青春期开始的时间提前，情感反应能力和前额叶调节能力的发展之间存在的时间差变得更加明显，这就意味着青春期的身体比大脑更加早熟的现象被加剧了。

曾遭受创伤的青少年，他们的大脑杏仁核往往会显示出更为严重的过激反应现象（Thomason et al., 2015b），一般来说，青少年大脑杏仁核的活跃性和易感性都普遍高于成年人。比较焦虑的青少年在筛选替代刺激源的能力上比不太焦虑的年轻人更弱。例如，遭受过创伤的青少年更容易对含有任何威胁暗示的图片做出强烈的反应，比如一张愤怒的脸，这也显示了更高的杏仁核激活（Masten et al., 2008），大脑扫描显示，负责镇定和调节的前额叶区域反而不那么活跃（Monk et al., 2008）。焦虑和曾受虐待的青少年发现危险的速度极快，能够比其他人更快地看到人群中愤怒的面孔（Sladky et al., 2015），但对中性或积极的情绪表达的反应速度一般。大多数青少年的大脑结构仍处在发育之中，他们更多地受到即时情绪刺激的影响，相较于成年人，他们的注意力一般更容易分散。有时候我们很难区分"普通"的青少年行为和有问题的青少年行为。

然而，冲动和冒险——虽然经常遭到父母的抱怨——却为青少年开启了重要的发展可能性。在许多物种中，我们都可以看到同伴互动、冒险、与父母冲突等行为在青春期的增加。新颖寻求和冒险行为可能是适合青少年发展需要的，因为他们需要尝试新的生存方式，为离开父母的保护而去走自己的路做好准备。

快速重建中的青春期大脑是脆弱的，很容易受损。青少年过量使用酒精或毒品会对海马体的结构和功能产生持久的影响（Risher et al., 2015）。这会影响记忆力，在记忆力测试中，饮酒过多的青少年的记忆力比平均水平低。过量饮酒也会影响额叶皮层、小脑以及海马体（Johnson et al., 2015）。尼古丁也会对大脑产生深远的影响（Yuan et al., 2015），改变大脑功能和不同大脑区域的连通性，以及潜在地造成青少年对成瘾行为的易感性（Smith et al., 2015）。其他毒品，如大麻，会影响突触修剪和白质发育，这会影响记忆力、精神运动速度、注意力、非文字记忆和规划能力（Lubman et al., 2015）。其他毒品的影响也有很多，例如，喜欢冒险的青少年更有可能使用可卡因，可卡因本身也会促进冒险行为以及成年期其他成瘾行为的发生（Mitchell et al., 2014），与之类似的摇头丸对一系列大脑区域都有影响，包括海马体和前额叶皮质（Costa et al., 2014）。

我们有自己固有的内源性大麻素系统，以及多巴胺回路（这是奖赏寻求的神经中枢），这些区域在青春期发育中已经被强化了，并且有可能被一系列的毒品所劫持。这些脑区在其他成瘾行为中也处于高度活跃状态，比如赌博、色情行为或游戏。这一大脑功能系统与寻求新鲜的、令人兴奋的活动密切相关，年轻人（尤其是更为脆弱的年轻人）大脑中的这一系统似乎在超速行驶。几乎所有的成瘾药物（可卡因、海洛因、尼古丁、酒精、大麻）都会对这个系统产生作用。通常，多巴胺会刺激新颖寻求，从而推动发展，促进生物体从尝试中学习。如果实验人员阻断老鼠体内的多巴胺受体，老鼠就不会再进行新的尝试并且会一直陷在旧模式中（Bevins, 2001）。在某些方面，当代青少年无论如何都没办法赢，这是因为，当他们去冒险时父母会担心，但是如果他们待在家里不出去冒险，父母也会担心。多巴胺刺激下的新颖寻求具有进化上的积极意义，它可以帮助青少年提高适应能力和学习能力，但他们也可能因此过度激越，出现过度的冒险和成瘾行为。

当然，有些青少年尤其喜欢冒险。那些在早期受到过情感和神经生物学创伤的人尤其偏爱冒险（Lambert et al., 2013），生活在压力环境中的人也是如此（Furr-Holden et al., 2012）。另一方面，在缺乏刺激的保育机构中长大的青少年通常较少有冒险行为（Loman et al., 2014），他们的多巴胺系统可能是迟钝的，就像我们在抑郁的母亲和婴儿身上看到的那样（Field et al., 2004）。然而，确实有些年轻人可能受到更多的基因影响，有更强的冒险倾向（Harden and Mann, 2015）和使用酒精等物质的倾向（Hines et al., 2015），其中后者是基因影响和早期不良经历共同作用的结果。青少年，尤其是男孩，相较于成人或儿童更有可能受到同龄人的影响而去冒险（Knoll et al., 2015）。

激素和大脑的变化也会导致攻击性增加。在一项经典研究中，一组身体/性发育迟缓的青少年接受了激素治疗，男孩服用睾酮，女孩服用雌激素（Finkelstein et al., 1997）。他们服用激素的时间持续了3个月，在其他时期则服用安慰剂。在他们服用激素的那段时期，所有的青少年都变得更具攻击性。激素治疗期间男孩也出现更多手淫、夜间遗精和"触摸"女生的行为；而激素治疗期的女孩出现了更多亲吻男孩的行为和性幻想。大多数青少年的体内本来也会释放越来越多类似的激素，与之伴随而来的还有情绪变化。

然而，生物和社会心理的体验之间存在着重要的相互关系。睾酮水平高而家庭关系差的男孩更有可能表现出冒险和反社会行为（Peckins and Susman, 2015），同时，睾酮水平高并且青少年时期和父母关系差的女孩也会表现出更多的冒险行为（Booth et al., 2003）。低血清素水平的青春期男孩通常会变得有攻击性，而低血清素水平的青春期女孩则会更容易抑郁。然而，当家庭关系良好的时候，他们的血清素水平趋于正常。

最后一个令成年人担心，但很可能是自然现象的生物变化是，青少年倾向于睡得更久，而且睡眠周期与成人略有不同（Crowley et al., 2014）。似乎青少年需要更多的睡眠，他们身体的生物钟可能会改变褪黑素释放的时间，这意味着他们"自然地"比成年人晚睡和晚醒两个小时（Carskadon and Tarokh, 2014），这种情况似乎也发生在其他哺乳类动物身上。这是针对父母认为青少年是"懒惰"的这一普遍印象的一个生物学上的解释。事实上，一些学校已经尝试推迟青少年上课时间，早期的研究结果表明，这样的做法会带来更好的学业表现、更少的睡眠剥夺和一系列风险的降低（Kelley et al., 2015）。而另一方面，看电子屏幕的时间越长，或者只是守着手机睡觉，睡眠情况都会变差（Falbe et al., 2015）。

总体上，在生理机能和神经系统层面，青春期都是一个转变巨大的时期。心情的变换和人格的变化常常被视为"激素的责任"，但我们现在知道，伴随生理机能变化和激素飙升的还有重要的脑区重组，这使得青春期在充满潜力的同时，也是一个十分脆弱的阶段。

电子设备、互联的世界和其他成瘾物

近年来,随着互联网、社交媒体、网络游戏、手机和电子设备的发展和普及,青少年的生活受到了巨大的影响。大多数青少年的父母都会忧心孩子花在电子设备上的时间。和所有的科学技术一样,电子设备的使用本身没有好坏之分。大多数研究显示一些青少年从电子设备的使用中有明显的获益,比如自尊感的提升、尝试自我认同和自我表露的能力,然而对其他人来说,使用电子设备会带来风险,如网络欺凌、孤立、成瘾和剥削(Best et al., 2014)。在许多谈论电子媒体的影响的文章中,作者常常混淆相关性与因果关系,这是很危险的。例如,较高的手机使用率与较差的学业表现被认为是相关的(Lepp et al., 2014),但其实两者都可能是由其他因素造成的,如家庭中的创伤或压力。

频繁地使用手机或其他设备的现象适不适合用成瘾行为来描述,一直存在争议(Billieux et al., 2015)。然而,"网络游戏障碍"已经被《精神障碍诊断与统计手册》(第五版)确认为一种精神病学诊断(Petry et al., 2015)。很多专家也一直在强调互联网上瘾是真实存在的,也应该被包括在内(Kuss et al., 2014)。

这涉及上一节谈到的对大脑奖赏系统的新理解,特别是成瘾和多巴胺的大脑通路——有时也被称为中脑边缘通路。相关的核心脑区是参与多巴胺释放的伏隔核、部分腹侧纹状体,以及腹侧被盖区——多巴胺神经元的中心部位。大多数毒品都作用于这些主管欲望和渴求的大脑通路。移除其他动物的伏隔核似乎会抑制成瘾的渴望,甚至对人类实施这样的外科手术也取得了一些成功(Li et al., 2013)。

这些脑区在青少年时期发展迅速,这使得青春期成为特别容易出现任何类型的成瘾的关键时期(Chambers et al., 2014)。这种风险还会因为前额叶和情绪调节能力的降低而增加,同样是在更为脆弱的青少年身上尤其常见。

青少年的网络使用率往往很高，在那些有心理问题和风险行为倾向的青少年中更是如此（Dufour et al., 2014）。例如，喜欢冒险的青少年，他们的伏隔核和前额叶区域有更高的连通性（DeWitt et al., 2014）。当青少年受到成瘾物质的刺激时，成瘾行为、儿童早期问题和大脑环路的激活之间会出现明显的联系（Leyton and Vezina, 2014）。例如，在受到性刺激而产生的强迫性性行为中，我们会观察到更高的腹侧纹状体和杏仁核的激活（Voon et al., 2014），就像人们在其他形式的成瘾中观察到的那样。

大量使用 Facebook[1] 等社交媒体似乎与较低的自制力有关（Wilcox and Stephen, 2013）。有趣的是，接受 Facebook 上的"点赞"和伏隔核活动之间也有关联（Meshi et al., 2013）。"点赞"可能会带来多巴胺兴奋，然后人们会一次又一次地寻求它。多巴胺回路的过度活动与所谓的前额叶功能低下有关，前额叶功能低下意味着前额叶脑区活动减少和情绪调节减少。这在色情作品（Hilton and Watts, 2011; Voon et al., 2014）和其他成瘾行为中也有体现。只要有征兆显示个体渴望的东西即将出现，无论这个东西是可卡因之类的毒品，还是色情片或其他网络成瘾物（比如赌博），都会立即引起这个大脑回路的激活，最终导致执行功能降低（Brand et al., 2014）。对中脑边缘通路起核心作用的腹侧纹状体，在互联网高频用户的大脑中被激活得更多，和在其他形式的成瘾行为中一样（Kühn and Gallinat, 2015）。在新近的一个大型研究项目中，超过 50% 的参与者认为自己患有某种形式的网络成瘾（Pontes et al., 2015）。我们在"有问题的玩家"中看到了类似的现象，这部分人也表现出较弱的自我控制力和较多的冲动（Luijten et al., 2015）。

即使没有那些让人上瘾的元素，使用互联网本身仍然可能会导致

---

1 一个由美国 Facebook（脸书）公司开发的社交网站。——译者注

这样的大脑变化。例如，计算机的使用会增加所谓的并行任务处理、思维跳跃和注意力不集中，这些都会消耗工作记忆（Miller and Buschman, 2015）。卡尔（Carr, 2011）提出，这会导致大脑的变化，比如工作记忆变差和前额叶活动变少。所谓的"数字原生代人"似乎更倾向于这种热潮式的思维模式（Music, 2014），它反映在许多人认为的网瘾行为中，而这会进一步导致前额叶活动减少、注意力分散和奖赏机制改变（Loh and Kanai, 2015）。事实上，研究已经发现，网瘾者与酒精依赖者有很多相似性，包括工作记忆降低、自我控制能力降低，以及更容易冲动（Zhou et al., 2014）。依赖短信和屏幕交流的青少年睡眠质量更低，出现更多抑郁症状，执行能力也更差（Ferraro et al., 2015）。

特克尔（Turkle, 2012）在她的著作《群体性孤独》（*Alone Together*）——书名真的十分贴切——中写了她的研究，她发现，学生上课时经常浏览多个网站，有些与课程有关，但也会写邮件、购物和看视频。当然，父母们会担心孩子们对电子设备的使用，但是特克尔指出，这种担心是双向的，因为父母们无论是在学校门口还是在餐桌上，也总是在不断地查看智能手机，而不是向孩子倾注情感。电子邮件已被证明能让人血压增高，也让注意力更加分散（Mark et al., 2012），电子提示音会提高唤醒水平，增加皮肤电导或出汗，尤其是在任务"交替"的点上（Yeykelis et al., 2014）。这一切都表明，我们的"永远在线"世界，不断有来自电子邮件、Instagram[1]、Twitter[2]、RSS[3]订阅和其他网站的弹出消息，这可能会对我们产生深远的影响。多任务处理实际上是在任务之间快速切换，通常只对刺激付出肤浅的注意，它会导致对外界刺激的极度警觉，就像我们在创伤中看到的，这将导致我们无法集中注意力在一件事

---

1 美国 Facebook（脸书）公司旗下的一款运行在移动端上的社交应用软件，中文名可称"照片墙"，但多以英文名称出现。——译者注

2 一个由美国 Twitter（推特）公司开发的社交网站。——译者注

3 简易信息聚合（Really Simple Syndication）的缩写。——译者注

或一个人身上（Ophir et al., 2009）。正如卡尔所建议的，像谷歌这样的互联网公司旨在不断地诱使我们关注令人兴奋的信息、新鲜事物、引起即刻兴趣的事情，提高我们的敏捷度，让我们在不同的思维技能之间跳跃。过载的信息会抑制工作记忆，并且抑制负责专注、与他人深入交流以及共情的大脑额叶活动。

更大的争议集中在不断增加的电子游戏使用上。金泰尔（Gentile）及其同事研究了数千个案例，他们发现玩电子游戏的时间越长，就越容易冲动，注意力也越差。或许有些令人惊讶的是，社会经济地位等因素对这个结果没有任何影响（Liau et al., 2015）。不过在这里还是有一个"鸡生蛋还是蛋生鸡"的问题，易冲动的孩子似乎更喜欢玩电子游戏，而那些玩电子游戏较多的孩子更容易冲动。

许多人认为有暴力内容的电子游戏更加令人担忧。一些研究发现，接触有暴力内容的媒体，无论是电子游戏还是影片，都会导致更多的情绪应激反应和更少的亲社会行为（Coyne et al., 2011），这使得年轻人对任何挑衅的暗示都会迅速做出反应。不出所料，这会对学业产生不利的影响，但也许最重要的是，它对同伴关系也有不良影响，而且年轻人玩的暴力电子游戏越多，情况就越糟（Hassan et al., 2013）。尽管有些人对此表示质疑，然而已有足够有说服力的证据表明，暴力电子游戏的确会带来令人担忧的影响（Warburton, 2014）。

玩这种暴力游戏与杏仁核（恐惧和强烈情绪的核心）活动增强有关（Montag et al., 2012），也会促使个体对暴力脱敏（Brockmyer, 2015）。这也是我们在创伤中看到的。当然，一味强调电子游戏的危险，也难免使我们陷入勒德（Luddite）式的对新鲜事物的恐惧，事实是，一些电子游戏也可以增强某些形式的专注力（Green and Seitz, 2015），提高注意力水平，甚至社交技能（Cardoso-Leite and Bavelier, 2014）。对于大多数年轻人来说，几乎没有证据表明适度玩游戏或使用社交媒体是有害的，但对那些有冒险倾向的青少年来说，情况并非如此。例如，在 Facebook 的使用方式上,年轻人倾向于遵循他们的依恋模式:回避型依恋的青少年与人保持距离,矛盾型依恋的青少年与人联结来表达热切挂念,安全型依恋的青少年使用社交媒体只是作为他们社交生活的健康补充(Nitzburg and Farber, 2013)。我们需要担心的是那些在网络空间爆炸式发展之前就已经有各种问题的年轻人,他们面临着更大的风险,比如来自网络霸凌、色情短信、淫秽影片和赌博(Livingstone and Smith, 2014)的风险,以及与之相关的朋辈压力(Vanden Abeele et al., 2014)。家庭因素,比如父母对互联网使用的严格监督(Khurana et al., 2014),甚至有规律的家庭用餐(Elgar et al., 2014),都可以起到很大的保护作用。

关于网络使用的故事当然也并不全是消极悲观的。互联网的出现也带来了许多新的机会,使许多年轻人的社会交往和人际网络得到了极大的拓展,也提升了他们的一系列其他技能。然而负面效应的确是存在的,即使是对那些功能良好的年轻人来说也是如此,如更多的内化问题(Tsitsika et al., 2014)。对于电子设备和互联网的利与弊,人们还没有一个定论,但已经很清楚的是,对于那些本来就面临风险的年轻人来说,这些风险可能会因为新的技术而加剧。

逐渐减少的依恋

青春期是一个年轻人越来越倾向于向同龄人认同,而减少对家庭的依赖的时期。青少年和处于这个时期的动物都更喜欢探索新事物和冒险,并且与父母发生冲突的程度更高(Steinberg, 2007)。但是依赖和独立却可以视为一枚硬币的两面。温尼科特(1958)曾经描述过,幼儿独处的能力来源于在和母亲的关系中安全地独处的体验,在青春期也可以看到类似的情况。独立性并不是以牺牲亲密关系为代价的,恰恰相反,早期的依恋关系可以作为一个坚实的平台,使独立由此而生。青少年建立新关系(包括恋爱关系和性关系)的方式,都受到早期亲密体验的强烈影响，比如家庭中的亲密体验。有良好的父母支持的青少年通常在依恋关系中感到更安全，也能更好地管理与同辈的沟通，并且会对学习更加有自信。尽管他们拥有了很多的独立性，但在一些危急时刻，大多数人仍然会求助于父母这个"安全基地"，尽管在某些问题上不会那么频繁地求助（Allen and Loeb, 2015）。

因为青少年似乎已经变得"脱离家庭"，所以家长们很难相信他们对孩子而言仍然扮演着重要角色，但是大多数研究表明父母的投入始终发挥着核心作用。与父母的关系存在问题会增加青少年在与同龄人交往时遇到问题的可能性，而与父母关系良好的青少年，与同龄人的关系也趋向良好（Kretschmer et al., 2015）。毋庸置疑，矛盾型的依恋往往与糟糕的同伴关系、暴力以及一系列精神病理学问题相关联（Obsuth et al., 2014）。一项涵盖了超过 5.5 万个研究项目的庞大的元分析（meta-analysis）发现，早期依恋与少年犯罪之间存在明确的相关性（Hoeve et al., 2012）。

这样的研究挑战了哈里斯（2009）的说法，即父母不如同龄人对孩子的影响大。要厘清他们各自的影响作用是很复杂的。良好的家庭关系有助于青少年走向独立，但同伴群体也会产生单独的影响。一些青少年会借助支持性的影响形成良性循环，这能够帮助他们建立思想、信念和能力上的自信，有足够的安全感去探索新经验。然而其他人就没这么幸运了。有受虐待经历的青少年更有可能被犯罪和吸毒的同龄人所吸引。此外，青少年很有可能偶然地"掉进"某个同龄人群体，接受他们的理想和价值观，不论父母曾经给他们的是什么。同龄人的价值观可能比父母的更具影响力。那些努力把孩子送到好学校的家长们可能直觉上就知道同伴群体影响的重要性。擅于善意地引导自己孩子的交往圈子的"权威式"父母，也会降低青少年做出冒险行为的概率（Shakya et al., 2012）。

当青少年试图建立一个远离家人的新身份的时候，尤其会受到同龄人的影响。社交网站在这个过程中扮演着重要角色。青少年获得的新身份很可能是脆弱和不稳定的。在当代西方,年轻人经常改变发型和服装风格是很正常的,因为他们会认同新的群体,而每个群体都有自己的规范、文化风格、音乐和思想。前面章节描述的内群体和外群体现象在青少年时期尤其凸显。关于这个现象的一个经典的实验案例是著名的"罗伯斯山洞(Robbers Cave)"实验(Sherif, 1961)。这个实验中,24个青春期男孩,不分阶级和家庭背景,被随机分成两组,在不知情的情况下在彼此附近扎营。与《蝇王》(*Lord of the Flies*)中的无政府状态不同,两个小组都非常有组织性,但彼此之间却极度隔离,每个小组都有自己的名字,并不断发展自己的身份和"群体感"。这些普通的、适应良好的年轻人表现出对另一个群体的强烈的竞争意识、攻击性和偏见。他们要求比赛,制作自己的旗帜和口号,并且拒绝和另一小组的成员一起吃饭。这些孩子因非常微小的因素结成不同群体,他们之间几乎不存在真正的区别。青少年经常形成相互独立的统一群体。一些研究甚至表明,那些更喜欢有极端表象的群体(如哥特和朋克族)的年轻人往往比较害羞,他们试图通过寻找一种群体认同感来克服自己的害羞(Beši and Kerr, 2009)。

人类是群体生物,青春期是同伴影响尤其大的阶段,特别是在与冒险有关的方面(Albert et al., 2013),部分原因是大脑正在进行重组。一项小型研究调查了父母和同龄人的相对影响,对14个人格变量进行了详细分析,结果显示青少年在许多变量上受同龄人的影响更大(Bester, 2007)。有趣的是,在这一点上有性别差异,男孩受父母影响的程度低于女孩。影响的源头有点像一个"鸡生蛋还是蛋生鸡"的问题。当父母感受到来自孩子同伴群体的威胁而和孩子发生冲突时,青少年会更加远离父母,导致同伴群体变得更加重要。早期依恋关系糟糕的人往往在青少年时期会有更多的冲突表现,而这反过来又会导致反社会行为模式(Kochanska and Kim, 2012)。大多数研究表明,父母对孩子仍有直接和微妙的影响,但他们的影响可能比他们认为的或想要的都要小。

虽然同伴开始承担很多原本由父母来承担的依恋功能，但个体处理这种关系的方式则与之前在父母那里习得的经验有关。如果一个人在冷漠的养育环境中长大，那么他更有可能以相似的方式对待同伴和恋人。同样，如果一个人拥有稳定的早期依恋关系，当他进入青春期后，往往具有更大的自主权和灵活的同伴关系，以及更开放的交流风格（Laursen and Collins, 2004）。需要强调的是，如果父母有非常明确的、对青少年"应该"做什么的要求，而且这些是与追求成就有关的外在目标，而不是鼓励孩子发展他们的自发性和自我决定性，那么这些父母往往会与他们的青春期孩子有更多的冲突，他们的孩子的亲社会性会减弱，并表现出更多的外化行为问题（Hollmann et al., 2015）。

性和浪漫

任何关于青春期的讨论都不能不提到性、爱和欲望。随着青春期激素和身体的变化以及性成熟的增长，我们常会看到强烈情绪的激增，当然毫无疑问，还有影响求爱的**信息素**（pheromone）的释放（Mildner and Buchbauer, 2013）。例如，男性皮肤上的雄烯二酮会通过鼻腔内摄使女性获得生理放松（Grosser et al., 2000）。一系列研究表明，气味对排卵等周期有强大的影响（Smith, 2015）。男女同性恋者对信息素的反应不同，但同样强烈（Berglund et al., 2006）。这种性冲动在青少年中发展强劲，他们会发现自己处于激素驱使的冲动和欲望的痛苦之中。

激烈（即使没有说出口）的性竞争和性较量是青春期的标志（Zwaan et al., 2013），男孩和女孩均可见明显和隐蔽的攻击特征。在男孩中，在社交和性方面比较成功的往往是那些有吸引力和身体健壮的男孩（Weisfeld and Woodward, 2004）。地位高，同时也有攻击性和良好的同伴关系技能的青少年，往往更容易在恋爱关系中获得成功（Houser et al., 2015）。担心失去朋友的年轻人，往往也会担心他们的亲密关系将会失败。在男孩中，抑郁与性伴侣较少相关联，而女孩的抑郁则与性伴侣较多相关联。仅仅是同性恋取向本身就会大大增加罹患精神健康问题的可能性（Blosnich and Andersen, 2015），而与父母的良好依恋关系可以在其中起到调节作用（Starks et al., 2015）。

在西方，首次性行为的年龄一直在降低（Rosenthal et al., 2001），平均年龄因国家而异（Mackay, 2000）。例如，在捷克共和国，女性初次性行为的平均年龄是 15 岁，在美国是 16 岁，而在埃及和意大利是 20 岁。在美国的一个调查样本中，大多数青少年报告说他们在发生第一次性行为之前的 18 个月内有过恋爱关系（Carver et al., 2003）。年轻人可以花很多时间思考现实的或潜在的浪漫关系。青少年与恋爱/性伴侣的关系与其早期的关系类型和依恋模式有关，然而青少年的性关系更加具有互惠性，不同于父母和子女的关系，双方对彼此有潜在的相似需求。

那些有糟糕的家庭关系的女孩发生性行为的时间往往会更早（Graaf et al., 2011），随意的性行为和精神健康问题之间也有关联（Sandberg-Thoma and Kamp Dush, 2014）。一个人生命中头 42 个月内得到的照护的质量，可以显著地预测这个人在成年早期的爱情"质量"（Sroufe, 2005）。一个人童年中期在同龄人中的人际交往能力，也可以部分地预测他在 23—26 岁之间是否处于恋爱关系中。一般来说，在"安全"的养育模式下长大的青少年，通常在浪漫关系中有更好的亲密能力（Dinero et al., 2008）。不安全型依恋的年轻人更可能在人际关系中挣扎和痛苦，常会出现精神健康问题，比如抑郁（Davila et al., 2004）。不安全的依恋模式也常导致性关系中的相互攻击程度更高（Seiffge-Krenke and Burk, 2015）。

这些模式也有例外，但研究结果明确显示了青少年的关系模式与早期依恋经历的相关性（Furman and Simon, 2004）。我们再一次地发现，好的经验往往会催生好的经验。

风险、问题和心理弹性

对于那些来自创伤或者高压的养育背景的年轻人来说，青春期通常是一个更加不稳定的时期，这部分人罹患情绪障碍的风险最高。大多数成年人的精神健康问题，例如反社会行为、抑郁、自伤、进食障碍、药物滥用，有时还包括精神疾病，第一次出现的时间都在青春期。正如人们所料，人际关系问题与一系列精神问题有着深刻的关联（Whisman et al., 2014）。事实上，关系破裂往往是青春期抑郁和自杀尝试的直接前兆（Joyner and Udry, 2000）。在英国，每5个青少年中就有一个患有精神健康障碍（Collishaw et al., 2004），在美国也出现了类似的情况，并且近年来需要药物治疗的人数显著增加（Olfson et al., 2014），患严重抑郁症的人数也在显著增长（Avenevoli et al., 2015）。儿童时期的表现（如多动症）和性成熟后的青春期问题（如学业失败、犯罪行为和药物滥用）之间有所关联（Babinski et al., 1999）。然而我们也看到，很多青少年是在青春期开始出现精神健康问题的。女孩们较多出现内化障碍，如抑郁、焦虑或进食障碍，这些通常是成人精神健康问题的前兆。在男孩身上，我们更有可能看到外化障碍，如不良行为、多动症、孤独症、多发性抽动症和反社会或犯罪活动。这些是典型的性别差异，但也有历史和文化差异，例如在美国和英国，女孩暴力行为有所增加，她们中的许多人都来自有虐待、冲突和缺乏父母监管的养育背景（De La Rue and Espelage, 2014）。社会条件差、贫穷、不平等以及支持性服务的缺乏，都可能加剧精神健康问题。在英国和美国，近年来青少年的心理健康状况越来越糟，而青春期是一个心理发展的关键时期，风险与收益并存。

青少年适应性的一个很好的预测因素是童年早期的**社会资本**（social capital）的积累，这些积累可能来自有爱心的家庭、良好的社交和学业技能、亲密的同伴群体、更好的学校和更安全的社区等，所有这些都为青少年下一阶段的人生带来益处。社会经济上的劣势会成三倍地增加精神健康问题的可能性（Reiss, 2013），这个影响可以深入至神经生物学水平（Kim and Sasaki, 2014）。只是住在一个有更多店铺出于安全考虑而用板子加强门窗的地方，青春期男孩的睾酮水平（与更强的攻击性有关）都会上升，并出现更多冒险和吸毒行为（Tarter et al., 2009）。再一次重申，这绝不是指责父母的教养，社区干预也会产生很大的影响（Kessler et al., 2014）。

我们还需要注意的是，在一种环境中适用的青少年养育策略，在另一种环境中不一定适用。生活在暴力犯罪猖獗的社区中的父母，可以通过高度监控和纪律要求让孩子成长得更好（Karriker-Jaffe et al., 2012）并承担更少的风险（Lee et al., 2014）。在安全富裕的社区，促进孩子自主性发展的民主教育可能会更成功，但这在暴力盛行的社区则不那么适用。然而，在青少年时期，父母的养育仍然至关重要。一个被父母理解的青少年表现出更好的心理调整能力，以及更健康的心理生物学指标，如皮质醇水平（Human et al., 2014）。加拿大的一项大型研究甚至发现，良好的精神健康和有规律的家庭就餐时间之间存在明显的相关性（Elgar et al., 2013）。

一直有研究表明，环境越是危险，贫穷的情况就越严重，发展心理弹性的因素就越少。根据4岁时的评估，生活在高风险环境、聪明能干的儿童，比碰巧生活在低风险地区、不那么聪明的同龄儿童表现要糟糕很多。儿童时期智力和心理健康状况良好的青少年，他们的发展结果仍然不如那些居住在较好社区、智力和心理健康水平较低的同龄人（Sameroff et al., 2003）。心理援助、良好的家庭以及有利的基因遗传都会有所帮助，但仅此而已，在严重的逆境中，这些因素就不那么具有保护作用了。

许多纵向研究证明了从童年到成年早期的延续性。1岁之前矛盾的依恋关系可能是青春期严重精神疾病的最佳预测因素（Cassidy and Mohr, 2001）。当个体有严重的早期创伤时，其长期影响是显著的。父母之间的冲突和早期的不安全感，可以预测青少年的精神健康问题

（Davies et al., 2014）。当情况不那么严重时，对潜在影响的预测需要更加复杂的分析，因为在不同的发展阶段可能会产生各种变化和适应性改变，影响是多重和细微的。正如斯鲁夫（Sroufe, 2005, p.202）所言："一个人迈入成年期时的适应能力，是建立在从生命早期就开始的、日积月累的基础上的。"

这些发现引导研究人员提出了有关连串影响的观点，这一理论认为心理弹性在发展的不同阶段都可以形成。在一个年龄阶段出现的症状或行为，会进入并影响另一个阶段和功能领域。例如，许多后来发展出暴力倾向的儿童，他们出生在贫困家庭和不安全的社区，在婴儿期往往就表现出困难的性情（Dodge et al., 2008）。这意味着这样的儿童更难照料，更有可能给父母的养育带来困难。这反过来又影响了他们处理同伴关系的能力，以及在学校和托儿所的学习能力。他们经常在学龄早期就表现出行为紊乱和品行问题，引起教师的负面反应，这样一来，他们的学业成绩也可能会受到影响。随着年龄的增长，他们可能会逐渐进入问题青少年群体。每一个症状，如在学龄早期的行为问题，可以被看作后来暴力倾向的预兆，但也可以被视为干预的时机。在适当的时候给予帮助，例如在儿童还小的时候给他们的父母提供支持，或者随后在他们的同伴群体内进行干预，这样可能会改变儿童的潜在发展轨迹。我们以前的经历会影响我们对待新经历的方式，但每一次新的经历也会带来新的机遇。

本章要点 >>>>>

- 在不同的文化和时期，青春期有不同的表现形式。
- 青春期的体验因社会阶层、性别、性取向、文化价值观以及早期经历（是安全的还是创伤性的）等因素而不同。
- 在许多非西方文化中，人们都以一种仪式化的方式来完成成人礼，而这正是当代西方文化所缺乏的。

- 在当代西方文化中，向成人角色的转变要比传统社会更晚、更慢，成年人的参与更少，而且似乎还存在一个新的"成年初显期"。
- 青春期是大脑和激素发生巨大变化的时期，可能代表发展变化的第二次机会。
- 大脑变化包括髓鞘增加、大量神经元突触修剪、多巴胺系统增强、心智中枢区域的发展，以及前额叶区域的晚期发育。
- 青春期会伴随同伴关系的重要性增加，父母的影响力逐渐减弱。
- 电子设备、社交网络、色情信息、电子游戏等互联网的使用已经改变了青春期，这在带来一些明显好处的同时，也带来了许多风险。
- 在青少年身上，我们经常看到更多的冒险行为和探索行为，包括性行为的尝试，这是青少年在为离开家庭并开始独立生活做准备。
- 在青春期，伴随着大脑的变化，认知和智力方面的跨越式发展是有可能的，复杂的人际关系能力也会增强。
- 虽然青少年完成任务（如同伴群体互动或学业任务）的方式会受到早期家庭经历的影响，但新的影响仍可以开辟新的发展轨迹。
- 精神健康方面的问题经常会出现在青春期，或在这个时期变得更加凸显，如抑郁、焦虑症、精神疾病、进食困难，以及反社会行为和暴力等。
- 青少年的大脑正在完成重组和重构，所以对酒精或大麻等物质的影响非常敏感，同时也容易受到压力和焦虑，以及激素、心理和身体的综合作用的影响。
- 也许最重要的是，青春期是一个令人兴奋的、有着各种发展可能性的时期，对许多人来说，这是他们一生中最激烈、最难忘的时期。

第五部分 早期经历的影响

第 18 章

创伤、忽视及其影响

本章将讨论儿童时期受到虐待、忽视和创伤对一个人的影响。前面的章节讨论了婴儿在压力状态下会诉诸的一些防御过程，本章将在此基础上描述虐待和忽视对儿童的生活和心智的影响。我把忽视和虐待做了区分，因为我认为它们描述了不同的经历。我将"忽视"定义为，没有给予孩子他本应拥有的体验，例如：稳定的照护、爱或安全依恋的对象。被忽视的儿童只能学会依靠自己的而不是他人的情感资源，并且他们看起来非常独立。与之相比，有被虐待经历的儿童更像是生活在一个可怕的世界里，内心有相当多的不确定感和对接下来可能发生的事情的恐惧。当然，有些儿童既经历过忽视也经历过虐待。

创伤的体验是淹没性的，超出我们用正常的防御能力可以保护自己的强度。不论是虐待还是忽视，都会产生这种影响。一些特别不幸的儿童可能会同时遭受忽视和虐待，我认为这两种情形都可以称为"创伤"。"创伤"的医学原意是"刺穿皮肤"，我们可以认为心理创伤是刺穿心灵的皮肤或膜。某些形式的虐待和忽视后果非常严重，任何经历过的儿童都不可避免地会留下创伤，比如被关进集中营或遭受轮奸。其他的创伤性事件可能会对某些人造成创伤，但对另一些人则不会。有些人会在经历某件事后出现创伤后应激障碍的症状，而同样经历这件事的其他人则可以很快恢复过来。

忽视

"忽视"是很难定义的，也不容易被发现，尤其是情感上而非身体上的忽视。"虐待"更容易识别，比如当社工们看到儿童身上的淤青或者发现父母吸毒或使用暴力时，他们可以迅速做出反应，但是忽视行为却很难被看到。人们不是很清楚什么才叫作"忽视"，因为忽视是指缺少某样东西而不是存在某样东西，所以这总是会涉及如何判断的问题。同时，这也是一个发展阶段的问题。小婴儿需要拥抱、抚摩和安慰，而青少年却不再需要这些。对某个年龄段的儿童来说可以算作忽视的行为，对另一个年龄段的儿童来说可能就不算。尽管如此，我们知道，缺乏基本的养育会导致儿童严重的心理、情感和身体发展滞后，甚至会导致死亡，正如斯皮茨（Spitz, 1945）在其开创性的孤儿院研究所揭示的那样。斯皮茨用影像记录了孤儿院中的婴儿表现出来的悲惨的样子：眼神空洞、前后摇晃、左右转动、长时间地一动不动、呆滞地躺着。他们已经放弃了与人接触的希望，并且撤退到一个自我维持的世界里，变得很难接近。

斯皮茨记录的弃婴向我们揭示，当一个人最基本的人际接触的需要没有得到满足时，将会发生什么。个体的语言和社交能力通常会出现缺陷，这些能力需要有良好的早期照护才能得到发展，这不像头发或者指甲，不用管也能长出来。

在所有关于忽视的研究案例中，最极端的可能就是那些孤儿院的案例了。20世纪80年代，罗马尼亚的孤儿院里有大约6.5万名婴儿，大多数是在出生后的第一个月就被收容。这些悲惨的孩子的境况震惊了世界。他们也成了重要的科学研究的信息来源，因为他们的成长经历可以与在普通养育环境中长大的儿童做对比。这些孤儿每天待在他们的婴儿床里长达20小时，无人问津。许多孩子表现出严重的认知和社交发展迟滞，以及刻板或自我刺激行为（Julian, 2013）。

早期忽视对大脑发育有深远的影响（Perry et al., 1995）。例如，研究发现，罗马尼亚孤儿院儿童的大脑皮层较薄（McLaughlin et al., 2014），白质生长较少（Hanson et al., 2013）。外部信息输入的缺乏也影响了至关重要的胶质细胞的生长（Long and Corfas, 2014）。没有"及时"获得特定的经验，意味着有些能力可能永远无法正常发展。存在严重忽视的早期养育环境会导致各种病理性问题、认知和语言功能受损、社交和沟通技能缺乏，以及情绪调节问题。忽视导致的后果还包括行为问题和依恋困难，极端情况下可能还会导致类似于孤独症的症状，比如刻板地摇摆身体和自我安抚（Levin et al., 2015）。早期忽视可能会导致较弱的惊吓反射和系统性受阻（Quevedo et al., 2015）、较低的智商、其他大脑发育问题，还有激素功能和情绪发展问题（De Bellis, 2005）。

研究在其他物种中也发现了类似的现象。哈洛的恒河猴研究发现，那些没有母亲照料的小猴和比较孤立的环境中的小猴总是战战兢兢，容易受到惊吓。跟其他猴子在一起的时候，它们也不和其他猴子互动或玩耍，总体上表现出各种慢性问题。它们的行为与那些在孤儿院里的人类婴儿类似，会不停地摇晃、茫然地凝视、绕着圈走路和自残（Harlow et al., 1965）。老鼠也有相似情形，当小老鼠与它们的母亲分开时，它们的生长也会严重受损。有研究认为，身体接触的缺乏会抑制生长激素分泌（Caulfield, 2000）。

对早产婴儿来说，按摩他们的身体比将他们留在孵化器中更利于促进身体发育（Dieter et al., 2003）。研究显示，身体触摸有助于孤儿的发育和疾病的减少（Kim et al., 2003）。一项非常早期的研究（Widdowson, 1951）调查了孤儿院里的儿童。有一所孤儿院的保育员特别仁慈慷慨。在食物喂养条件都一样的前提下，由她照顾的孩子比另一所孤儿院里的孩子身体成长速度快很多。但是，当这位有爱心的女保育员被调到另一所孤儿院后，那些以前发展滞后的孩子们的成长状况赶上来了！现在有一个专有名词来描述这个现象，叫作"非器质性成长迟缓（non-organic failure to thrive）"（Shields et al., 2012）。

一般来说，情感匮乏越严重，其影响后果就越严重。许多从罗马尼亚孤儿院收养的孩子都有严重的依恋问题，例如不加选择地进行社交。其中症状最严重的人也是在孤儿院里生活时间最长的人（O'Connor et al., 1999）。历时长久的布加勒斯特干预项目（Bucharest Intervention Project）向我们揭示，被寄养的儿童和留在孤儿院里的儿童之间存在巨大差异（Smyke et al., 2014）。那些安置在寄养家庭中的孩子，他们的许多症状（如摇晃）后来都消失了，并且发展出更好的社交技能，也更能接受他人的帮助。研究人员对这些孩子进行了一系列的测试，结果表明，那些在寄养家庭中得到了良好照顾的孩子，在很多方面与那些从未被孤儿院收容过的普通孩子并无差异。这与那些留在孤儿院里的孩子形成了巨大反差。留在孤儿院里的孩子性格更加孤僻，没有互动反应并且情感抑制。也有一些令人振奋的发现：研究人员在被寄养的孩子的大脑中发现了带来希望的变化，比如白质的增长（Bick et al., 2015），这表明，如果及早发现和干预，很多不良的早期影响是可以被逆转的。

忽视会影响大脑发育和神经系统的发育。那些从罗马尼亚孤儿院收养的儿童，他们的大脑杏仁核体积比正常偏小（Mehta et al., 2009），并且伴随一系列脑区的异常，比如掌管情绪发展和人际关系的核心脑区（Kumar et al., 2013）。许多这样的儿童有认知和情感功能障碍、注意力缺陷，以及身体和情绪失调。其他研究表明，从孤儿院收养的儿童会有更高水平的皮质醇分泌（Dozier et al., 2012），他们的抗利尿激素和催产素等激素的分泌水平也往往低于常人，这些都是促进爱的感受的激素（Fries et al., 2008）。我们也经常会在这样的儿童身上观察到较低的多巴胺水平，这并不令人意外（Strathearn, 2011），因为他们鲜少体验过兴奋和热情。孤儿院生活经历造成的忽视所产生的影响，仍是一个严重的问题。据联合国儿童基金会的统计，现今仍有大约 150 万儿童生活在中欧和东欧的孤儿收容机构中（Browne et al., 2006）。

与上述极端的忽视情况相较而言，更为普遍的忽视形式常常可以被社工等专业人士所观察到。豪（Howe, 2005, p.113）将这种情况描述为，"父母长期无法满足孩子的某些发展需要，包括生理上的，还有心理上的……当孩子需要父母的情感付出的时候，对孩子忽视的父母倾向于回避、隔离和停止他们对孩子的照料"。可以想见，当失业和社会剥夺存在时，出现忽视的比率会显著升高（Barnett et al., 2010）。事实上，自近年希腊等国出现经济衰退以来，父母弃养孩子的比率也有所上升（Buchanan, 2015）。

被严重忽视的儿童往往是消极和无精打采的。这可能也是意料之中的，正如豪生动的描绘："心灵与心灵之间的互通几乎处于完全停止状态"（p.137）。这些儿童似乎迷失在自己空虚的个人世界里。他们的养育者可能也是缺乏情感回应的，完全意识不到孩子发出的任何信号，甚至可能会还给儿童一个被挫败的眼神。克里滕登（1993）发现，忽视可以有多种形式，例如，一种是父母完全感知不到婴儿发出的信号，或者父母收到信号但认为不需要回应，也有的父母就是单纯找不到回应的方法。一项针对有忽视行为的母亲的研究发现，她们对婴儿的哭声不那么敏感，并且可以观察到，在她们的大脑中，负责识别相关信号的大脑区域受到了很大的抑制（Rodrigo et al., 2011）。

被忽视的儿童，特别是那些曾在收容机构里的孤儿，很少表现出与同伴或照顾者互动的意愿。有些儿童可以轻易地就和完全陌生的人一起走了，没有任何恐惧和危险的感觉。他们与成年人的交流通常也是非常表面的。这样的儿童不知道哪些成年人能在他们焦虑时提供安慰。布加勒斯特研究中发现的一些受影响最严重的孤儿，他们甚至无法和随后的照顾者们形成正常的依恋关系（Zeanah and Smyke, 2008）。

这些发现呼应了早期的研究，表明收容经历的影响会一直持续到青少年后期，即使这些孩子后来被能够提供情感支持的家庭收养，他们长大后也很少能够建立起友谊和持久的关系（Tizard and Hodges, 1978）。被忽视的儿童通常与其他孩子互动较少，也更少有攻击性，但在压力情境下他们会更加被动。他们识别面部信号的能力通常较弱（Moulson, Westerlund, et al., 2009），并且经常表现出情绪平淡和低唤醒的状态。他们会不加选择、不恰当地接近陌生人，这与我们经常在这类儿童身上看到的低杏仁核辨别能力似乎有某种联系（Olsavsky et al., 2013）。也许不难猜到，与受过暴力威胁的孩子不同的是，被严重忽视的孩子通常自我封闭，而不是对他人保持警觉。

尽管预后较差，被忽视的儿童往往不如那些被虐待的儿童一样能引起专业人士的关注。他们对自己的关注也较少，很容易"隐没"在背景中，进一步被专业人士和其他成年人所忽视。所以说，"忽视"常常被忽视（Music, 2009）。这是很不幸的一件事，因为忽视造成的后果往往比可见的虐待更为严重。不幸中的万幸是，许多很早就从那些最贫困的孤儿院被收养的儿童，日后恢复得很好，特别是那些被收养时年龄尚小的孩子，当然，他们身上还是会残留着一些不安的迹象。

被忽视的孩子没有过这样的体验——父母敏感地回应他们的身体状况和情绪状态，可以在心理上抱持和涵容他们，并且能够与他们的身体姿态和体验同调。他们没有机会去体验那种我们经常在婴儿和他们的照顾者之间看到的，睁大眼睛的喜悦。他们身边没有人可以来帮助他们度过焦虑或恐惧的时刻。他们发出的信号从来不被看到，所以就停止了交流的努力，变得与自己的情绪状态失去联系。他们通常不相信自己可以对他人产生影响。更可悲的是，被严重忽视的孩子通常缺少那些有助于建立情感自信和心理弹性的经验，他们生活在一个贫瘠且游离的世界中。

虐待、创伤和暴力

家庭暴力和主动虐待的影响是极其深刻的,但这种影响又有别于忽视造成的影响。它通常会导致较高的压力水平,让人难以集中注意力,执行功能和情绪调节能力出现问题,总是高度警觉、难以放松,也会造成很多人际关系上的困难。经历家暴的儿童没有一个安全的成年人可以依靠,他们往往会采取极端的措施来寻求自保。有些儿童的反应很强烈,许多人会向施虐的照料者认同,继而也变得暴力;另一些儿童通过解离存活下来,这是一种常见于创伤受害者的极端精神麻木。

受过创伤的人之后看到可怕的图片时,他们的某些大脑区域(如杏仁核)会极度兴奋,而与自我反省、共情和情绪调节密切相关的前额叶区,则会变得不活跃(De Brito et al., 2013)。这些边缘脑区慢慢就变成了对刺激做出反应的默认通道。如果创伤或虐待开始于生命早期,那么儿童应对这种侵害的能力是非常有限的。那些遭受过创伤和虐待的儿童和成人,通常没有能力使用他们自己的情绪体验和身体反应来有效判断什么是安全的,什么是不安全的。他们的身体更加适应快速行动模式,以避免危险,这在面临迫在眉睫的威胁时,作为一种生存反应是很有用的,但当一个人过度依赖这种反应方式时,他在普通的社会交往中将遇到困难。

交感神经系统帮助我们的身体为行动做准备,比如在战斗或逃跑中。在面临威胁时,我们的心率会升高,血压也会上升,肾上腺素被泵入我们的循环系统,释放压力激素(Porges, 2011)。与此同时,另一些系统则会失去活力,比如消化系统和免疫反应,因为在这个时候,当下的生存需要压倒一切。在最严重的情况下,我们会看到第 8 章所描述的,背侧迷走副交感神经系统被激活。这种情况可以在僵化或麻木反应中观察到,就像动物"装死"一样。这时候,心率会下降,系统会减慢,大脑的思维也会关闭。创伤受害者常常会出现以下问题：执行功能受到抑制，难以计划未来，难以管理强烈的情绪，也难以意识到他们的行为的后果。

这两种看似截然不同的应激反应模式有可能同时出现在同一个人身上。创伤后应激障碍患者似乎悲剧性地承受着这种痛苦，同时表现出高唤醒状态和低心率（Sahar et al., 2001）。许多创伤受害者遭受创伤后应激障碍及其症状的困扰，如闪回和侵入性思维。最具破坏性的创伤形式是人际创伤，这比其他创伤（如车祸）更容易引发创伤后应激障碍症状（van der Kolk, 2014）。

也许，最糟糕的人际创伤是由儿童的照顾者造成的。当一个照顾者变成虐待者时，对儿童来说，世界就变得不安全和不可预测了。严重的虐待行为往往导致恐惧、无助、羞耻、愤怒、背叛和放弃。很多遭受虐待的孩子在学校里和其他地方会被他人视为"问题"，他们总是反叛且好斗（Shackman and Pollak, 2014）。这些易激惹的孩子似乎特别不适应有组织、有秩序的课堂学习环境，或者人员混杂的操场。任何一种刺激源，比如老师的大嗓门、同伴的凝视，或者因不理解某些事情而感到的屈辱，都可以迅速触发不安的行为。他们可以迅速地、无中生有地发现威胁，让问题行为升级。

早期的压力和创伤会导致大脑回路和激素系统发生严重变化，引发诸多问题，如更高的杏仁核激活、成年后海马体偏小、前额叶区域活动减少、胼胝体（连接左右脑半球）偏小（McCrory et al., 2011b），以及左脑半球的思维能力下降。这些大脑和行为差异会发展成为模式，或者正如佩里（Perry）和他的同事们所描述的，"状态可以变成特质（states can become traits）"（1995, p.271）。因此，创伤可能损害儿童的日常生活能力，尤其影响他们从人际关系（包括与成人的关系和与同龄人的关系）中获益的能力。遭受情感剥夺的儿童常常拒绝帮助，可悲的是，他们其实迫切需要帮助。这种现象被儿童心理治疗师亨利（Henry, 1974）称为"双重剥夺"。遭受过虐待的儿童经常处理不好同伴关系，他们好斗，对其他陷入困境的儿童缺乏同理心。这可能是因为，这样的儿童因为不能与自己的痛苦感受产生连接，所以也不太可能共情其他处在痛苦中的儿童。

混乱的依恋

我们有时很难想象一个孩子会被一个成年人施暴和虐待，更糟糕的是，这个成年人还可能是这个孩子寻求安慰和照顾的人。这正是被梅因和所罗门（Main and Solomon, 1990）定义为混乱型依恋的儿童群体的遭遇。他们没有办法对充满不确定性的照顾者形成一致的应对策略，并且会表现出很多古怪和不寻常的行为。在陌生情境测试中，他们可能会朝母亲走去，但又突然转向，或者变得茫然，似乎不确定是否想要接近母亲。他们的动作经常是不连贯的，有很多时机不对和笨拙的动作，经常摔倒或失去方向感。其他的反应还包括僵化或蜷缩在地板上。例如，梅因和所罗门（1986, p.119）写道："一个婴儿一听到母亲的呼唤，就弓着她的上半身和肩膀，然后发出一阵像狂笑一样的尖叫声，伴随着兴奋地向前运动。当婴儿弓着身子向前时，她的狂笑变成了哭声和痛苦的表情，不再吸气。然后突然间，她变得沉默、茫然和浑噩。"

这种受创伤的孩子可能非常混乱，但也可能变得有控制欲和刻板。从事寄养或收养儿童工作的专业人员经常惊讶于这些孩子面对作息和环境改变时的困难。创伤儿童对互动中的掌控感有着超乎寻常的需要。令大多数孩子充满期待的假期或旅行，对这些孩子来说，反而是引发不安的，因为他们害怕失去控制。

这些孩子的早期生活非常地不可预测和复杂，因此他们常常会发展出一种控制性的应对策略，试图对这个动荡的世界做绝望的掌控（Solomon et al., 1995）。这些模式通常在生命最初的几个月内就已经形成了，我们可以通过观察母亲的行为和婴儿的迷走神经张力来对此进行预测（Holochwost et al., 2014）。毕比（2012）发现，混乱的依恋模式往往早在婴儿4个月大的时候就可以预测到。有这种模式的婴儿的母亲往往很有侵入性，对婴儿做一些若即若离的动作，并且面对婴儿的痛苦迹象几乎不提供任何支持。这样的母亲养育出的孩子自我安抚的能力较弱，并渐渐学会去安抚他们的母亲，例如迅速地把悲痛的表达（如呜咽）转变成积极的面部表情。

当这些孩子长大一点后，如果我们潜入表象之下去观察他们的想法和幻想，我们会看到，他们的世界是可怕、混乱和难以预测的。在他们的故事和剧本中，他们表演的成年人都是不值得信任的、危险的，并且会带来伤害。在这样的剧情中，自我往往被描绘成强大的和危险的，或者非常无助和绝望的。在控制和刻板的表象之下，这些孩子的思想可能充满了危险和可怕的想法，充满了灾难和悲剧，以及一种相信世界不安全且不可预测的信念，这些迹象通过基于依恋理论的儿童故事分析可以观察到（Hodges et al., 2003a）。

许多被父母创伤的孩子，对父母的行为所释放的信号过于敏感。对他们来说生死攸关的事情可能是，搞清楚有暴力倾向的父亲是不是生气、累了、喝醉了，或者罕见地心情不错。一种很常见的、不同于"战斗和逃跑"的应对模式，就是所谓的"照料与结盟（tend and befriend）"（Taylor et al., 2000），这种模式多见于女性，但男性中也有（von Dawans et al., 2012）。当孩子发现颠倒传统父母–孩子角色是更加安全的选择时，他们会采用这种方法。这种孩子有时被称为"父母化的"，他们想要保持安全，就要敏锐地体察父母的心理状态，努力让父母保持良好的心情，他们往往对任何情绪温度的变化非常敏感。在这里，我们经常看到父母–孩子的角色混淆（Macfie et al., 2015）。

成人依恋访谈显示，混乱型依恋模式的孩子的父母，他们的叙述中有很多"未解决"的部分。他们描述自己和自己的童年时，会使用不一致和不连贯的方式，其中很多人会对孩子表现出"受惊的或令人害怕的"行为。他们常常无法整合与处理痛苦和恐惧的情感。不足为奇的是，许多这样的父母描述道，他们自己的童年也有大量的创伤。这样的父母既矛盾又难以捉摸，会在不知不觉中引发孩子的高度恐惧。

混乱型依恋通常还包括两种次级模式：混乱不安全型和混乱安全型（Lyons-Ruth et al., 2003）。带有"混乱安全型"标签的儿童更有可能表现出退缩行为，而"混乱不安全型"的儿童更可能具有攻击性和敌对性。这两种类型的儿童都对他们的照顾者有敏锐的觉察，并且在那些不能让人产生信任的成年人面前很难保持安全感。如前所述，被归类为混乱型的儿童，不一定患有精神病学诊断意义上的依恋障碍，虽然这样的归类倾向于预测个体日后的心理病理机制。这些儿童很难找到一个可以始终让他们保持安全状态的生存策略。有时他们会采取过度警惕和控制的行为，而其他时候，他们会放弃，不采取任何应对策略。儿童对安全依恋对象的需求，与远离残忍的或施虐的照顾者的需求相互冲突。可悲的是，他们应该依赖的那个提供安抚的人，同时也是把他们置于危险之中的人。让我们看到一些希望的是，非常早期的干预措施，如父母－儿童心理治疗，已经被证明有助于使儿童摆脱混乱的依恋模式（Stronach et al., 2013）。

长期影响

越来越多的证据表明，早期的创伤和忽视所产生的影响可以持续终生，尤其是当家庭创伤和社区暴力同时发生时（Cecil et al., 2014）。童年期受过创伤的成年人比其他人有更多的心理和生理问题（MacMillan et al., 2014），更有可能吸毒和酒精成瘾，被送进监狱或精神病医院的概率更高（Gilbert et al., 2009）；他们也较难建立稳定的亲密关系，学业表现往往欠佳，并且难以保持稳定的工作。童年受到虐待或忽视的孩子长大后，更容易罹患严重的精神健康障碍，如边缘型人格障碍（Ball and Links, 2009）和重度抑郁，其中儿童性虐待是非常高的风险因素（Bateman et al., 2013）。事实上，性虐待会造成许多长期的后果，包括有更多性伴侣、感染性病、未成年怀孕、更高的自杀概率和患精神疾病的风险，以及卷入具有伤害性的人际关系。

最大规模的相关研究之一是美国的一项名为"童年不良经历（Adverse Childhood Experiences, ACE）"的研究（Felitti and Anda, 2010）。ACE研究调查了上万个案例，显示了在早期糟糕经历和一系列不良的健康结果之间存在强相关性（Sinnott et al., 2015）。不良经历的数量越多，个体日后的生理和心理问题就越严重。费利蒂（Felitti, 2002）提出，相比于ACE得分为0的男孩，ACE得分为6的男孩日后使用静脉注射吸毒的可能性增加4600%。这项研究展示了童年的不良经历如何降低一个人的预期寿命，甚至增加过早死于心脏病和癌症等身体疾病以及死于暴力的可能性（Felitti and Anda, 2010）。

我们已经了解，早期的压力尤其对以后的心理和身体健康具有深远的负面影响（Bazacliu et al., 2011）。我们也知道，无论儿童的心理弹性如何，良好的养育带来的安全依恋将可以抵御儿童对于压力的生物易感性，即使儿童生活在贫困中，也不会被压力打垮（Conradt et al., 2013）。良好的体验和积极的情绪可以减少压力反应（Pressman et al., 2012），甚至可以减缓衰老过程，就像正念等干预措施可以带来的效果（Epel et al., 2009）。

童年虐待经历可以引发30年之后的高适应负荷（压力诱发的疾病生物标志物；Widom et al., 2015）。早期压力和创伤与如心脏病、中风和糖尿病等所谓的代谢综合征疾病密切相关。英国的一项研究对7000多人进行了60年的跟踪调查，发现不管后来的生活经历是好是坏，童年早期的压力才是预测这些疾病的关键指标（Winning et al., 2015）。高度紧张的生活与短端粒（shorter telomere）也有相关性——短端粒是身体健康状况不佳和早死风险的重要信号（Epel et al., 2004）。这种相关性也体现在量上，即压力越大，端粒长度减少越多，患癌症、糖尿病、心脏病等各种疾病的可能性就越大（Price et al., 2012）。事实上，最近的一项研究甚至发现，子宫内生活的压力会促使端粒缩短，这个影响会一直持续到成年期（Entringer et al., 2011）。当人们焦虑、紧张或受到创伤时，我们会观察到新陈代谢过程的加速。

需要强调的是，父母，尤其是母亲，不需要因为孩子的心理健康问题而受到"指责"。原因总是有很多，结果是由多个因素所决定的。生活在贫困、破败或充满暴力的社区对一个人为人父母的能力有着深远的影响。一项有趣的研究（Griskevicius et al., 2013）表明，出生在经济环境较差的家庭的孩子可能终生都会呈现异样的心理结构。

许多进化论心理学家提出的、基于生命史理论（Life History Theory）的研究（Moule et al., 2013）表明，如果我们出生在一个有压力、焦虑、恐惧或创伤的环境中，那么我们就会走上"更快的生命历程"，例如，更早生孩子（Belsky et al., 2010），做出更多冒险行为，有更多由生物标志物衡量的压力迹象（如炎症和细胞损伤），死亡年龄提前以及健康状况变糟。加速的生命历程是一种适应性反应，它提高了个体在危险环境中的生存机会，但是代价巨大。童年虐待和忽视对身心健康都有深远的影响。虽然责怪父母并没有什么帮助，但这样的研究确实指出了早期干预的紧迫性，以及为儿童提供更安全、更有保障、更快乐的生活可以带来的健康收益。

本章要点 >>>>>

- 我们应该对忽视和虐待加以区分。
- 创伤和忽视都对一个人的情感、心理、大脑发育和身体健康有真实的且通常是长期的影响。

- 被忽视的儿童可能更加被动、孤立和压抑。他们的问题可能会被专业人士忽略，但他们的预后往往很差。
- 被虐待的儿童通常高度警惕，反应过激，存在情绪调节困难的问题。
- 受虐待的儿童通过游戏传递出一种信念，即这个世界是危险的、可怕的、不可预测的，这个世界中的成年人不能为他们提供保护，他们的生活也很少有好的结果。
- 受虐待的儿童可能会诉诸控制性的策略，以此管理人际互动，他们很难学会互惠性游戏中的"施与受"，也很难相信互动关系的破裂可以得到修复。
- 混乱型依恋是一个特别令人担忧的结果，预后较差。
- 被侵入和虐待的儿童通常会努力去读懂别人的想法，但这样做是源于恐惧，为了避免危险，而不是出于真正的兴趣、同理心，或对另一个人的同情。
- 创伤和虐待很可能发生在反思功能较弱的家庭中，并且受虐待的儿童反过来也会表现出更弱的自我反思能力，使得他们更难处理自己的经验。

第 19 章

心理弹性和良好的感受

近几十年来,表示积极情感状态的概念——如心理弹性、幸福和快乐——得到了广泛的研究和讨论。积极心理学作为一个新领域已经兴起(Seligman, 2012)。这在一定程度上改变了心理学与心理治疗以理解和处理困难体验(如压力、创伤或虐待)为唯一关注点的传统。将关注点放在消极情绪状态上的传统心理学,被认为是不能为发展更积极的心智状态提供充分理论基础的。本章将探究和分析其中的一些问题。

从进化史的角度,人类得以成功繁衍的部分原因似乎在于预测危险的能力,这是一种与我们的恐惧和压力系统相关的能力。如果我们无法预测危险,我们就会陷入困境。担忧可以促使我们预先解决问题,事实上,不安全型依恋的人往往能最快发现现实的危险(Ein-Dor, 2015)。我们的味蕾可以品尝出食物中二百分之一的糖分,但我们对苦味的敏感性远不止此,可以尝出两百万分之一的苦味(Harris and Ross, 1987),这或许证明了人类更擅长发现危险而不是体验快乐。这当然也有成本,那就是我们可能会预期过多的危险,就像有些抑郁或焦虑的人总是期待最坏的结果。某些诸如此类的情绪状态或依恋类型可能使关系难以维持。

决定积极和消极的情绪(比如把一杯水看成半满或者半空)的生理和心理系统是完全不同的。积极情绪和消极情绪经常是在不同的大脑区域进行处理的,我们中的一些人比其他人更倾向于默认使用更消极的区域（Moser et al., 2014）。如果我们分别向外向者和内向者展示积极的图像（比如笑着玩耍的孩子），还有一些负面的、更悲伤或令人担忧的图像，然后观察他们的大脑活动，结果将十分有趣。内向的人，通常是高度神经质的人，几乎不对积极的图像做出反应（他们的大脑活动呈现出的变化不大），但他们的大脑对负面图像的反应却非常活跃。对于性格外向的人来说，情况正好相反，当看到负面图像时，他们的大脑活动很少，但当看到积极图像时，大脑活动很多（Canli et al., 2001）。我们都是在感知和回应着那个我们所期待与理解的世界的版本。

所有这些系统的存在都可以用进化论来解释（Gilbert and Bailey, 2014）。我们已经看到一些遭受逆境的孩子如何发展出一种高效的防御系统，他们专注于避免危险，寻求安全和保护，而这将帮助他们存活于危险的环境。一个与之相反的系统，有时被称为欲望系统或索取系统（Panksepp and Biven, 2012），常见于更健康的、外向型的人，它带来兴趣、快乐、希望，使人接近经验，而不是远离经验。这个系统的目的是增加好的感受，而不仅仅是避免消极的感受。还有一个稍微不同的系统，它涉及爱、抚慰和人际间的关怀（Gilbert, 2009）。当个体处于危险或受到威胁时，关联危险的系统会浮出水面，压倒那些关联追求和欲望的系统（Panksepp, 2014），以及与抚慰关联的系统（Goetz et al., 2010）。有过创伤的儿童，他们少有积极的经验，需要他人来帮助他们处理创伤的经历，否则这些经历会一直困扰着他们。然而，只是管理负面情绪是不够的，他们还需要在别人的帮助下学会享受生活中的美好事物，树立希望，拥有亲密的关系，享受快乐，以及体验幸福。

积极情绪与健康

积极情绪与幸福感和良好的健康状况有着深刻的联系。这与我们前面谈到的生命史理论有关（Belsky et al., 2012）。那些出生在高压力环境的人往往有更快的新陈代谢速度、更高的心率，以及更加活跃的压力反应系统，他们倾向于发展一种快速的而非缓慢的生命历程策略。我们在其他哺乳类动物和人类身上都看到了这一点，这是一种有利于当下生存的策略，但却要付出长期的代价。我们所有人都有着这两种进化而来的生存策略，否则任何一个过于轻信、自在和自满的人类祖先很可能在他还没来得及繁育后代之前就遭遇了暴力的终结。在某些情况下，最好的应对办法是保持小心、警惕和不信任，即使这样做的代价是身体和情绪健康状况不佳。从生命史理论的角度（Belsky et al., 2012），新陈代谢的加快、信任感的降低、更少的放松、更多的怀疑和冒险，可以提高一个人在充满虐待的家庭或暴力的社区中的生存适应能力。在这样的环境中，几乎不存在情感安全或对美好未来的期望。然而，这样一种策略增加了罹患身体和精神疾病的可能性，带来不稳定的人际关系和工作关系，以及更短的平均寿命（Felitti and Anda, 2010）。一个人能够感到轻松和可以调节自己的情绪，倚仗于他拥有过足够好的经验来相信这个世界，从而感到放松（高迷走神经张力）（Moore and Macgillivray, 2004）。换句话说，身体和情绪的健康与对生活和人际关系的信任有关，这就是我们在安全的依恋中看到的。良好的早期经历带来的长期健康和生殖优势有时被称为"银勺效应"（Rickard et al., 2014）。

我们体验的负面情绪越多，我们的免疫力可能就越低，例如，更有可能被病毒和细菌感染，如普通感冒。有趣的是，积极的情感接触和像拥抱这样的身体接触可以减少这种感染（Cohen et al., 2015）。精神压力和消极情绪本身就是有害的，有一种"双重打击"是，积极情绪提高免疫力，而压力和焦虑会降低免疫力。在一项典型的研究中，实验者让两组大学生受了一些很轻的伤。那些在休假期间受伤的人愈合的速度比那些在紧张的考试期间受伤的人快40%（Glaser et al., 1999）。同样，那些在婚姻中感受到更多敌意的患者在大手术之后恢复的情况也会比较差（Kiecolt-Glaser et al., 2005）。

依恋焦虑会引发令人担忧的自身免疫反应（Fagundes et al., 2014），而良好的人际关系和放松的感觉可以增强免疫功能。事实上，即使是短暂的放松也能促进伤口的愈合（Broadbent et al., 2012）。孤独这一因素可以很好地预测一系列健康问题，比如心血管疾病、低免疫反应、炎症和认知能力加速下降（Hawkley and Capitanio, 2015）。相反，良好的社会关系可以增进健康，延长寿命（Holt-Lunstad et al., 2010），具有相似作用的还有成为团体的成员（Jetten et al., 2014）和参加志愿服务（Warburton, 2015），也许是因为这样能够提升社会融合度。总之，良好的人际关系对我们大有好处。

然而，在童年早期，身体和情绪健康的巨大差异的种子已经种下了。对于童年不良经历的研究，也许是最能说明童年经历的伤痛造成的代价的有力证据（Danese and McEwen, 2012b）。那些遭受创伤、虐待和忽视的孩子通常会有慢性的高焦虑，以及身体和情绪上的健康问题。尤其是那些来自困难家庭的孩子，经过公共照护进入成年期后，他们的健康状况通常较差（Viner and Taylor, 2005）。政策制定者们总是试图通过增加高质量医疗服务的供应来改善受公共照护的儿童的健康状况，但是他们却忽略了重要的一点，即缺少良好关系体验而存留太多消极体验对儿童的健康造成的影响。

除了良好的人际关系，其他活动也能提高幸福感和健康，比如正念冥想，它能增强免疫系统功能和积极情感（Schutte and Malouff, 2014）。正念可以提升冥想者的左前额叶活动（Hölzel et al., 2011a）。有趣的是，这种大脑不对称性在更积极的人身上常会出现，包括年龄很小的孩子。游戏过程中的幼儿被分为两组，一组是拘谨的，另一组是不拘谨的，分组的依据是看幼儿有多高的探索欲、表达欲和外向性，或者他们离依恋对象有多近。拘谨的儿童在休息时，他们的大脑右侧前额叶更活跃，而那些更外向自信的孩子大脑左侧前额叶更活跃（Davidson, 2000）。在针对心理弹性的研究中，奇凯蒂（Cicchetti, 2010）根据脑电图发现，那些更能从虐待中恢复的孩子，他们的大脑左半球活跃度更高，对未来的看法更加积极，并且有更好的自我调节能力。

一项有趣的回顾性研究发现，拥有积极的人生观可以使人更健康。美国密尔沃基的 300 多名修女（Danner et al., 2001）在 20 世纪 30 年代加入修道会时都写了日记，这些日记被研究人员进行了详细的分析，例如，日记中使用了多少个褒义词和贬义词。尽管这些修女在修道院的生活几乎没有什么不同，包括她们的作息、饮食、气候、生活设施和活动种类，然而她们的相对寿命却非常不同，并且她们的寿命长度与她们 60 年前的幸福程度成正比。例如，一位修女写道："过去的一年非常快乐。现在我热切地期待着接受圣母的圣衣……"（p. 806）。我们可能会注意到像"快乐""渴望""期待"和"热切"这样的词，这些词在更为消极的日记中是不会出现的。那些不太乐观的修女，有三分之二在 85 岁之前就已经去世，而 90% 的乐观的修女在 85 岁时仍身体硬朗。有更多的积极情绪而不是消极情绪，可以预测一个人的长寿。上面提到的那位修女在 98 岁的时候还活着，并且更乐观的修女比更悲观的修女平均多活 9 年。这项研究使用了几种量表，并对评分者信度进行了评估，结果显示积极情绪与死亡率的下降之间存在统计学上的显著相关性。

一种更现代的研究方法将推特的信息源按地理位置归类，并研究这些不同地区的人们在推文中使用积极和消极语言的程度。研究发现，在那些负面想法最为常见的地区，人们使用"恨"和"愤怒"这样的词多于使用"很棒"或"朋友"这样的词，这些地方的人冠心病死亡率更高，而且令人惊讶的是，这比通常的人口学因素（如吸烟或社会经济地位）预测更准（Eichstaedt et al., 2015）。乐观通常与更少的心脏问题和一系列健康益处有显著的相关性（Hernandez et al., 2015）。在很多层面上，良好的感觉对我们大有裨益。

乐观是儿童的天性

有趣的是，在事情顺利、情绪平稳的状态下，儿童的乐观程度通常比成年人要高。比约克隆德（Bjorklund, 2007）的研究发现，儿童对自己有点过于自信的感觉似乎有助于他们日后的能力发展。在测试中，研究人员分别给成年人、7岁的孩子和幼儿园的孩子看10张图片，然后问他们觉得自己能够准确记住几张图片的先后顺序。成年人和大一点的孩子通常认为他们能记住5~7张，而且他们的估计往往是正确的，而小孩子们会大大高估他们能记住的张数（Yussen and Levy Jr, 1975）。这是相当典型的情况。年龄小的孩子往往会认为他们可以爬更高的山，让更多的球保持平衡，取得更多的进球，总是表现出色，而且他们很擅长忽略反面的证据。例如，刚上学的孩子，大多数都会认为自己是班上最聪明的学生之一（Stipek and Gralinski, 1996）。研究人员请不同年龄段的儿童评价他们对复杂设备（如烤面包机）的机械原理的理解程度，其中幼儿园的儿童给自己的评分最高（Mills and Keil, 2005）。与年龄较大的孩子不同的是，他们在听到成年人"恰当"的解释后，自信心几乎没有下降；同样与大孩子不同的是，他们中有四分之一的人在听到实际的解释后，甚至提高了自己的评分。

比约克隆德将这个现象描述为一种"保护性乐观主义"，他认为这不仅仅是一种对不受欢迎的现实的防御性否认。当小孩子们听到具有积极和消极人格特征的人的故事时，他们很可能会相信，随着时间的推移，消极的特质会转变为积极的特质，事情也会顺利进行，得到最好的结果。他们一般不会有相反的信念，即积极的品质转向消极（Lockhart et al., 2002）。比约克隆德认为这种乐观主义是富有意义的，它可以帮助孩子们获得尝试新事物的自信，去坚持做那些看上去太难的任务。当然，每个年龄群体里都有更乐观或更悲观一些的孩子，这些特质会部分源于他们的经历，比如他们是否来自有更多消极情绪的家庭。

许多（或者大多数）成年人也有类似的自我欺骗性信念，例如，大多数人坚持认为他们比一般的司机好（Horswill et al., 2004）。事实上，我们越乐观，我们就越忽视那些会威胁这种信念的事实，这意味着抑郁的人看到的东西通常更准确（Garrett et al., 2014）。在美国，似乎有一种过度乐观的自我欺骗趋势，这与自恋倾向的增加有关（Twenge et al., 2012）。这在成年人身上可能更加令人担忧，但儿童的这种倾向似乎会具有积极的保护作用。在另一项"图片记忆"研究中，对于那些在第一轮测试中高估自己技能的儿童，我们可能会假设他们的自信心达到了近乎妄想的水平，然而实际上，他们在第二轮测试中会去尝试更多的策略，因而进步也是最大的。他们的过分乐观鼓励了他们持续去尝试（Taylor and Armor, 1996）。

人们可以将这种乐观与更被动的、抑郁的父母的孩子的状态进行对比（Murray et al., 2015），还有那些经历创伤的孩子，他们的自信心受到重创。显然，高估自己的能力是有风险的，但是乐观精神确实会给人自信的感觉和自我效能感。儿童心理治疗师认识到，儿童需要让他们的积极情感状态得到确认才能成长和发展，而不仅仅是得到针对负面情绪和防御的帮助（Alvarez, 1992）。缺乏自信的儿童很容易放弃，效率也会降低。儿童的乐观通常是一个好迹象，如果儿童的乐观倾向与悲观倾向的得分和一般成年人一样，那么这可能是抑郁的迹象（Seligman and Nathan, 1998）。乐观是孩子的一种先天素质，至少是当事情进展顺利的时候，之后现实会悄然而至，修正预期，但希望不要来得太多或太快。即使包含一定程度的自我欺骗，乐观的特质是可以提高心理弹性的，尽管弗洛伊德认为人们最终必须面对现实的观点有一定的道理，但太多、太早地进入现实对孩子来说不总是好事。

心理弹性

众所周知，心理弹性很难定义。这里的心理弹性是指：在压力源面前保持坚定和坚强（Ivtzan et al., 2015），和（或）能够从重大的逆境中恢复的能力（Cicchetti, 2010）。在困难面前保持希望与没有痛苦或否认痛苦是不一样的。一个人管理压力的能力，而不是他所体验的压力的大小，决定了他心理和身体健康的结果，例如患炎症的严重程度（Sin et al., 2015）。令早期的心理弹性研究者感到惊讶的是，在同样遇到可怕的逆境（如严重的虐待）的情况下，一些孩子比其他孩子受到的影响严重得多（Werner, 1994）。

这类研究的一个重要发现是，在相同的心理压力源下，那些不太受影响的人可以找到一种方式相信他们可以从自身经历中获得一些好的东西，获得积极的经验。不论焦虑、抑郁和不安的程度如何，积极感受的水平是心理弹性强和心理弹性弱的人之间的主要区别。前者怀有更多希望，会为自己的经历"赋予意义"，即使他们经历了和那些后来变得更不幸的人同样多的痛苦（Zautra, 2003, p. 81）。例如，在一群被父母遗弃的孩子中，那些过得最好的孩子可以摆脱他们对当前困难的关注，去思考未来的其他可能性（Bi and Oyserman, 2015）。

有趣的是，有幽默感的人往往更具有心理弹性（Adelman, 2014），我们在战争老兵（Hendin and Haas, 2004）和风险儿童（Werner and Smith, 1992）身上都可以看到这一点。幽默让人得以用某种方式重新评估焦虑情境，换一个角度看待事件，从而化解焦虑。当然，幽默是一种社会性的、人际的行为。大笑本身已经被证明可以增加免疫激素。研究对比了两组正在哺乳的母亲，发现观看查理·卓别林（Charlie Chaplin）电影的母亲的乳汁比观看天气预报的母亲的乳汁含有更多的免疫增强激素，从而能够帮助她们的孩子抵抗过敏（Kimata, 2007）。同样，接触幽默也可以提高一个人的痛苦耐受程度（Da Silva, 2012）。幽默对健康有很多好处（Cann and Kuiper, 2014），包括降低皮质醇水平、提升免疫系统和改善心肺功能（Bennett and Lengacher, 2009）。

为什么有些人比其他人更具有心理弹性，能更好地从创伤和糟糕的经历中恢复过来？这是一个重要的研究课题。早期的心理弹性研究主要聚焦于个人内部因素，如自我调节能力、智力或者自主反应的水平。研究人员很快意识到他们需要看得更广一些，从人们的生活环境中去寻找导致一些人挣扎而另一些人在逆境中茁壮成长的影响因素。我们知道，父母的能力，比如他们的积极情绪和对线索的反应能力，可以用来预测他们的婴儿的积极情感状况（Bridgett et al., 2013）。此外，正如生态心理学理论告诉我们的，我们还需要关联一系列的解释因素，包括个人、家庭，还有更广泛的文化、社会经济和社区影响因素（Bronfenbrenner, 2004）。

最近的表观遗传学研究也增加了重要的新数据，尤其是对遗传因素不断深入的了解，使我们更好地理解了为什么有些孩子是"兰花"而不是"蒲公英"，因此对或好或坏的经历更加敏感（Kennedy, 2013）。例如，遭受虐待之后，那些携带一种 COMT 基因变体的人变得具有攻击性的可能性要小得多（Hygen et al., 2015）。同样，虐待的不同影响已经在那些拥有不同基因的人身上发现，这些基因中最著名的可能是多巴胺受体基因 DRD4（Bakermans-Kranenburg et al., 2008）、MAOA（Byrd and Manuck, 2014）、血清素受体基因（Cicchetti and Rogosch, 2014），以及涉及生产重要的大脑"肥料"BDNF（脑源性神经营养因子）的遗传多态性（L. Chen et al., 2015）。

如上所述，恶劣体验的存在与良好体验的缺失是不同的，在严重的情感忽视中我们看到了非常糟糕的后果。被忽视的儿童更有可能表现出对生活缺乏兴趣，很少有积极情绪，正如斯皮茨（1945）对贫瘠的公共照护机构的早期研究显示的那样。大多数缺乏母爱的哺乳动物都会对愉快经历表现得兴趣寥寥。弗朗西斯（Francis）及其同事（1999）研究了荒凉和贫瘠的环境中的老鼠，不出意料，在大多数指标上它们的表现都比较差。然后研究人员通过抚摸和手握来丰富动物们的环境。被抚摸的母鼠和幼鼠随后也会去舔和梳理它们自己的幼崽的毛发，这会产生一个连锁反应，幼崽变得对吃奶更感兴趣了，吃得也更多。随着年龄的增长，这些经过母鼠舔毛的幼崽压力反应更小，并且有更好的免疫力，它们自己也最终成为更好的母亲。米尼认为，和人类一样，这里存在两种不同的机制。一种是恐惧的机制，它在孩子与母亲分离时会变得更活跃；另一种是一套神经回路，与社会参与相关，可以提升幸福感和加强免疫反应。成长好的老鼠不仅经历了较少的不良照顾，也得到了更多好的照顾。

类似的过程也出现在人类身上，比如研究表明，被收养但之前遭受过剥夺的罗马尼亚孤儿在被拥抱的时候，释放催产素的方式和在亲生家庭中长大的儿童不一样（Fries et al., 2005）。另一项研究（Russek and Schwartz, 1997）对一些中年人进行了追踪，他们在 35 年前参加过一项研究，该项研究让他们给父母的照顾能力打分。通过仔细的医疗资料分析，研究发现，那些 35 年前认为父母冷漠的人，中年时的患病率是其他人的 5 倍。令人震惊的是，拥有更好的健康状况是因为个体事后回忆起有至少一位关心自己的父母在场。正是他们认为自己得到了良好的养育这一信念，给他们打了健康的"预防针"。

矛盾性和不可预测性尤其会导致压力和焦虑。实验已经证明，我们所说的"习得性无助"会带来压力（Peterson et al., 1993）。例如，如果对关在笼子里的狗重复使用电击，当笼门打开时，它也不会试图离开，这与没有这种经历的狗非常不同（Maier and Seligman, 1976）。

当被试被分配任务，但会被非常大的噪音间歇性地打断时，如果噪音是以可预测的时间间隔出现，那么被试的任务会做得更好，即使噪音的分贝更大。同样，当被试被告知可以按下一个按钮来减少噪音时，他们感到的压力更小,表现也更好,即使他们根本没有使用那个按钮。知道将要发生什么或者感觉自己可以控制它,可以减少压力,并产生一种自主感和掌控感,这是成年人获得心理弹性的至关重要的因素(Infurna and Rivers, 2015)。正如我们在关于错配和修复的研究中看到的,得到了同调、一致的回应,并且觉得自己可以影响和他们互动的人,这样的婴儿比那些父母是不可预测的、虐待的,或者忽视、不回应自己的婴儿更加自信,精神压力也更小,当事情出错时,前一种婴儿恢复得也更好(Beebe and Lachmann, 2013)。给任何一个动物施加一个重大的应激源(经典的测试是残酷地电击狗),那些有一定可控性的动物就不会变得绝望和无助,而那些完全没有可控性的动物,则会变得绝望、退缩、恐惧,并出现类似人类的临床抑郁症的症状。

我们看到的是一种夸大的、根深蒂固的习得性无助的形式,常见于在虐待或忽视的环境中长大的儿童。一旦动物或人类的幼儿认识到,无论他们做什么都改变不了他们的处境,他们就不再寻找或看到实际上存在的机会。对混乱型依恋模式的孩子来说,世界是不可预测的,几乎没有掌控感,除了通过警觉地盯着大人或变得过于"有控制欲"而获得的一点点控制感。大多数关于心理弹性的研究都证实,当人们感觉更积极、站在更乐观的角度、相信自己可以影响事情的发展,并且对世界的可预测性感到有信心时,他们就能取得更好的结果。以上这些对于遭受极端忽视、不可预知的创伤,或者两者兼而有之的儿童来说,全部不存在。

一种积极的应对方式,是我们迎向经验,而不是回避它们,这是我们会在安全型依恋和更自信的孩子身上看到的。这与能够面对恐惧而不是逃避恐惧的能力有关。面对困难,积极的应对风格,对经验保持开放,与世界"正面接触"而不是退缩,这些是有心理弹性的人的特征。像有经验的冥想者一样,他们的大脑左前额叶更具有主导性,这与拥抱而不是逃避新经验有关,而较为抑郁和内向的人在压力下的心理弹性较差。心理弹性强的人倾向于期待美好的事物，并保持对生活的渴望。为了成功地应对压力，我们需要运作良好的渴求和归属系统，而高水平的压力与创伤会关闭这些积极的心理和生理系统。

矛盾情感和情绪复杂性

虽然精神压力对人是有害的，但同样地，没有压力的生活也不是我们所需要的。经历过轻微压力（例如搬家或者父母生病）的孩子，比那些童年早期没有经历过压力的孩子能够更好地应对以后生活中的压力（Maddi, 2012）。事实上，那些在家里经历过冲突的人往往能在长大后更好地处理成年人间的冲突情况（Aloia and Solomon, 2014）。与早期生活经历相对容易的男孩相比，经历过早期困难（如生病或父母离异）的青春期男孩在执行挑战性任务时，反应性心率和血压更低（Boyce and Chesterman, 1990）。太多和（或）过度的早期压力对以后的生活没有帮助，然而有趣的是，如果压力太少也同样没有帮助。在早期遇到一些适当可控的困难，有助于个体培养心理弹性。轻度压力可以作为一种对后期应激源的预防（Hostinar et al., 2014），这在大多数灵长类动物身上都能看到。和妈妈每周分开一个小时的小猴会表现出极度的痛苦，它们会绝望地呼喊，皮质醇水平也会升高，但它们在以后的生活中应对新情况的能力比那些从未与妈妈分开过的猴子要强，并且在所有测量指标中都显示出较少的焦虑（Parker et al., 2007）。

因此，适当的压力和挑战会增强心理弹性，这是人们经常谈论的、所谓**创伤后成长**（post-traumatic growth）的话题，有研究者对此进行了详细的描述和研究（Calhoun et al., 2014）。学会面对困难，并且处理和调节自己的情绪，可以增强一个人以后处理困难的能力。这不仅涉及行为暴露，还涉及发展情绪处理能力。从那些心理弹性强的人身上我们会看到，在面对逆境时，他们既不否认困难，也不逃避困难，而是能够处理并理解它们。这是直面和拥抱经验的能力，无论这个经验是好的还是坏的。这也是正念和精神分析鼓励我们去做的。它需要维持复杂和矛盾的感受、允许积极和消极的情感存在的能力，或者换句话说，它需要管理矛盾情感的能力（Klein, 1946）。用矛盾复杂的方式描述自己的人通常更具有心理弹性（Niedenthal and Showers, 1991）。那些将自己描绘成"极端乐观"的美化版本的人，他们拒绝让任何不好的感觉和好的感觉混在一起，这些人应对压力的弹性往往较差。例如，在成人依恋访谈中，被评估为"冷漠型"的父母，倾向于将他们自己的童年描述得很积极，不管现实如何，他们的头脑中没有留给消极情绪的空间，同时他们也不去体会孩子的困难情绪体验。

正如我们所看到的，感觉快乐和没有感觉不快乐并不是一回事，同样，缺少幸福和遭遇不幸也是不同的。一个人体验的积极情绪的量并不一定能够预测他们有多少负面情绪；非常外向自信的人会体验到更多的积极情绪，但他们的消极情绪也并不一定就比较少（Zautra, 2003）。儿童需要积极的体验，但也需要面对和管理消极体验的能力，并且能够不被压垮——也可以说，要积极地看待消极情绪。这种看到事物两面的能力，可以管理复杂的矛盾情绪的能力，是许多心理治疗理论的核心。幸福感的提升往往更多地体现在那些能够处理积极和消极情绪的人身上，而不是那些回避其中某一种情绪的人（Adler and Hershfield, 2012）。在一项针对有物质滥用问题的母亲的研究中，使用更多积极词汇而非消极词汇的母亲，实际上对她们的婴儿最不敏感，也最容易重染恶习（Borelli et al., 2012），部分原因是她们无法管理和承受任何来自她们的婴儿或自身的负面情绪，并且对困难的情感充满防御。

单一种类的感觉，不管是积极的还是消极的，都不能简单地排除另外一方。在一项早期的研究中，研究者故意使用强光和噪声对婴儿施加轻微的压力（Harman et al., 1997）。接下来，研究者试图用有趣的声音和五颜六色的形状分散婴儿的注意力，婴儿们果然停下了哭闹，注意力得到了转移。然而，新鲜感一过，痛苦就又出现了，这很像弗洛伊德描述的压抑的回归。痛苦没有被转化成另一种情感，却在那里蛰伏着，当吸引注意力的力量消失后，又会重新浮现，仍然需要被处理。仅仅管理积极或消极的情绪是不够的，儿童（和成年人）如果能同时管理好这两类情绪，他们就会有更大的优势。

当下对幸福感、积极情感状态和快乐的强调，也可以作为防御来使用，以避免面对困难。许多人都有充分的理由对这种理论持怀疑态度，并敦促人们警惕积极心理学那带有"糖精"味道的积极版本（Burkeman, 2013）。其他人则批评那些小规模的、未经复制的研究中的夸大说法（Coyne, 2013），讽刺他们过于乐观。心理弹性和情绪健康不仅仅是积极向上的，它也体现着承受和管理困难的能力，拥抱生活中出现的一切，无论是积极的还是消极的。这包括在困难中寻找希望，这和保持积极并否定消极是完全不一样的。

幸福感：实现论和享乐论

我已经描述了包含不同生物系统的幸福感和积极情感的不同版本。在渴求系统中，需要和欲望是核心，中脑边缘奖赏系统和多巴胺之类的激素在其中起主要作用。另一个系统则涉及依恋、亲密和社会关联，与幸福和良好生活（eudemonia）的概念有关，而这两者都与良好的健康状态有密切关联（Ryff, 2014）。前一个系统更兴奋，后一个系统则更从容自在，两者都关乎情绪健康和快乐。缺乏驱力、欲望和兴奋通常是一个令人担忧的迹象，常见于抑郁症患者，这样的个体多巴胺水平较低，奖赏系统比较不活跃（Nestler and Carlezon, 2006）。然而，我们可能正在进入一个使大脑奖赏回路太容易被激活的时代，比如消费主义的盛行、广告泛滥、电子游戏以及一系列其他潜在的成瘾活动，使奖赏回路被劫持（Kalivas and Volkow, 2014）。

因此，这两个系统意味着不同类型的积极情感状态（Diener and Chan, 2011），它们依靠不同的身体系统，有趣的是，它们似乎会对我们的健康和幸福产生不同的影响。一项研究（Fredrickson et al., 2015）依据人们所感受到的幸福感的不同类型，对他们进行了划分：一类人体验到的更多是兴奋的享乐（hedonic），与多巴胺分泌相关，如通过消费或参与令人兴奋的活动；另一类人体验到的幸福感是更加平静喜悦、偏向实现（eudemonic）的，也就是说，幸福感源于从事基于个人价值的、有意义的活动，如深刻的兴趣或追求，还有良好的关系。令人惊讶的是，这两种幸福感对人有着截然不同的影响，甚至抵达基因和细胞水平。幸福感更多偏向实现的人比幸福感更多来自享乐和兴奋的人有更强的意义感和目标感、更低的感染水平，以及更高的免疫反应和抗体水平。

有研究者（Brafman & Brafman, 2008）对这两种不同的动机系统进行了分析研究，他们发现，当人们在比赛中取得高分时，如果奖金是捐给慈善机构而不是进入自己口袋时，大脑的特定奖赏中心将被激活（如后颞上沟）。然而，同样的比赛，当这一次奖金进入参赛者个人的口袋时，伏隔核开始活跃起来，这是在成瘾行为时会被激活的脑区，激活它的感觉类似于服用小剂量的可卡因，这个过程与多巴胺的释放有关。这与那种更平静、更亲密的幸福形式（比如照顾你所爱的人）是非常不同的心理状态。

卡塞尔（Kasser, 2003）也用了一种类似的分类方法，区分了"外在"价值和"内在"价值。追求外在价值是指，一个人的动机来自他人的看法、物质激励、名气和认同等。与之相反，内在价值是指由很多特质带来的价值，如有社区意识、亲密的家庭关系、与人为善、根据笃定的信仰生活等。观看广告可以增加儿童的外在价值（Greenberg and Brand, 1993）。当然，儿童和年轻人已经成为一个巨大的新消费者群体，广告商在他们身上投入了天文数字的投资（Kim et al., 2015），并且年轻一代的理想越来越多地用物质上的成功和收获来衡量。英国的一项研究发现，当 8—11 岁的孩子浸染在物质主义和外部价值（如物质和名气）的影响下，这些价值观会被内化，但由外部价值驱动的孩子比由内在价值驱动的孩子体验到更少的幸福感（Easterbrook et al., 2014）。

那些早期经历过更为困难的童年生活的人尤其会面临风险。由不那么敏感和温情的父母抚养长大的青少年，往往对自己的内在价值更缺乏信心。这些青少年也会更加倾向于给消费主义、社会地位和野心赋予更高的价值，而由滋养性的父母养育长大的青少年会更重视人际关系、社区生活与自我接纳（Kasser et al., 1995）。与此类似，离异、焦虑的父母带大的孩子更看重外在价值和物质享受，无论他们的家庭是否有过经济困难。这其实并不奇怪。当人们感觉不好时，他们更有可能通过高消费来缓解被社会排斥的恐惧和弥补情感上的创伤（Sivanathan and Pettit, 2010）。这是任何一个普通人都可能会使用的、防御脆弱的方式。在儿童身上我们会看到，缺乏情感资源、爱、温暖的支持和稳定性，似乎会带来更多个人主义信念和"强迫性消费"行为（Rindfleisch et al., 1997）。

那些拥有更多外在价值的人往往心理健康状况较差，他们更容易抑郁、焦虑，甚至滥用药物，更有可能出现胃病和头痛等疾病。帕特丽夏·科恩和雅各布·科恩（Patricia and Jacob Cohen, 1996）观察了纽约的 700 名年轻人，并根据他们的价值观将他们分类。那些被归类为物质主义者的年轻人更欣赏"拥有贵重物品""被认为有魅力"或"穿着昂贵的衣服"。另一组年轻人看重的是"做一个好人"或"与他人相处融洽"。两组都进行了罹患多动症、抑郁症或焦虑症等精神疾病的风险评估。结果显示，物质主义信仰越强烈，出现精神健康问题的风险就越高。正如科恩夫妇的研究所揭示的那样，对财富的看重与 20 个精神疾病诊断类别中的几乎每一个都存在明显的正相关。那些大学毕业后追求内在价值而非外在价值的人，有更好的心理健康、更多自主性和更好的人际连接性（Niemiec et al., 2009）。这样的研究在新加坡、土耳其、德国、罗马尼亚、印度、中国和韩国等国家都进行了复制。

因此，糟糕的情绪体验、外在价值和追求兴奋的享乐主义人生观之间存在明显的关联，这会导致更差的生理健康指标（Fredrickson et al., 2013），这一发现对生命史理论也有意义（Belsky et al., 2012）。我们所谓的"美好生活"是什么？关于这一点，显然存在不同的，甚至相互对立的观点（Music, 2014b）。被内在价值的暖光充盈内心，比如通过人际关系或者理想；还是获得个人奖励、物质追求和即时兴奋时的强烈满足，这两种图景是非常冲突的。布莱福曼（2008）的研究告诉我们，寻求快乐往往会胜出，但是它一般不会给人带来幸福感。这是一个对当代父母而言特别有挑战的事情，因为孩子们生活在一个消费主义的世界里，针对年轻人的消费品广告持续大幅增长。尽管我们经常试着通过买新衣服或小物件来让自己感觉更好，但研究成果告诉我们，只有当我们把钱花在别人而不是自己身上时，我们才会更快乐！有趣的是，国际范围内的研究发现，各国的幸福水平与人们是否看重亲社会性和帮助他人息息相关（Aknin et al., 2013）。

心理弹性、治疗干预以及近端和远端影响

一直有研究强调好的或不好的早期经历对人的后期影响，基于这样的研究，人们认为早期干预可以提高日后生活的质量，这在一定程度上可以通过建立心理弹性来实现。一个充满激励和积极信息输入的充盈的环境，似乎真的能"培育"大脑。隔离饲养的老鼠比在激励性环境中饲养的老鼠的皮质区更薄，神经元连接也更少（Curtis and Nelson, 2003），我们在人类身上也会看到相似的现象。社会情感剥夺对人类大脑有着深远的影响（Eluvathingal et al., 2006）。改变被忽视儿童的环境，如将儿童放在良好的寄养环境中，他们的大脑结构和功能会发生改变，如白质增加（Bick et al., 2015）。早期干预措施——如家庭护士伙伴关系模式（The Family Nurse partnership model; Olds, 2012）和提前教育

（Headstart）项目——带来了巨大的好处。在美国北卡罗来纳州的启蒙者项目（Abecedarian Project）中，高风险婴儿被给予诸如语言、阅读和数学等项目的帮助，随后获得了一些让人看到希望的结果。得到了干预的儿童日后更有可能考上大学，有更高的智商且一直持续到成年期，养育了孩子，而且总体来说获得的效果较其他项目更具有持续性。收获最多的儿童是那些一开始面临风险最大的儿童，即那些从家庭中获得最少有质量的投入的儿童（Campbell et al., 2008）。

然而，一些人认为针对父母的干预是一种回避更大问题的方式，比如日益加剧的社会不平等（Wilkinson and Pickett, 2009）、贫困（McMunn et al., 2001）、社区退化和宏观社会问题（如社会流动性的严重缺乏，尤其是在美国和英国）（Chetty et al., 2014）。针对父母的干预带来的可能危险是，这些措施可能会被用来针对那些贫困的父母，他们最终被指责为不称职的父母，对孩子的大脑造成了有害影响（Lowe et al., 2015）。事实上，一些人认为心理弹性这个概念本身就是新自由主义政策的一部分，即把责任（责备）放在个人身上而不是社会和政治体系上（Joseph, 2013）。由于这些原因，更广泛的社会经济分析就显得很必要，同样必要的是要意识到贫穷和贫困社区这样的因素对父母养育能力的强大影响。

虽然我们需要注意不要去过分责备父母，并且意识到需要更广泛的宏观社会和社区干预来辅助，但不可否认的是，心理干预是非常有用的。我们知道，具备心理弹性的人格特质，诸如良好的情绪调节能力和自信等，更有可能在一个支持和关怀的养育环境中发展出来。近年来，研究者对大量的干预工作已经展开研究，揭示了早期干预的好处（Fonagy et al., 2014）。研究发现，那些带来变化的因素（Wampold and Wampold, 2015）与本书一直在强调的育儿能力密切相关，并且很明显的是，拥有良好的新体验能够克服过去的消极影响，增强个体的心理弹性。布朗芬布伦纳（Bronfenbrenner, 2004）的生态模型显示，这些影响可能在不同的层面上产生，从个人、家庭、社区一直到社会整体。

大多数研究表明，无论父母是离异、患有精神疾病，还是吸毒或酗酒，总有一些孩子的适应力比其他孩子更强，受到的影响更少；某些环境也比其他环境更容易培育出有心理弹性的人。许多研究证实，具有保护作用的因素是相似的，都是一些个体属性（比如遗传基因和照护质量）和远端因素［比如贫困（Kennedy et al., 2009）］的混合。生活在贫困或有压力的环境中，一个人就很难成为有爱的、情感调谐的、有反思能力的父母（Kiernan and Huerta, 2008），而这会导致显著糟糕得多的结果（Barlow et al., 2014）。

当儿童遭受严重的虐待时，很少有人能毫发无损。根据一项研究，在 44 个被认定为受虐待的儿童中，没有一个儿童能在早期教育阶段很好地适应学校生活（Farber and Egeland, 1987）。另一项研究发现，只有 13% 的受虐儿童在小学里表现还不错，但即便如此，他们的适应性行为也没有能持续到青春期（Herrenkohl et al., 1997）。增强心理弹性的因素包括：家庭关系质量、社区资源、不良经历发生的年龄和一些内在的能力（Marriott et al., 2014），以及表观遗传因素。

近端影响（如家庭生活质量）和远端因素（如不平等、贫穷和苦难）之间也会发生相互作用。在贫困的环境中，虐待儿童行为的发生率要高得多（Freisthler et al., 2006），这是由贫穷带来的压力源引起的。处于社会底层的家庭更有可能是年轻的单亲家庭，受教育程度低，工作前景不佳，所有这些都增加了父母精神健康状况不佳的可能性，也增加了父母采用更严厉、更容易忽视孩子的养育方式的可能性（Appleyard et al., 2005）。处在贫困中的父母对婴儿发出的信号的反应往往更少，照顾的方式更不稳定，并且他们更有可能向孩子传达"世界是严酷的、不稳定的和可怕的"这样的信念（Owens and Shaw, 2003）。然而，这些父母绝对不应该被指责，因为他们也是自身环境的受害者。

本章展示了心理弹性和保护因素是如何在儿童身上发展的，当困境出现时，这两者可以保护他们。这里讨论的心理弹性研究探寻的是：什么导致一些儿童对逆境的适应能力比其他人更好？很明显，这是有基因基础的，如"兰花型"人格更容易受到糟糕经历的影响，也更能从好的经历中受益。然而，通常来说，积极的经历预示着积极的结果，并产生所谓的"银勺效应"（Hayward et al., 2013）。心理弹性一度主要被解释为儿童的内在因素，但随着儿童的发展历史所带来的有利条件，研究者已经证明，照护质量具有决定性的影响。敏感细腻的早期照护可以增强儿童的心理免疫力，让他们感觉更好，从而拥有更健康的身心，获得更高的学术成就，有更外向、更自信的个性以及许多其他积极的品质。

本章要点 >>>>>

- 近年来，心理弹性、幸福感和积极情感的重要性越来越受到研究者的重视。
- 处理消极体验和积极体验的心理-生理系统是不同的，哪一种体验具有支配地位会影响一个人的主观幸福感、情绪和身体健康。
- 早期不良经历以及随之而来的压力和不快乐，会严重影响人的身体健康和寿命。
- 情绪健康的儿童可以发展出对好的和不好的体验的管理能力。
- 好的体验对我们有益，曾经拥有好的体验可以在不好的经历发生时保护我们；同样，面对和处理不好的经历也可以带来益处，它可以培养我们的心理弹性。
- 影响幸福感的因素包括更"远端"的社会影响（比如贫困、不平等和社区质量）和个体因素（如神经、生物和遗传影响，尤其是家庭环境中的情感发展）。

- 所谓的"兰花型"人格的儿童，更容易受到不良经历的影响，也更容易受到好的经历的影响。
- 基于渴求或归属系统，积极情绪系统存在不同的类型，它们对健康有不同的影响。
- 恶劣环境的影响几乎总会战胜良好个人品质的影响。
- 从积极的方面来说，在许多层面上都有可能带来一些改变，无论是与家庭、学校、个人以及社区合作，还是整个社会一起努力。心理弹性来自希望感和积极的行动，而我们有充分的理由去保障这些因素的存在。

第 20 章

道德发展、反社会和亲社会行为

儿童如何发展成亲社会和有道德的人,以及为什么有些儿童会变得反社会,甚至好斗,这是一个非常重要的问题。这一章引用相关领域的新近研究,并重述本书前面章节所提出的观点,以此追踪这个问题的线索,着重关注早期经历、依恋、共情、神经生物学、情绪调节和攻击性等议题。

为善良做好准备

我们从很小的时候就会产生帮助别人的冲动。在一个精妙、严谨的实验中(Warneken and Tomasello, 2009),研究者让一个成年人走过一个房间,假装掉了东西。14—16个月大的幼儿不断地去捡起这个东西并把它递给那个成年人。在另一个变量情境下,一个成年人把一堆书放进书柜里,然后出去取更多的书,但是他似乎无意中关上了柜门,所以回来时没法腾出手来打开它。再一次,这些蹒跚学步的幼儿会忍不住爬上去帮他打开柜门。这些学步儿表现出了明确的帮助他人的意愿,并且没有明显的其他目的;事实上,当用奖品来鼓励他们帮忙的时候,他们下一次反而就不这样做了(Warneken and Tomasello, 2008)。

这种向需要帮助的人伸出援手的行为,我们在只有10个月大的婴儿身上也会看到(Kanakogi et al., 2013)。当看到一个动画人物伤害另一个人物时,婴儿会自发地向受害者而不是攻击者伸出手。这些都是巴特森(Batson, 2011)所说的"共情诱导的利他主义"的例子,这种帮助行为是自发的、真诚的、有成就感的。

直到最近，大多数心理学家一直都认为，孩子生来就以自我为中心（Piaget, 1965），直到童年晚期才发展出道德，这其实是低估了婴儿的非凡能力。事实是，我们似乎生来就有帮助他人的倾向，甚至有道德感，这使我们可以平衡同样与生俱来的自私的倾向。

哈姆林（Hamlin）及其同事（2010）发现，3—5个月大的婴儿就能分辨出好和坏的行为的区别。研究者使用视频动画和木偶给婴儿讲故事，主角有好人和坏人。在一个故事中，一个人试图打开一个盒子，但是令人恼火的是，半开的盖子自动合上了。之后他们给婴儿展示了两个不同的场景。一个场景是，来了一个好人，他帮忙让盖子保持打开；另一个场景是，木偶经过一番努力终于打开盒盖，而这时一个坏蛋来了，他又把盖子"砰"的一下关上了。实验结束后，当实验者让5个月大的婴儿做出选择时，他们几乎无一例外都选了那个好人木偶而不是坏蛋木偶。这个实验被多次重复，总是得到同样的结果，即使是3个月大的小婴儿，他们也会通过长时间地看着那个他们喜欢的角色来表达倾向性，因为他们太小，还不能伸手摸或者指。

因此，儿童甚至婴儿都能清楚地区分反社会行为与亲社会行为。他们更喜欢好（good）的行为而不是友善（nice）的行为。8个月大的婴儿更喜欢对坏蛋角色不好的木偶，而不是对坏蛋角色友善的木偶。婴儿喜欢友善的行为，但如果是对坏人友善则不然（Hamlin et al., 2010）。这些研究表明人类有天生的道德理解的倾向。

不是所有的婴儿都有相同的反应；有些人比其他人对不公平更加困惑，对意想不到的行为感到更加不安（Schmidt and Sommerville, 2011）。这些婴儿属于那种更加利他和慷慨的人，例如，如果别人要他们最喜欢的玩具，他们会自愿放弃。需要研究的关键问题是，是否一些婴儿生来就更无私？是父母养育的方式造成了这种差异，还是两者都有影响？

依恋与共情

在一项研究中,儿童看着一个母亲和她的婴儿爬上台阶。婴儿跟不上,心烦意乱,开始哭了起来。在一个情境中,母亲回来接孩子,而在另一个情境中,婴儿就被留在了后面。安全型依恋的儿童,由于他们得到的养育是比较调谐的,他们在看到婴儿被留在后面时露出明显惊讶的表情,而那些不安全依恋的儿童则有相反的反应,他们在看到母亲回来接她的孩子时感到惊讶(Johnson et al., 2007)。很明显,对助人行为的期望是建立在以前的经验之上的。良好的经验对我们天生的利他倾向来说可能是必要的。

米库林瑟和谢弗(Mikulincer and Shaver, 2010)在一系列研究中证明,依恋类型可以预测一个人的亲社会性、慷慨或利他性的程度。例如,安全依恋的人更有可能向慈善机构捐款、做志愿者、自发地帮助有困难的人、献血,并且通常比较"关注他人";以矛盾焦虑型依恋为主的人,往往需要在有外在动机的前提下才会提供帮助,比如获得认可和建立他们的自我价值感;回避型依恋的人往往更少参与任何形式的利他活动,如慈善工作。我们形成的依恋类型可以预测我们的道德行为。

这是颇有道理的,因为我们已经看到了安全依恋关系的特点是相互享受、敏感性和互惠性。柯昌斯卡(Kochanska)及其同事(2010)研究了3000多名幼儿,发现那些有更多促进安全感的经历的孩子,更有可能培养出一种良知,并且随着年龄的增长,他们对他人的反应更积极,合作性也更强。父母的触摸、亲子联结与回应性,对儿童后期亲社会行为的影响已经在很多文化中得到印证,比如中国(Narvaez et al., 2013)。良好的早期关系会使儿童变得更加开放、信任、有爱心和对别人感兴趣。

利他主义、亲社会行为和同理心之间存在明显的关联,甚至在学龄前儿童身上也能看到这一点，最有同理心的人更亲社会，也更慷慨大方（Paulus and Moore, 2015）。的确，在某种形式的利他主义中，同理心只起很小的作用，比如互惠性利他主义的"如果你给我挠背，我也给你挠背"（Trivers, 2002）。我帮助我的邻居可能不是因为我真的关心他们，而是因为我期望在我有同样需要的时候会得到回报。

巴特森（2011）花了他职业生涯的大部分时间来研究"共情诱导的利他主义"，然而，他发现这需要依靠一种能力：理解他人的感受，不被这些感受所淹没，并关心对方的困境。他细致入微的研究清楚地证明了存在着共情诱导的利他主义，区别于由一系列不同的动机所驱动的利他，例如让自己感觉更好，或者想被视为好人。

当然，我们从利他行为中获得了明确的回报：内心暖暖的感觉，还有神经科学家们所证实的，当我们帮助他人时大脑奖赏回路的活跃（Moll et al., 2006）。尽管如此，帮助他人的愿望是真实存在的。一个2岁大的孩子在帮助有需要的人或者看到另一个人去帮助别人时，他们的瞳孔会放大，这是交感神经被唤醒的信号。这么小的孩子也会真诚地希望人们得到帮助，而不只是想获得帮助人的功劳（Hepach et al., 2012a）。

艾森伯格（Eisenberg, 1996）要求在校的儿童观看一段儿童在一场严重的事故中受伤的视频。有些人退缩了，被眼前的景象惊呆了，而其他人则表现出明确的同情。随后，当这些儿童有机会可以帮助这些受害者儿童做家庭作业时，那些愿意提供帮助的是曾经表现出同情心的孩子。他们还表现出心率下降，这是典型的同情心的表现，与良好的迷走神经张力有关（Porges, 2011）。那些因看到痛苦的孩子而被惊呆的儿童后来没有提供帮助，这显示了能够体会共情和关怀的重要性，以及这如何与能够承受和处理自己的情绪状态相关联。

正如我们所见，许多蹒跚学步的儿童可以表现出对他人痛苦的共情，做出利他之举，帮助有需要的人。到3岁的时候，许多孩子甚至能够清楚地判断一个成年人的痛苦表现是恰如其分的还是过度反应

（Hepach et al., 2012b），并且他们只帮助看似真实的原因造成的痛苦，这体现出这个年龄的孩子已经对意向性有了深刻的理解。

然而，许多被忽视的儿童很少得到共情的关注，他们几乎无法理解别人的心理状态，甚至他们自己的心理状态，所以也不太可能向他人提供共情上的帮助。其他遭受虐待而不是忽视的养育方式的儿童，会发展出对他人的曲解。他们的经验教会他们，为了自我保护，他们需要去帮助身边可怕的或不可预测的成年人，但这种帮助不是来自同情心。

因此，关心他人与同理心和理解他人心理有着深刻的联系，这反过来又与理解自己的心理有关。在荷兰的一项研究中，那些通过了经典的"镜子识别"测试的幼儿，能够认出他们在镜子里看到的那张红扑扑的小脸就是他们自己的，并且能够做到这一点的儿童同时也能对其他儿童的悲伤表达共情和帮助（Bischof-Köhler, 2012）。随着对他人心智和感受的理解的加深，自我认识也在同时增长。大脑共情区域使用最多的人似乎表现得更加利他和更愿意帮助他人（Tankersley et al., 2007）。

正如普林茨（Prinz, 2011）等批评家所言，同理心作为一种道德力量是有其局限性的。我们期待的好的政府和法庭做出的判决，更多地基于公平和公正的原则，而非个人的同理心，这对所有人都有好处。然而，我们也会担心人们做出判断时仅凭理性，毫不掺杂情感。如果我们过度被同理心所驱使，那么我们就会去帮助长得可爱的孩子，而不是长相丑陋的孩子；去回应在我们的路上遇到事故的人，而不去管城镇另一边更需要帮助的人。受同理心驱使的判断会对"非我同类"更加严酷。情绪会妨碍我们对于什么行为正确的判断，但与此同时，也很少有人想要纯粹基于冷冰冰的理性主义的决策。

压力是如何降低我们的亲社会性的

在 20 世纪 70 年代的一个著名实验中（Isen and Levin, 1972），实验

人员偶尔会在电话亭里落下一毛钱硬币。实验人员随机观察使用电话亭的人，当这些人从里面走出来的时候，一个女演员假装掉了一捆纸。有趣的是，比起一般人，那些在电话亭里意外捡到一毛钱硬币的人去帮助掉纸的女人的可能性要大得多。即使在1972年，一毛钱也是微不足道的，然而，当我们感觉到世界有更多善意的时候，我们往往会做出更友好的回应。

在情绪良好的时候，无论大人还是孩子通常都会更慷慨。幼儿在看到做好事的人的图片后（比如抱娃娃），会变得更乐于助人（Over and Carpenter, 2009）。在另一个20世纪70年代的实验中，研究者让儿童去回忆快乐或悲伤的时光，将他们引导至快乐或悲伤的情绪中（Rosenhan et al., 1974）。在分享糖果的时候，那些感觉快乐的孩子要比感觉悲伤的孩子慷慨得多。

快乐使人慷慨，反过来，慷慨也使人更快乐（Anik et al., 2009）。给予是一种乐趣，甚至连蹒跚学步的孩子在给别人食物的时候也会比接受别人馈赠时有更高的幸福感（Aknin et al., 2012）。感觉良好和乐于助人之间似乎构成了某种良性循环，善行带动良好的感受，继而激发更多善行。

然而，与这个良性循环相反的恶性循环也非常常见。这通常发生在生活得非常糟糕的人身上，例如许多遭受虐待和创伤的儿童，他们可能会心胸狭窄，具有攻击性。这样的个体展现出来的也是我们所有人真实的某一面。当我们高度紧张和焦虑时，我们就会变得对自己和他人没有那么好，也不那么有同情心。绵延一生的慢性糟糕体验会让个体对人际关系产生深刻的负面信念，即他人是不可信任的。受虐待的经历导致身体和神经系统被设定在一个自动化反应模式里，会预期身边的世界是可怕的、不美好的，这种预设反过来对人的同理心、助人意愿和攻击性都有显著的影响。

长期遭受虐待的儿童长大后会有慢性的低迷走神经张力（Miskovic

et al., 2009），以及高度活跃的交感神经系统。一般来说，他们很容易被唤起，通常是以剧烈的方式，并且很难平静下来、集中注意力或感到放松。与之相似，父母关系充满冲突的婴儿的迷走神经张力也较低，在紧张的情况下也会比较容易焦躁（Moore, 2010）。研究人员和治疗最暴力的罪犯的心理治疗师（如：Gilligan, 1997）一致发现，这些罪犯都有可怕的童年虐待史，并且他们对任何威胁或羞辱的暗示都异常敏感。

研究显示，在托儿所里，当听到另一个孩子哭闹时，安全依恋的孩子会提供支持，而受虐待的孩子实际上可能会对那个处在痛苦中的同伴表现得相当具有攻击性（Main and George, 1985）。我们早就知道（Feshbach, 1989），被虐待的儿童往往表现出更少的同情心，也更难站在别人的角度看问题。

让自己的感受得到他人的理解和共情，我们就会感到安全，这会带来更高的迷走神经张力、更强的情绪灵活性、更好的催产素系统功能，以及更大的开放性。它也增加了我们想要帮助有困难的人的愿望，即使是婴儿，当他们感到情绪得到了恰当回应时，也会产生更多帮助他人的想法（Cirelli et al., 2014）。总而言之，安全感、被爱和被关心，以及没有太多被威胁的感觉，会打开一扇与人充分互动的大门，为同理心和利他行为提供各种可能性。

冲动、自我控制和攻击性

米歇尔（Mischel, 2014）在20世纪70年代设计了一个著名的测试，他在孩子们面前摆上一个诱人的棉花糖，并告诉他们如果能够在10分钟的时间里抵挡住诱惑，他们就可以吃到两个棉花糖，而不是一个。孩子们一个个使出浑身解数来避免自己忍不住去吃糖。研究者在40年后对这些儿童进行随访并发现，早期的自律能力可以预测一系列成年后的结果，比如：保住工作、管理稳定关系或维持良好友谊的可能性。美国的快速通道计划（Jones et al., 2015）发现，在幼儿园时期情绪调节能力和社交能力更好的儿童在日后有更好的表现，比如在25岁时犯罪的可能性降低。这与另一项研究的结果相呼应，在该研究中，有超过1000名儿童被跟踪调查至32岁（Moffitt et al., 2011）。该研究发现，早期的自我控制能力可以预测身体健康、物质依赖、经济成功和犯罪行为的情况，不分智商和社会阶层。快速通道计划的实施让我们看到了希望，因为那些接受了治疗干预的人得到了改善，成年后情况会好很多，而且不太可能沉溺于犯罪行为。

情感细腻的亲子关系不仅会为孩子带来安全的依恋，还会让他们发展出更好的自我调节能力，继而让他们也有能力去同情他人，以及拥有良好情绪健康指标，即较高的迷走神经张力（Taylor et al., 2015b）。事实上，有证据表明同情心与较高的迷走神经张力有关（Stellar et al., 2015）；反过来，高迷走神经张力又会让人感觉平静，体验到更多的爱。艾森伯格（2010）不断地发现，那些最能调节自己情绪的人，也不太容易被其他人的情绪所吞没，其结果是他们更能表现出同理心。这在安全依恋中更有可能发生。

然而，一个人在经历过创伤的童年之后，很容易变得易冲动和情感失调（Ersche et al., 2012）。在充满愤怒和攻击性的家庭成长的儿童，在情绪控制方面也常常会感到很困难（Morris et al., 2007），并且表现出外化行为（El-Sheikh et al., 2009）。缺乏敏感细腻的养育并且经常遭受体罚的孩子往往更具有攻击性，心智理论更弱，情绪调节能力也较差（Olson et al., 2011）。许多遭受虐待的儿童无法忍受等待，很容易沮丧，易激惹，并且比其他人更容易感受到侵犯和威胁。

我在本书的其他章节描述了生命史理论是如何解释这个现象的（Belsky et al., 2012），即新陈代谢加速、信任减少、放松减少、猜疑增加、冒险行为增加等症状，是那些在虐待或暴力的家庭和社区中长大的人赖以适应环境的手段。社会经济地位低下、贫困、长期的压力等对人的神经认知产生的负面影响会一直持续到成年之后（Evans and Schamberg, 2009），例如大脑执行功能的发展也会受到影响（Noble et al., 2005）。事实上，生活在社会经济贫困的环境中的婴儿，早在 6 个月时就较不容易集中注意力（Clearfield and Jedd, 2013）。一项针对 1000 多名 3 岁儿童的纵向研究（Slutske et al., 2012）发现，那些在 3 岁时最焦躁不安、心不在焉、与人对抗和喜怒无常的儿童，在成年后赌博成瘾的可能性比其他儿童高出一倍多。

柯昌斯卡的研究向我们展示了自我控制能力、道德发展和感到内疚的能力之间是密切相关的。能够延迟满足的儿童也更有可能遵守父母和教师制定的规则。虽然性格也在其中发挥作用，但自我控制能力主要取决于是否感觉足够安全和放松，这对儿童来说意味着是否得到了父母的保护和帮助来调节自己的情绪。在共情中，我们学会淡化更多的自我中心视角（Kirman and Teschl, 2010），以接触另一个人的思维状态。很少得到他人共情的儿童和成人，很难抑制自己的不当社交行为，也更有可能表现出反社会行为（Morgan and Lilienfeld, 2000）。

信任似乎来自更大的腹内侧前额叶脑容量（Haas et al., 2015），而创伤和虐待会使之减少（McCrory et al., 2011a）。那些性格比较冲动的人往往缺乏前额叶的"刹车"功能来帮助他们控制冲动（McClure et al., 2004）；相反，更为原始的大脑皮层下区域更加活跃。因此，不同的人格变量之间是相互联系的。有自我调节能力的儿童也更容易信任他人，亲社会性和道德感强，学习成绩更好，拥有更好的人际关系，并且有安全的依恋和更敏感细腻的父母（Carlo et al., 2012）。

攻击性：热血型和冷血型

冲动和对挫折的低耐受能力会因早期虐待和创伤而加剧，导致攻击性和暴力倾向。有一种攻击性是与冲动密切相关的，是一种更"热血"

的反应，而不是与之相对应的另一种更"冷血"的主动攻击（Dodge et al., 1997）。反应性攻击通常出现在那些社交技能较弱的人身上，他们会误读社交暗示，比如看到其他人不会看到的愤怒和攻击。

我们已经看到，安全依恋的儿童往往更不容易冲动。阿塞尼奥和戈尔德（Arsenio and Gold, 2006）发现，受虐待的、不安全依恋的儿童，他们往往严重缺乏同理心和心智化功能。这样的儿童逐渐会相信生活不是公平公正的，更不可能是安全和稳定的。

有趣的是，具有反应性攻击风格的儿童通常有明确的道德信念，对他们认为的不公平或不公正会做出强烈的反应。这与更主动的攻击类型不同，后者从攻击行为中获益，攻击是为了得到他们想要的。反应性攻击的儿童经常会误解别人的动机，很容易觉得自己是"受害者"。他们的生理唤起（如心率、浅呼吸和出汗）也通常会更明显（Hubbard et al., 2010），大脑下皮层（如杏仁核）的反应性也更高（Qiao et al., 2012）。

早期经历越糟糕（比如来自父母的身体攻击），儿童就越有可能出现冲动性攻击行为（Lansford et al., 2012）。当然，这背后还有气质等其他因素。例如，有一些基因，如GABRA2（Dick et al., 2009）或低MAOA（Byrd and Manuck, 2014），会导致外化行为的可能性略有增加，但主要的"病原体"几乎总是家庭虐待。

其他的一些儿童和成年人的攻击倾向是更冷血、更积极主动的。这样的"冷血"攻击者往往有更好的语言和认知功能，更好的解读社交暗示的能力，有更多的朋友，甚至经常是团队的领导者。他们倾向于使用目标明确的攻击，以实现自己的目的。他们可能很擅于读懂别人的想法和意图，但没有什么亲切感。他们经常对自己的暴力行为有积极的感觉，因为它可以达到明确的目的。这类人有时被称为"快乐的施害者"（Smith et al., 2010）。

不像被动反应的儿童会大声地反对不公，这些冷静的攻击者通常缺乏道德意识，毫不关心他们所伤害的人，也很少懊悔（Arsenio and

Lemerise, 2010）。阿塞尼奥（2006）指出，很多这样的人来自缺乏爱、支持和同理心的家庭环境，他们逐渐相信人际关系里只有权力、控制和支配，以及得到自己想要的。

在这个冷血的谱系上处在更远端的儿童被标记为**冷酷无情**（callous-unemotional）的（Viding et al., 2008），缺乏道德感、同理心和悔意，并表现出严重的反社会倾向。最严重的罪行往往是由这样的人犯下的。这些儿童通常在很小的年龄就会表现出这种行为的迹象，研究人员已经发现，很多这样的行为会一直延续到成年后（Frick and White, 2008）。据记载，许多成年精神变态者都曾在儿童时期有过反社会、放火、虐待宠物等一些暴露残忍性情的行为。儿童身上的冷酷无情特征，伴随着品行障碍，极大地增加了严重犯罪、暴力犯罪和频繁犯罪的可能性（Brandt et al., 1997）。

当然，我们都有可能变得冷酷，为一己之利攻击他人。这些迹象会随着遭遇危险、威胁、暴力、竞争或生死存亡的情境而展现。与精神变态相关的特质，如冷血、卑劣和无情，在我们和其他哺乳动物身上都存在。在精神变态者（psychopath）和冷酷无情的儿童身上，我们看到的是冷酷无情的攻击行为，类似于捕食者跟踪猎物。

不像冲动好斗的儿童，那些冷酷无情的儿童很少对消极的情绪词汇或悲伤的图片做出反应（Kimonis et al., 2006）。有趣的是，他们通常也较少看别人的眼睛区域（Dadds et al., 2006）。冷酷无情的儿童在面对恐惧时，几乎没有杏仁核反应，这与我们大多数人非常不同（Jones et al., 2009）。他们很少受到他人痛苦的影响（Lockwood et al., 2013），并且难以识别悲伤，但可以识别其他情绪，如快乐、厌恶或愤怒。

在这种冷漠的表现中，大脑前额叶区域和杏仁核之间的联系较少，与此相关联的是，感知恐惧信号的能力较差（Kiehl, 2006）。越是无所畏惧的儿童，随着年龄增长，其犯罪和心理变态行为的风险就越高。事实上，个体在婴儿时期的低自主性唤醒和缺乏恐惧可以预测其长大后的行为问题（Baker et al., 2013）。与我一起工作的许多受虐儿童都表现出高度的无畏与冲动性格，有时心血来潮就会偷窃或伤害他人。

尽管有基因研究，但早期创伤与精神变态和冷酷无情的特征之间有确定的联系。糟糕的早期依恋关系与冷酷无情的特质有关（Pasalich et al., 2012），例如，被有同理心的养父母收养的儿童可以渐渐去除这些特质（Waller et al., 2015）。事实上，创伤和忽视会影响类似的大脑区域（心理变态者与普通人呈现差异的区域），比如杏仁核、海马体，还有腹内侧前额叶皮层。虐待和缺乏早期母性照护，与冷酷无情和攻击性特质有明确的关联（Kimonis et al., 2012）。罗马尼亚孤儿院的纵向样本也在证实这一点，研究者在被领养的儿童身上发现了大量冷酷无情的特征，甚至被非常温暖和有爱心的家庭领养的儿童也一样（Kumsta et al., 2012），但被领养的儿童与那些留在孤儿院的儿童相比，这些特征要少得多（Humphreys et al., 2015）。细心的照料可以降低冷漠无情特质的风险，我们也知道，敏感细腻的养育会减少冷酷无情儿童的外化行为（Kochanska et al., 2013）。创伤和不良的依恋关系并不是全部，但它们确实发挥了重要作用。

情绪与理性

科尔伯格（Kohlberg, 1976）是最早的道德心理学家之一，他使用了一系列道德困境假设来了解儿童道德发展阶段的情况。最著名的可能是海因茨（Heinz）的案例：海因茨的妻子病入膏肓，她需要一种很贵的药，而且药剂师要收取让人无法支付的昂贵药费，获取丰厚的利润。海因茨想尽一切办法筹钱来支付治疗费用却没有成功。最终在绝望之下，他抢劫了药店来帮助他垂死的妻子。

心理学家对儿童道德观点背后的思维过程很感兴趣。例如，年幼的儿童可能会说，海因茨不应该偷药，因为他会被关进监狱，这就说明他是坏人；对他们来说，如果海因茨受到了惩罚，那么他一定是坏人。当儿童成熟一些，他们可能会说，海因茨不应该偷窃，因为法律不允许，而一个人应该遵守法律。能这样推理的儿童已经具有了"我们"的概念，"我们"也许代表一个社会，有共享的规范。更成熟一些的思维逻辑让我们开始思考人权等问题，也许海因茨本就有以合理价格购买药品的"权利"。再往后，更加成熟的推理可能会出现，比如救人是否比尊重药剂师的财产权更重要。心理学家认为，理想情况下，当人们能够进行这种复杂的道德辩论的时候，他们就具有了恰如其分的道德感。

海特（Haidt, 2012）等现代心理学家指出，科尔伯格和他的追随者们忽略了一件重要的事情，那就是，我们的道德选择更多的是由情绪和直觉，而不是理性所引导的。在一个典型的海特设定的场景中，有一对兄妹——马克和朱莉，正在国外度假旅行。他们独自在海边的小木屋里，觉得试着一起做爱可能很有趣。马克用了避孕套，朱莉吃了避孕药。他们享受做爱，但决定再也不做了，并对此保密。海特问我们，他们的行为是否错了？大多数人凭直觉说，是的。然而，当被问及原因时，他们很难为他们的观点给出合乎逻辑的理由。常见的理由，如出生缺陷的风险，在这里并不适用，因为这对兄妹做了谨慎的避孕措施。人们通常会说"这是非法的"或"这是令人厌恶的"。我们对这一行为的反感是一种强烈的情感。

达顿描述了一个经典的思维实验（Dutton, 2012）。一艘船撞上冰山后解体了。30 名幸存者挤上一艘只能承载 7 个人的救生艇，船长必须决定是否甩掉 23 个人。人们仅凭理性就可以断言，如果这些人不被推下水，他们反正也会死的。当每个人被问及我们是否会扔下 23 个人的时候，大多数人都会很挣扎，需要花大约 9 分钟来做决定。然而，对于没有同理心的精神变态者来说，这是一个"根本不用想""显而易见"的决定：他们应该被扔出去。精神变态者在 9 秒内就可以做出决定，而不是像我们大多数人那样度过焦虑不安的 9 分钟。

要做一个有道德的人，我们需要同时运用情绪和理性。我们可能过分依赖感性，比如偏爱我们喜欢的人，将他们的住房申请提到等候名单的前面（Prinz, 2011）。这就是为什么我们也依赖于法院或政府任命机构的"公正"判决。我们希望陪审团谨慎而理性地辩论，但也要心存正义。我们可以在道德问题上做出直觉的反应，有些时候这种本能反应是可信赖的，但有时也会为我们最初的强烈反应付出代价，如需要理性地重新评估（Feinberg, Willer, Antonenko, et al., 2012）。然而，许多受虐待的儿童两样都不能做好，既有可能情绪反应过度，如反应性攻击者；也有可能情绪反应不足，如冷血的主动攻击者。在理想情况下，我们大脑的理性和感性部分能够一起串联工作。

纳尔瓦兹（Narvaez, 2009）提出的"三位一体伦理（Triune Ethics）"理论，有趣地捕捉到我们大脑不同区域和道德功能之间的关系。这个理论使用了许多与本书中相似的观点。纳尔瓦兹认为，我们的道德感和亲社会性在很大程度上由早期经历决定。有些人将他们的功能基于一个防御的、压力诱导的系统，导致他们缺乏同理心；另一些人出自更"冷血"的心理状态；还有一些人来自更富有同情心、同理心和亲社会的立场。每一种类型都使用不同的心身系统和生物系统。她认为，进化得最晚的大脑前额叶区域与她所谓的"想象力伦理（Ethic of Imagination）"是有关的，例如，能够设想一系列的可能性，并且可以进行如科尔伯格所描述的复杂问题辩论。然而，纳尔瓦兹也表明，不同类型的人会以不同方式来利用这些能力，要么以一种更为理性（或者说更无情）的使用方式，要么以一种更富有同情心的使用方式，这取决于一个人的成长经历。

基因

有一些表观遗传预测因子可以预测我们对他人困境的开放程度，比如催产素的释放量。高水平的催产素与更多的信任、慷慨和善良有关（Zak, 2012）。我们已经看到早期充满压力的生活经历是如何导致催产素受体减少和催产素水平降低的（Heim et al., 2008; Opacka-Juffry and Mohiyeddini, 2011）。更高的催产素水平可以提高我们理解他人思想和感受的能力（Domes et al., 2007）。

然而，基因也在发挥作用。如第8章所述，催产素受体基因OOXTR有两个版本，A或G，分别从父母身上遗传下来，我们中任何一个人携带的基因都可能是AA、GG或AG。那些携带两个G的人似乎是最亲社会的。当观察者听23对谈情说爱的情侣在不到半分钟内的交谈的时候，他们总是说，那些携带两个G的听众总是显得更善良，更有同理心（Kogan et al., 2011）。

另一项研究发现，在感知威胁时，那些有两个G的人仍然是慈善和乐于助人的，而那些携带其他基因类型的人的亲社会程度则会降低（Poulin et al., 2012）。携带一种基因变体（精氨酸抗利尿激素受体1A基因的RS3变体）的学龄前儿童的利他性一直较低（Avinun et al., 2011）。

然而，我们知道后天经验会调整这种先天倾向。例如，我们已经发现，安全（而不是不安全）依恋的儿童，当他们拥有两种多巴胺受体基因中的一种时，他们会变得更慷慨（Bakermans-Kranenburg and van Ijzendoorn, 2011）。另一项研究发现，拥有两个G或AG组合的美国人，在遇到困难时更容易寻求社会支持，但是具有相同基因组合的韩国人受遗传因素的影响较小，在他们的文化中，寻求帮助是不太常见的（Kim et al., 2010）。另一项研究聚焦于母性功能并发现，新手妈妈身上的催产素基因和她自己接受的养育方式，这两者的结合可以预测她的母性功能（Mileva-Seitz et al., 2013）。基因和环境相互作用的研究再一次揭示，不同的经历会触发我们的基因的不同表达方式。基因虽然有影响，但也只能解释这么多。

发展出协作和竞争的能力

最近的研究表明，在鲍尔比所说的进化适应性环境里（主要体现在狩猎采集群体内），人类生活在小规模、有凝聚力、利他且有高度道德感的群体中。贝姆（Boehm, 2012）研究了几乎所有已知的狩猎采集族群的民族志报告，尤其是那些生活在人类开始定居之前的环境中的族群。他发现，无论气候条件或所在大陆板块是什么，都出现了相同的平等模式。利他行为、慷慨行为和群体合作行为均被赋予很高的价值，自私和懒惰则会受到惩罚。所有这些狩猎采集族群通过明确的道德规则来行使强大的社会控制，以保持合作平等的生活方式。

当然，侵略、战争和谋杀也是这种传统的一部分，这在一些好战的文化中表现得最为明显。与之类似，自私和贪婪盛行；但在被研究的狩猎采集社会中，自私和贪婪的倾向相对得到了压抑和控制，而利他和合作的人格特征更被提倡。贝姆和威尔森（Boehm and Wilson, 2012）等进化人类学家认为，有一个明确的规则，即自私的人在竞争中胜过利他的人，但利他主义的群体在竞争中胜过那些由自私的人组成的群体。我们可以用体育来类比。一个由一流的个人主义者组成的团队不太可能在团体比赛中获得成功。

赫尔迪（2009）也强调了人类以群体的方式来抚养后代，这与几乎所有其他灵长类动物都不同，因此合作养育非常重要。她认为，这导致了我们非凡的共情能力的发展，因此我们能够理解他人的想法，建立相互信任和发展亲社会倾向。合作养育的物种（包括狼、猫鼬和若干种鸟类，以及一些灵长类动物）亲社会的倾向更明显。

当然，这并不是说利他主义与平等主义的特征比自私、好斗或好胜的特征更接近或更远离人类本性，但它们是我们进化遗传的核心。狩猎采集生活基本上是平等合作的。当一个人的行为可能会被其他人注意到的时候，他就很难变得非常自私。在现代市场经济中，利他、慷慨或道德带来的优势可能正在减少，这样的社会环境偏好更符合自身利益的个人主义特征。

一种典型的、有助于促进社会凝聚力的进化特征是尴尬，凯尔特纳（Keltner，2009）认为，这是一种进化而来的用以确保社会秩序的机制。当感到尴尬时，我们会转过头去，而不是看着某人的眼睛，并处于"下风"。婴儿研究者雷迪（2008）甚至在4个月大的婴儿身上看到了害羞的表现。如果我们在社交中出丑、越界或违规，大多数人都会感到尴尬。

有些人比其他人表现出更少的尴尬，例如，凯尔特纳发现，被诊断出品行障碍或多动症的儿童，以及爱打架、欺负人或偷窃的男孩，比其他人感到的尴尬更少。虐待、家暴和忽视当然有可能会导致这种情况。当凯尔特纳给一群男孩做一项他们注定会失败的测试时，那些适应良好的男孩表现出尴尬；他们在意别人如何看待他们，所以想好好表现。然而，那些情绪调节能力较差的男孩则更多地表现出愤怒，比如威胁要退出。尴尬可能是我们对社会和道德秩序做出了承诺的标志。那些对群体规范缺乏承诺的人在狩猎采集的年代会陷入困境。

令人惊讶的是，流言蜚语似乎是另一种对社会有益的进化特征。当人们知道他们可能是别人议论的对象时，他们会表现得更公平，这样的变化在那些最不利他的人身上体现得最明显（Feinberg, Willer, Stellar, et al., 2012）。即使是幼儿也会这么做。在一个实验中（Vaish et al., 2011），几个3岁的儿童观看一个木偶画画。当这个木偶离开房间时，另一个角色摧毁了他的作品。当破坏发生时，这些3岁的儿童提出抗议，并且在那个被伤害的木偶回来的时候向他打小报告。事实上，我们可以看到，实验中的这些年幼的孩子也会积极地使用道德和规范的语言来督促那些不遵守群体规范的同伴（Schmidt and Tomasello, 2012）。

流言蜚语和尴尬是保证群体凝聚力和规范一致性的机制，抑制自私和不道德的行为，这些在狩猎采集生活中都是非常重要的。

他们和我们

许多研究表明，婴儿有所谓的融入群体（in-group）的偏好。11 个月大的婴儿更喜欢与自己在食物上有相同口味的人，甚至会期待他们比那些与自己口味不同的人更友善。诺瓦克和海菲尔德（Nowak and Highfield, 2011）以令人信服的方式论证了对群体的忠诚具有进化意义，鉴于强大、紧密、合作的团体对于生存是如此重要。

事实上，当我们看到一张熟悉的面孔或陌生的面孔时，我们大脑的不同区域会亮起来（Dawson et al., 2002）。16 个月大的婴儿在面对他们不确定的食物时，会选择他们认识的人喜欢的食物（Hamlin and Wynn, 2012）。比较令人担忧的是，9 个月大的婴儿偏爱那些善待自己群体里的人但对待"不属于自己群体"的人却很恶劣的人（Hamlin et al., 2013）。3 个月大的婴儿更喜欢与自己同种族的人（Kelly et al., 2007）。可见，偏见从生命早期就开始了。

令人不安的是，似乎连同情那些我们认为与自己不同的人都很困难。如果我们想要对与我们的世界观不同的人产生共情，我们甚至得使用大脑的不同部位（Mitchell et al., 2006）。当我们自己群体内的成员违反社会规则时，我们对他们也会比对待其他群体的人更加包容，我们会调用更多的心智化和共情的大脑回路（Baumgartner et al., 2012）。信任、慷慨和同理心通常伴随着更高的催产素水平，但这只是针对我们自己群体的成员，而且可能因此使我们对其他群体的人更加不慷慨（Everett et al., 2015）！即使是幼儿，虽然他们经常抗议他们所听到的不公，但却更多对本群体成员宽容，对外群体成员提出严厉处罚（Jordan et al., 2014）。正如我们之前看到的，人类有一种天生的、把世界分成"他们和我们"的倾向，即使这种归属感是基于最虚假的理由。去接触其他文化和群体的需要很容易因为归属感的需要而妥协，这是因为对群体的忠诚会提升一个人的自尊（Hewstone et al., 2002）。对不同种族、阶级或国籍的偏见是这种双刃剑倾向的极端例子。作为一个有着密切社会联系的群体物种，我们展现着人类最优秀也最恶劣的特质。

本章要点 >>>>>

- 从婴儿期开始，人就有善良、共情和慷慨的倾向。
- 我们所拥有的经历，尤其是早期的经历，会影响我们的共情能力、利他倾向和道德水平，以及我们能够在多大程度上参与社会团体和建立人际关系。
- 发展同理心和理解他人想法的能力是一个人至关重要的成就，没有这些，利他和善良慷慨就无从产生。
- 道德和利他主义的问题，需要从情绪和情感发展所起的关键作用的角度才能够更好地理解。
- 创伤、虐待和压力会导致许多亲社会特征的萎缩，导致冲动、缺乏恐惧和无法遵守社会规范。
- 当我们自我感觉良好时，我们更有可能变得慷慨和无私。
- 当我们帮助别人时，我们感觉更好。事实上，帮助别人不仅使我们感觉很好，也让我们更健康。
- 攻击性可以是一种热血的、反应性的表现，也可以是一种冷血的、主动的行为。
- 我们的亲社会倾向是人类在长期的狩猎采集生活中对紧密联系的群体的需要而产生的进化结果。
- 我们有一种融入群体的偏好，这可能导致我们对群体之外的人缺乏同理心和道德感。

第21章

结语：早期经历及其长期影响

本书旨在描述一些基本的东西，即人类的婴儿，以其所有尚待实现的潜力和可能的未来，是如何发展为某种特定类型的人的。本书的核心内容引用了大量的科学研究发现。近年来，这些研究在这个问题上已经向我们展现了越来越清晰的画面。任何一种人生，都意味着失去过另一种人生的机会，这产生于降生在某一个特定的家庭、特定的文化、历史时期和社会群体的机缘巧合，经历着独特的生命事件，再加上遗传因素的影响，共同构成了一个人的独特面貌。

我们必须问的一个重要问题是，早期经历对人生的后续影响有多少是不可避免的？随着时间的推移，又有多少变化是可能发生的？我们看到，儿童会受到早期经历的影响，但也能在过去的经验之上建立新的经验，培养新的期望，并且构建新的内在关系模型。在本书的最后一章，我们将回顾这其中的一些问题。

这本书的核心是理解我们的情感世界、大脑（Krugers and Joëls, 2014）和存在，是如何通过适应环境——最重要的是，通过适应我们早期的依恋对象——而形成的。安全依恋的核心作用是本书所始终强调的，包括情绪敏感性、情绪调谐（Stern, 1985）、将心比心（Meins et al., 2013）和心智化（Fonagy et al., 2004），或者说得更通俗一些，就是被关注、被留心、被在意和被理解。我们已经看到了这些早期关系的本质是如何影响我们对生活和人际关系的心理预期，以及影响我们的大脑和身体发育的。

　　在陌生情境测试中测量的依恋安全性，并不总能准确地预测一个人成年后的结果，但德国的格罗斯曼（2005）和美国明尼苏达州的斯鲁夫（2005）通过大量的纵向依恋研究，已经发现了明确的证据，证明了早期经验所具有的长期影响。我们可以看到这是如何发生的。例如，遭受家庭虐待的儿童，从很小的年纪开始就不太可能给予或接受照顾。早期无意识的关系模式会延续到未来。曾被虐待的儿童可能不会在他们的下一个环境中被虐待，比如在托儿所，但他们可能不知不觉中就会变得不那么受欢迎，或者比其他儿童更受冷落。这样的儿童可能很难安静地坐着或者集中注意力，他们可能会在学校里打架，变得不快乐，诸如此类的模式会一直延续到成年，除非得到有效的干预或者环境的改变。

　　如果一个孩子失去了一个慈祥的、有供养能力的父亲，或者来了一个暴虐的继父，那么他的环境改变了，他就得去适应。如果父母一方变得更敏感或更不敏感，那么孩子的依恋风格也会跟着改变（Belsky and Fearon, 2002）。早期的安全依恋似乎提供了一种用以应对日后的社会情感冲击的保护层。换句话说，一个15个月大、安全依恋的孩子相比于不安全依恋的孩子更有先发优势，但是如果他们在未来的2年、4年或10年内仍然保持着安全感和自信，那么他们多半是一直生活在一个有细心周到的父母陪伴的家庭里。一种显而易见的最佳情况是，有好的早期经历，伴随着后期的良好经历，当然同时还需要有合适的气质基础。

　　早期依恋会产生持续的影响这一观点的前提是，一个人的发展是对经历的反应，内部心理关系模型会成为以后的关系的模板。受虐待的儿童经常会把在其他儿童眼中看起来是比较善意的行为，理解成是有攻击意图的。这种基于程序记忆的无意识内部模型，要么会受到新的体验的挑战，要么会被相似的体验持续验证。一个人的内部模型总是反映着当前和早期经历的综合影响的结果。

　　斯鲁夫发现，一个人生活中的因素和片段越多地经过审视，他就越能理解他是如何成为现在的自己的。在早期依恋和后期的生活之间有明确的连续性（Fraley and Roisman, 2015），但这也受到许多因素的影响，如表观遗传因素（Raby et al., 2013）。一系列的后天影响可以改变人生轨迹，使其朝向一个方向或者另一个方向，比如我们向儿童的父母提供支持（Raby, Steele, et al., 2015），或者儿童遇到一个情感调谐的教师。也是部分地出于这个原因，我一直从生态的角度来描述人的发展（Bronfenbrenner, 2004），将个人、家庭、社区和社会因素，以及这些因素相互影响的方式纳入考量。我们认识到，在人的整个生命中有"一连串"的影响因素，并且存在不同程度的影响和许多可以进行干预的潜在时机。

早期经历的心理影响

近年来，我们已经了解了好的和坏的早期经历会对心理状态产生什么样的终生影响。往好的方面看，大量的研究表明，敏感细腻的早期照护可以预测一个人 30 年后的一系列发展结果，比如受教育程度、社交能力和浪漫关系质量（Raby, Roisman et al., 2015）。一项持续 32 年的研究（Olsson et al., 2013）显示：对一个人成年后的幸福感最好的预测指标，是他在童年和青春期的关系质量。许多研究都发现，成年后的经历并不会削弱早期经历的影响，就好像早期的照护和养育环境为整个"生命历程"设定了运行程序（Fraley and Roisman, 2015）。

遗憾的是，最深刻的印记都是由消极的经历留下的。事实上，心理上的虐待（而不是身体或性虐待）经常会留下最深刻的伤疤，产生最坏的长期后果，包括严重的精神疾病（Spinazzola et al., 2014）。例如，爱尔兰的一项大型研究发现，童年时期遭受过性虐待的人到 50 岁时，在职场上的表现普遍比其他人差很多（Barrett et al., 2014）。另一项英国的研究发现，有过多种不良童年经历（如被忽视或受到创伤）的人，更有可能遭受一系列问题的折磨，如酗酒、不良关系、进食障碍、未成年怀孕、吸毒和暴力（Bellis et al., 2014）。

早期的不良经历会在成年期引起一系列的困扰，从多动症（Fuller-Thomson et al., 2014）、睡眠障碍（Baiden et al., 2015）、精神疾病（Muenzenmaier et al., 2015）、酗酒（Strine et al., 2012）、肥胖（Suglia et al., 2012），到犯罪（Baglivio and Epps, 2015），不胜枚举。这些早期不良经历甚至不需要包括对儿童直接实施的虐待。只是看到令人担忧的行为，比如亲密伴侣之间的暴力（Holmes, 2013），就足以对儿童构成伤害。有过多次创伤经历的人，不仅成年后更容易患抑郁症等疾病，而且更不愿意接受治疗（Nanni et al., 2014）。

我们已经了解了早期的不良经历（如虐待）如何影响大脑的结构和功能（Teicher and Samson, 2016）。最常见的影响显现在成年期的海马体、前额叶皮层活动、胼胝体变小及边缘活动增多，尤其凸显的是杏仁核的变化（McCrory et al., 2011b）。不安全的依恋显然与较大的杏仁核体积相关（Moutsiana et al., 2015）；还有一些不那么明显的不良经历，如母亲抑郁，也被证明会对某些特定的大脑区域产生影响（Gilliam et al., 2014），有同样影响的还包括收容机构里的忽视及其他形式的忽视行为（Strathearn, 2011）。在前面的章节中，我们也了解了某些基因变体的遗传因素是如何增加或减少（但无法排除）虐待所产生的严重影响的（Nemeroff and Binder, 2014）。遭受虐待之类的经历，会开启或关闭人体一系列基因的表达，因此会对人产生深达基因水平的影响（Mehta et al., 2013）。

当然，这里谈的不仅仅是父母功能的问题，当儿童同时遭受虐待并且生活在暴力盛行的贫困社区时，我们会观察到"双重劣势（double disadvantage）"的现象（Cecil et al., 2014），即使安全依恋对于这类风险有预防效果（London et al., 2015）。社会背景极大地影响一个人的认知发展和受教育情况，继而影响其工作和其他前景（Bukodi et al., 2013）。在大脑发育、受教育程度和家庭收入之间已经发现了明确的关联（Noble et al., 2015）。儿童时期的贫困和与之相关的压力水平，对情绪调节能力、抑制性脑网络的发展（Kim et al., 2013）以及冒险倾向（Griskevicius et al., 2011）都有很大的影响。沉重的经济负担对任何成年人的养育能力都会带来巨大的压力（Hetling et al., 2014）。一个母亲所处的社会经济环境会影响她养育儿童的方式（Meunier et al., 2013）。这样的研究再一次提示我们，不仅需要对父母进行干预，还要在社区、社会层面进行干预，关注经济不平等和一系列其他层面的问题。

基本上，儿童经历的童年不良经历（ACE）越多，其发展结果就越糟糕，这一点在一项以17000多名美国人为调查对象的大型研究中得到了证实。例如，ACE的类型可能是情感忽视、性虐待、家人酗酒或父母入狱。一个人的ACE越多，就越有可能出现一系列精神健康问题和身体症状，包括心脏病、中风甚至癌症，以及过早的死亡。例如，与ACE得分为0的人相比，那些ACE得分为4分或以上的人，成为吸烟者的可能性是前者的2倍，尝试自杀的可能性是前者的12倍，酗酒的可能性是前者的7倍；而ACE得分在6分或以上的人，比起ACE得分为0的人，静脉注射吸毒的概率要高出4600%（Felitti and Anda, 2010）。

不良经历与身体健康

大量的研究表明，早期虐待对儿童成年后的身体健康、患严重疾病的可能性，以及因各种原因过早死亡的可能性都会产生严重的影响（Dube et al., 2003）。比较典型的情况是，童年期的身体虐待是罹患冠心病和2型糖尿病的重要预测指标（Midei et al., 2012）。心脏病、糖尿病和中风都属于代谢综合征类疾病，这些都与ACE有明显的相关性（Gilbert et al., 2015）。在一项持续7年的研究中，研究者发现，不良经历和很多问题都存在关联，比如体重、胆固醇水平、血压和空腹血糖水平等（Thomas and Johnson, 2008）。研究人员还发现，童年虐待和许多其他症状之间也有很强的相关性，如吸烟、缺乏体育活动、酗酒和中年抑郁。与此类似，儿童时期遭受性虐待的女性，心脏病发作的风险也会大幅增加（Rich-Edwards et al., 2012）。

许多研究在 ACE 和一系列与健康状况不佳有关的生物标志物（如慢性炎症）之间发现了关联（Levine et al., 2015）。正如我们从生命史理论（Hochberg and Belsky, 2013）得知的，糟糕的早期经历带来的更多压力和焦虑，会加速人体的新陈代谢，增加各种疾病的风险。例如，如果你小时候遭遇过霸凌，那么一直到成年，你患炎症的可能性都会大大增加（Copeland et al., 2014）。儿童时期的社会隔离也与更高的炎症水平以及成年后的精神和身体健康问题有关（Lacey et al., 2014）。疾病和早逝的最佳预测因素之一是较短的端粒——端粒位于每条 DNA 链末端，是保护染色体的盖子。糟糕的经历会使端粒缩短和磨损。较短的端粒长度与一系列生活压力源相关（Epel et al., 2004），特别是像家庭暴力这样的不良经历（Drury et al., 2014）。还有很多其他证据表明，端粒是如何受到不良经历的深刻影响的（S. H. Chen et al., 2014）。

总而言之，充满压力、创伤和不幸的童年，对儿童未来的健康状况有着巨大的负面影响。导致健康问题的生理过程几乎总是始于对困难境遇的适应性反应，例如：对暴力行为的警惕、紧张的身体反应、浅呼吸、血压升高、高皮质醇水平和免疫功能降低，等等。

哪些改变是可能的？

然而我们需要看到，改变仍是可能的，恰当的干预确实可以影响儿童的未来。早期经历过创伤或虐待但后来被收养的这种强干预形式，可以被视为日后经历可以改变儿童生命轨迹的一个比较生动的例子。研究者使用故事主干技术（Hodges et al., 2003a）对遭受创伤的儿童进行分析，发现他们的脑海中往往充满了灾难性的情景，不相信成年人是可以信任的，也不相信生活是有秩序的、常规的或有安全边界。他们在被收养时的故事内容往往充满了血腥、死亡和暴力，成年人都像儿童一样行为不成熟，人们全都生活在一个危险的世界里。一旦这些儿童被安全的家庭收养，改变也会很快发生，最快可以发生在被收养3个月之后。这些儿童发展出了新的叙事，他们的故事情景不再充满灾难性，开始呈现出更多的秩序和叙事结构，故事里的儿童可以依靠成年人来照顾他们。然而，旧的故事依然存在，他们仍然会继续依赖这个故事版本，尽管新的版本和旧的版本会一起发展。在这项研究中，成人依恋测试中被评估为安全自主型的父母——换句话说，就是那些有良好的处理情感能力的父母——领养的儿童表现最佳。这样的父母可以帮助儿童发展出自我反思功能或心智化功能，这是另一个贯穿本书的主题。

从小就被寄养的创伤儿童身上发生的依恋状态的变化，也让我们看到很多希望。多齐尔（Dozier, 2015）针对寄养儿童做了大量的研究工作，这些儿童通常来自有非常严重的创伤和虐待的环境。多齐尔惊讶地发现，在1岁之内被送去寄养的婴儿可以重新组织他们的依恋模式，来顺应他们新的照顾者。与"安全自主"型的照顾者在一起一段时间后，即使是原来经历过虐待的儿童也形成了安全依恋，并且他们的生理指标（如皮质醇水平）也发生了良性变化。英国的一项研究也发现，通过寄养生活的调整，一些受虐儿童的依恋关系也从不安全型转向了安全型（Joseph et al., 2014）。对儿童来说，被安置在对自己的心理状态很敏感的照护者那里，可以是一种改变命运的经历。在霍奇斯（Hodges）的研究样本中，不仅儿童的表征世界变得更美好和充满希望，而且他们被安置的现实环境也不太可能被破坏或遭遇严重困难。

在早期遭受虐待后被一个温暖有爱的家庭收养或代养，这样的经历算是比较戏剧化的干预方式，大多数儿童的经历比这个更普通。我们知道，有一系列的影响和因素都可能会改变儿童的生命轨迹，例如：母亲抑郁、遭遇经济危机、具有支持性的（或暴力的）继父的到来、进入一所很好或很差的学校，或者搬入一个非常不同的邻里社区。还有一些其他的重要影响因素，包括专业人员的工作，如教师、社会工作者或心理治疗师的工作，或者强有力的社区或社会干预。这本书的很多读者都将同儿童及其家庭一起工作，这些工作也将改变他们的人生轨迹。

越来越多的证据表明，早期干预可以对儿童的心理健康和社会适应能力产生积极的影响，并且其效果会持续到成年期。针对低收入高风险家庭的早期育儿干预项目（如启蒙者项目），遵从谨慎的随机样本选取原则，给我们带来了一些令人印象深刻的研究结果（Campbell et al., 2014）：与对照组相比，在生命早期得到帮助的儿童，在大约30年后更可能有稳定的工作、生育年龄更晚、有稳定的亲密关系，也不太可能需要社会援助。快速通道项目（Carré et al., 2014）旨在通过认知调整和社会情感支持来减少儿童的外化行为问题，这个项目实施10年之后，受到帮助的儿童的攻击性和睾丸激素反应都有所降低。上述这些只是一系列干预措施中的几个例子，大量的年幼儿童和他们的家庭从这些项目中获益。一项长期的跟踪调查发现，随机选中接受干预的弱势儿童在20年后的平均收入比对照组的人多25%（Gertler et al., 2014）。还有很多其他项目，如提前教育项目（Walters, 2014）和家庭基金（Family Foundations）项目（Solmeyer et al., 2014），也已经显示出明显的效果。

成功的社区干预包括多个层面的系统干预。对有严重的犯罪风险的青少年进行的干预，在25年后不仅让得到帮助的儿童走上了更好的道路，而且他们的兄弟姐妹也走向了正轨（Wagner et al., 2014）。

本书的研究强调了父母的情绪敏感性，特别是将心比心和心智化能力，在儿童形成安全依恋的过程中发挥的核心作用。很多心理治疗方法都以这项能力的提升为主要目标，例如一些聚焦于母亲－孩子二元关系的视频干预工作（Juffer et al., 2008）和父母－婴儿心理治疗（Salomonsson, 2014），而且这些干预通常也都是成功的，随着父母学着对儿童的心理状态更敏感，儿童的依恋状况也会得到改善。这样的干预对那些因为社会经济状况或者婴儿自身气质等原因陷于困难的母亲来说，尤其有价值。在一项以依恋为基础的研究中，在对照组那些没有接受帮助的参与者里，78%的人的孩子在一年后被归类为不安全型依恋；与之相对，接受了帮助的参与者中这个比例只有38%（Powell et al., 2013）。母亲们在专业人员的帮助下变得更加体贴，更有能力回应孩子，能够读懂孩子的情绪信号，这样她们的孩子的依恋模式才有可能发生真正的改变。

默里的产后抑郁干预项目也取得了类似的成功。结果显示，没有接受干预的儿童会比接受干预的儿童变得更加被动，缺乏自主意识，更有可能在8岁时表现出品行障碍，在15岁时女孩出现抑郁的可能性超过平均值（Murray et al., 2014）。

现在也有一系列令人印象深刻的、关于不同形式的育儿干预项目所带来的影响的研究，例如韦伯斯特－斯特拉顿（Webster-Stratton）项目（Webster-Stratton et al., 2004）和积极育儿项目（Positive Parenting Program, Triple P; Kleefman et al., 2014）。这些发现可以抵消一些对早期经历负面影响的悲观看法。许多这样的干预是面向家庭和学校设置的（MacArthur et al., 2012），即使在那些最严重的案例（如儿童或青少年犯罪）中，我们也看到了儿童向更好的方向发展的迹象（Woolfenden et al., 2003）。

在儿童精神健康领域，我们已经看到，越来越多的证据表明，干预会带来积极的变化。我在这里不具体涉及哪些方法适用于哪些问题，因为很多相关领域的专家——如卡兹丁和韦茨（Kazdin and Weisz, 2009），还有福纳吉及其同事（2014）——都已经有过深入的阐释。例如，我们知道，严重的品行障碍和对抗行为，可以通过父母培训的形式成功地治疗；青少年抑郁可以通过人际心理治疗有效地予以干预；认知行为疗法（cognitive-behavioural therapy, CBT）可以有效地解决一系列问题，如焦虑障碍和强迫症症状（Fuggle et al., 2012; Wolpert et al., 2006）；精神分析和系统治疗也被发现对抑郁症非常有效（Trowell et al., 2007; Midgley et al., 2013）。

这些发现带来了很大的希望，但我们也要在争论哪种治疗方法更有效的时候保持一定的谨慎态度。有一些其他的因素会不可避免地影响甚至改变结果。有许多已经使用的治疗方法尚未得到证据支持，还有其他像正念这样的方法已经在成年人身上做了大量的研究，但是还没有足够多针对儿童的研究，即使可见的前景是光明的（Weare, 2013）。此外，某些疗法（如CBT）可能特别适合公认的研究范式，如**随机对照试验**（randomised control trials, RCTs），所以CBT研究者一直很擅长获得研究经费。另外一些治疗方法，如精神分析和系统疗法，还没有通过随机对照试验进行过广泛的研究，但仍有越来越多的证据基础（Abbass, 2015; Kennedy, 2004）。所以，没有从随机对照试验中收集的证据并不意味着治疗无效。

令人担忧的是，在实验性临床试验中获得的良好治疗效果，很难在普通的临床设置（也就是大多数人所能获得的临床治疗）中得到复制。这背后的部分原因可能是，研究试验发起人那样的热情和信念无法轻易地迁移到日常临床工作中。从这里我们也能看到一个事实，那就是，对治疗的信念肯定会影响治疗结果（Beutler, 2009）。此外，在诊所里，医生越来越多地根据精神病学分类系统（如*DSM*或ICD[1]）来诊断儿童的病症，据此安排的治疗方案实际上可能并不适用。这种现象在受虐待的儿童身上尤为明显，他们经常被误诊为多动症或孤独症谱系障碍（DeJong, 2010; Music, 2011），然而事实上，他们的缺乏同理心或过度反应往往是创伤经历造成的。另外，大多数研究试验都是把患有某种单一障碍（如焦虑或抑郁）的儿童进行对比，然而在实际的医疗实践中，从业者很少

1　International Classification of Diseases（国际疾病分类）的缩写。——译者注

见到只患有一种可治疗的障碍的儿童。事实上，前来求助的儿童都是存在一系列问题的，这种现象被称为共病（comorbidity），于是这些儿童甚至可能都不会成为研究试验的对象。

也许更重要的是，有越来越多的证据表明，除治疗方法之外，还有其他一些因素也在影响结果（Wampold and Wampold, 2015）。有证据表明，来访者和治疗师组成的治疗联盟（therapeutic alliance）的质量，比治疗师所使用的治疗方法对治疗效果的影响更大（Green et al., 2013）。换句话说，当患有同样疾病的儿童或青少年接受不同的治疗方案时，如果治疗师和他们之间的治疗联盟是良好的，那么他们就更可能会好转，不论治疗师采用哪种治疗方法。此外，结果还显示，来访者是否喜欢治疗师对治疗效果影响不大，但治疗师的技术水平对治疗效果有可观的影响（Scott, 2008）。事实上，好的治疗师似乎有一些共同的特点（Lambert, 2005; Wampold and Wampold, 2015），其中包括：能够与来访者结成良好的联盟、稳定一致、对好转抱有希望和期待，以及良好的技能。人际关系因素，比如治疗师的类型和来访者的类型，往往对治疗的结果有较大的影响。当然，一个好的治疗师仍然需要使用有效的治疗手段（Laska et al., 2014）。

从本书一直论述的主题来看，上述这些就很好理解了。父母的心态和技巧，以及他们如何与儿童互动，就像专业人士（如治疗师、教师或社会工作者）的态度和能力一样，都会对结果产生很大的影响。

如上所述，干预可以在不同的层面上进行，并且会产生不同的效果，这取决于多种因素，比如介入的地方（儿童、家庭、学校系统等）、介入的时机、儿童的个人因素、治疗师的技能、干预的质量，还有许多其他因素。举个例子，为抑郁的母亲提供支持性团体或育儿支持项目的帮助，与母亲、夫妻、整个家庭或儿童进行的心理治疗，又或者社区干预，以上任何一种干预方式都可能带来儿童的好转。心理治疗不仅有助于治疗母亲的抑郁症，更重要的是，接受抑郁症治疗的母亲的孩子会比未接受治疗的母亲的孩子得到更多的改善（Wickramaratne et al., 2011）。因此，减轻母亲的抑郁会间接地帮助她的孩子，即使孩子自己没有直接得到治疗。儿童的生活也可以通过环境因素的变化而发生巨变，这些环境因素可能包括贫困或社会经济状况的变化，以及社会照顾方案的实施。值得庆幸的是，现在有很多干预措施和多层面的干预方案，可以帮助困境中的儿童改变生活轨迹，给更好的未来注入希望，我们唯一需要做的就是坚定不移地以此为目标，并且持续地投入行动。

结论

近年来，我们已经了解了大量关于儿童发展的研究。虽然我尽量避免太个人化的判断和观点，但是我相信有一点是很难否认的，那就是：有太多的儿童经历了并不理想的情感体验。近年来英国和美国等国家所面临的精神健康状况日益恶化，这也让我们很难不去担忧。

如果我们认为这只是一个心理学范畴的问题，那么这就太天真了。大量来源众多的证据显示，在整个西方社会中，乃至整个世界范围内，人们精神健康的状况存在很大的差异，这些差异很大程度上反映了不同的社会组织方式的差异。一个共性的观察是，社会的收入差距越大，那么社会中位于顶层的人，以及（尤其是）位于底层的人的心理健康状况就越差。大型全球样本的流行病学研究（Wilkinson and Pickett, 2009; Barlow et al., 2014）揭示，一个社会越不平等，越崇尚个人主义文化，人们的平均身体和心理健康状况就越差，总体预后也更加不理想。似乎社会不平等程度越高，总体上的信任水平就越低（Uslaner, 2008），社区生活也就越弱（Putnam, 2000）。事实上，随着收入差距的扩大，富人似乎变得不那么关心穷人了（Nishi et al., 2015; Piff et al., 2010）。社会支持系统在这样的社会中也不怎么发挥作用，由于这个原因，社区可能变得更加暴力，家庭凝聚力减弱，其结果可能是全面的恶化。许多人认为，日益增长的消费主义文化正在助长这一趋势（Gerhardt, 2010; Music, 2014b），我们也看到物质主义倾向更强的人，精神健康状况也较差（Kasser, 2003）。

因此，不要简单地认为只有心理援助才能起到改善儿童心理健康的作用。国际流行病学的证据表明，心理健康问题的原因在很大程度上取决于更宏大、更广泛的因素。直接解决心理问题当然很重要，但解决社会问题同样重要，两者缺一不可。一项研究聚焦于母亲抑郁和经济贫困，探究了这两个因素对儿童发展结果的综合和单独影响（Kiernan and Huerta, 2008）。研究发现，当母亲抑郁和经济贫困这两个因素同时存在时，儿童的认知能力和情感发展会受到影响，然而当只有单一因素存在时，结果却不是这样。虽然贫困的影响很大，但父母的养育也对儿童的生活产生很大的影响。如前所述，我们可以在系统中的若干个层面上进行干预。

一些新的研究进展带来了令人兴奋的可能性，其中之一是，我们可以做到把儿童的个人经历和更宏观的整体人口数据联系起来进行研究。在微观层面上，我们对儿童如何体验世界有了很多了解。我们已经看到了儿童在应对压力和痛苦的情境时会建立哪些防御机制，例如转向自身，在没有成年人照顾的情况下自我安抚。通过研究儿童的故事主干，以及通过心理治疗工作，我们现在可以理解，对于有些儿童来说，世界感觉起来是多么不安全。例如，我们从功能性磁共振成像扫描中看到了恐惧是如何影响大脑的，如刺激杏仁核变得更活跃，以及处在压力下的儿童会有更高的基线皮质醇水平。同样，我们也了解了不同的家庭氛围和父母教养方式如何影响儿童，还有不同的社区、不同的文化信仰以及不同的社会和经济组织方式是如何对儿童的成长产生影响的。

我们也能更好地解释我们的研究发现。我们需要时刻警惕，不要混淆提示风险的因素（例如，过去人们所说的"破碎家庭"）和实际上真正导致风险的因素（可能更多地与家庭不和、社区暴力或贫困有关，而不仅仅是父母离异的事实）。我们已经知道，既要考虑可能影响儿童的直接因素，如父母的抑郁，也要考虑那些更远端的因素，如贫穷和不平等，这些因素使养育子女更加困难，也增加了父母患精神疾病的可能性。意识到社会和文化因素的影响作用，也有助于我们将"谁该为此负责"的问题从研究中剔除，尤其是对母亲的指责。父母会影响他们的孩子，但通常是出于他们无法控制的原因，如暴力的邻居或施虐的伴侣。同样，父母和子女之间的影响也不是单向的，子女也会影响父母。近端和远端影响之间的关系还有待进一步的了解。另外，关于基因、环境和表观遗传效应之间的关系，还有很多有待发现的地方。

有趣的是，沃纳和史密斯（Werner and Smith, 1992）的经典研究发现，决定一个孩子童年时期的心理弹性的关键因素是，这个孩子在两岁时有多"可爱（loveable）"。这个惊人的结论与很多其他类似的研究结论一样，需要大量的分析和理解。"可爱性（loveability）"可能与儿童与生俱来的气质有关，或者与儿童在此之前被爱和享受被爱的程度有关，或者与父母将心比心的能力有关，这些反过来又会受到更远端的社会因素的影响。不过，这一发现确实让我们回到了一个事实，即所有这些研究，无论是微观的还是宏观的，都涉及儿童的切身经历和感受，比如被爱和被关心的感受。

任何人都不能被简化为他们所受到的影响的总和，即使这样的综合分析是可以做到的。虽然这本书的目标是理解一般性原则和更广泛的外部因素，但最终它试图描述的是真实的生活，以及以多种方式思考着、感受着、回应着、适应着和体验着世界的人们。要了解每个儿童的发展轨迹，不仅要了解他们的行为，还要了解他们的生理、心理和情感状态，以及一个整体的人是如何与环境互动和做出反应的。在个体层面上，这意味着意识到每个人都是一个活跃的主体。每当个体进入任何新的时刻，他都受到其当前外部环境的限制，也受到其历史、预设的期望以及自身的一套情感和生物的能力的限制。然而，下一个时刻总是会带来新的可能性，尽管人们已经有了固有模式，这些模式仍可以被新经验、新环境和新机会所确认或挑战。维克多·弗兰克尔（Viktor Frankl）曾说过一句著名的话："在刺激和反应之间有一个空间，那个空间里存在着选择的力量。我们所选择的反应方式决定了我们的成长和自由。"而在儿童的生活中，成年人的选择会给儿童带来自由和成长。

在过去的几十年里，我们对儿童发展过程的理解进入了一个非常激动人心的时期。未来的几十年有望同样具有革命性，许多临床工作者和研究人员热切期待着新的发现。我们可以百分之百确定的，也是研究成果已经清晰地显示的是：虽然气质和基因也发挥一定的作用，但一个人得到的养育和童年的烙印，对他的一生有着巨大的影响，当然有些儿童比其他儿童更容易"被影响"。这本书抛砖引玉，想要说明的是，我们所创造的社会，我们为儿童和家庭提供的支持和帮助，将对后代产生重大影响。

术语表

Adult Attachment Interview（AAI）/ 成人依恋访谈：通过分析成年人对其童年的叙述，对其依恋风格进行测量的一种方法。

affectional bonds / 情感纽带：随着时间而形成的情绪纽带，如母亲或其他照护者与孩子之间的纽带。

afferent / 传入性：用来描述神经的走向，例如信息的沟通是从肠道传到大脑，而不是反过来。

allele / 等位基因：一种基因形式的变体，人类的某一基因通常存在两种变体。

alloparent / 替代父母：非亲生父母的照护者（allo 意为其他）。

ambivalent attachment / 矛盾型依恋：一种依恋方式，表现出较多黏人的行为，通常与不一致的养育方式有关。

amygdala / 杏仁核：左、右半球的杏仁状脑区，它是情感和情绪记忆的中心。

androgen / 雄性激素：男性的性激素。

attachment disorder / 依恋障碍：见反应性依恋障碍。

attunement / 同调：与他人的情绪状态协调一致。

avoidant attachment / 回避型依恋：一种依恋方式，形成这种依恋的儿童似乎并不关心他们的照护者是否在附近，这与更为"冷漠"的养育方式有关。

borderline personality disorder / 边缘型人格障碍：一种精神病学诊

断,这类个体具有不稳定的关系模式,缺乏明确的自我感,且情绪多变。

brain stem / 脑干:在进化上古老的大脑结构,人类与其他生物共有,是意识的关键。

callous-unemotional / 冷酷无情:缺乏共情和悔意的儿童,他们在情感上显得冷酷无情,并以精神病态的方式行事。

cerebellum / 小脑:在运动控制和决策中发挥重要作用的大脑结构。

conditioning / 条件作用:在条件作用中,个体学会将一种刺激(如铃声)与另一种刺激(如流口水,因为食物即将到来)联系起来。

containment / 涵容:比昂的一个术语,描述的是母亲或治疗师如何处理婴儿的情绪体验并使其变得可被理解。

contingency / 偶联性:对一个事件或行为可能导致或引起另一个可预测的事件或行为的期望。

corpus callosum / 胼胝体:连接大脑左右半球的一束神经细胞。

cortisol / 皮质醇:最著名的压力激素,由肾上腺产生。

deactivating / 去激活:一种依恋策略,即不寻求依恋对象、关闭情感需求、抑制情绪感受和表达。

declarative memory / 陈述性记忆:有时被称为外显记忆,是一种对事实的长期记忆形式,如对日期的记忆。

default mode network(DMN)/ 默认模式网络:一组大脑区域,只有在大脑不参与任何有意图的任务时才会启动,也就是说,当执行注意网络开启时,它就会关闭。

defence / 防御:保护自我的一种方式,让自我不受可能引发巨大焦虑或难以忍受的体验的影响。

deferred imitation / 延迟模仿:模仿某个之前看到过的动作的能力。

developmental trauma / 发展性创伤:早期生活的累积性创伤,对人格有着长期的影响,被视为遭受过虐待的儿童和成年人的潜在替代诊断。

disorganised attachment / 混乱型依恋：一种依恋风格，形成这种依恋的儿童与主要照护者在一起的体验是恐惧的，他们或是放弃了发展连贯的应对策略，或是变得过度警惕。

dispositional representations / 性情表征：一种神经通路，根据过去和当前的经验对某种情况赋予意义，类似于内部工作模式或互动的概括性表征。

dissociation / 解离：心智的分裂，使某些方面的体验被"切断"；常见于创伤中。

dopamine / 多巴胺：一种神经递质，与奖励系统和积极情感关系密切。

Duchenne smile / 杜彻尼微笑：一种真正幸福的微笑，会用到眼睛和嘴部的肌肉。

environment of evolutionary adaptedness（EEA）/ 进化适应性环境：人类随进化而适应的环境，人类的许多进化是在这样的环境中发生的。

egocentric / 自我中心：一种文化信仰，认为个人主义和自主性应该得到高度重视。也指皮亚杰的理论中非常早期的思维阶段，这时儿童还听不见他人的观点。

entrainment / 同步性：婴儿的动作和节奏与父母同步的过程。

epigenetics / 表观遗传学：研究遗传特征如何被特定的经验所开启和关闭的一门学科。

episodic memory / 情景记忆：储存起来的个人经验，通常与特定的人或场所有关。

epistemic trust / 认识性信任：这种信任让社会和情绪学习成为可能，见于安全依恋中。

Executive Attentional Network（EAN）/ 执行注意网络：参与主动注意的大脑网络。

executive functioning / 执行功能：它描述了一系列能力，如分析情况、计划活动和保持注意力以完成任务的能力。

experience dependent / 经验依赖：在特定经验基础上发生的发展和变化，如大脑中的发展和变化。

experience expectant / 经验预期：人类生来就期待发生的经验，如来自成人的照护，或有人与自己说话。

explicit memory / 外显记忆：对事实的记忆，如对日期的记忆（参见陈述性记忆）。

externalising / 外化：由于不良经历而产生的行为，如戏剧性的付诸行动、行为问题、暴力与品行问题，更常见于男孩，与内化障碍相对。

flashbulb memory / 闪光灯记忆：在唤起情绪的事件之后储存的记忆（例如，听到一个名人的死亡时自己正在做什么）。

genome / 基因组：生物体的遗传物质，例如构成人类的基因。

genotype / 基因型：个体的基因集合及其表达方式。

glia / 胶质细胞：一种脑细胞，它比人们之前认为的重要得多，而且其数量比神经元更多。

habituation / 习惯化：适应新的、令人兴奋或令人担忧的刺激的过程。

hippocampus / 海马体：记忆的核心脑区。

hypothalamic-pituitary-adrenal（HPA）axis/ 下丘脑—垂体—肾上腺轴：通过下丘脑、垂体和肾上腺，对身体的压力系统进行调节。

hyperactivated / 过度活跃：在依恋理论中，表现出非常警觉、焦虑不安的行为和心理状态。

hypothalamus / 下丘脑：负责合成体内许多激素的脑区。

infant-directed speech（IDS）/ 儿向语：见妈妈语。

infantile amnesia/ 婴儿期遗忘：指人类没有或很少保留关于婴儿期的陈述性记忆。

internalising / 内化：对不利环境的反应，其表现指向内部，如抑郁、自伤或进食障碍。更常见于女孩，通常与外化障碍相对。

internal working model / 内部工作模型：一种基于以往经验的心理模型，使人能够预测关系中可能发生的事。

interoception / 内感受：对自己的身体感觉和状态的感受。

intersubjective，intersubjectivity / 主体间，主体间性：两个或更多的人之间主体状态的交互。

joint attention / 联合注意：通过手势或指向，与他人分享自己对某一事件或客体的体验。

limbic system / 边缘系统：一组大脑网络，其最为人所知的作用是作为情绪生活的核心。

marking / 标记：夸张地表现出对他人心理状态或感受的同调。

medial orbitofrontal cortex / 内侧眶额叶皮层：额叶中的脑区，它是决策的核心。

mentalization / 心智化：对自己和他人的体验进行反思的能力。

methylation (and demethylation) / 甲基化（和去甲基化）：调节基因表达的过程。

mindfulness / 正念：一种觉察自己的心理过程的能力，通常可以通过冥想练习来培养。

mind-mindedness / 将心比心：母亲与婴儿的心理和心智状态产生联系并以此为参照的能力。

mirroring / 镜映：将他人的心理或情绪状态反映给他们。

mirror neuron / 镜像神经元：在人类和其他动物中发现的神经元，当一个动物行动或观察到另一个动物的行动时，镜像神经元会被激活。

motherese / 妈妈语：世界上大多数成年人会对婴儿采用的一种说话方式，通常也称为父母语或儿向语。

myelination / 髓鞘：包裹神经细胞的白色绝缘鞘，它让沟通变得更迅速。

neuroception / 神经感知：神经系统从外部环境中接收到的信号，比如一个情况是否安全。

neuron / 神经元：大脑中的基本细胞，通过轴突和树突连接向其他神经元发送信息。

neurotransmitter / 神经递质：一种在神经细胞之间传递信息的化学物质。

neurotypical / 神经典型性：具有典型的表现，而不是非典型的表现，通常用于与孤独症谱系形成对比。

oxytocin / 催产素：一种与人和人之间的良好感觉关系密切的激素，尤其见于成对结合的物种中。

parasympathetic nervous system / 副交感神经系统：能减缓心率、降低血压，尤其是在对创伤的反应中。

peer review / 同行评审：一种学术成果审查程序，同行评审文章是由特定领域内的专业人员匿名评审后被接受发表的学术成果。

phenotype / 表现型：生物体呈现出的可观察的特征，与基因型相对。

pheromone / 信息素：一种用于交流的气味化学物质，具有吸引异性的作用。

post-traumatic growth / 创伤后成长：人们在创伤后变得更加强大并得到发展，有时也被称为变革型成长。

priming / 启动效应：由于之前接触了特定的刺激而有了以某种方式行事的倾向。

procedural memory / 程序性记忆：最基本的记忆形式，学习"如何"做某事，如骑自行车。

projection / 投射：在另一个人身上看到的，其实是属于自己的东西（例如把愤怒归因于伴侣，其实是自己生气了）。

prolactin / 催乳素：一种刺激产后乳汁分泌的激素，同时也和对孩子的保护性情感有关。

proto-conversation / 原初对话：婴儿与照护者之间最早的、前言语的交流形式。

proto-declarative pointing / 原初叙述指向：指向某物的目的是引起别人对某物的注意，特别是分享对它的兴趣。

proto-imperative pointing / 原初要求指向：指向某物是因为想要得到它。

post-traumatic stress disorder（PTSD）/ 创伤后应激障碍：一种精神病学诊断，描述的是个体在经历创伤后出现的一系列症状，包括噩梦、闪回、高度焦虑和其他情绪困扰。

qualitative research / 定性研究：基于非数值数据的研究，通常依赖于解释研究对象的想法或思想。

quantitative research / 定量研究：基于统计或数值形式的研究，通常以图表和数学的方式来呈现。

reactive attachment disorder (RAD) / 反应性依恋障碍：一种精神病学分类，指的是由于严重的早期忽视，导致儿童与照护者形成依恋关系的能力受到影响。

reflective self-functioning / 反思性自我功能：反思自己的想法和感受的能力。

resilience / 心理弹性：较少受不利环境影响，或者可以相对完好地从不利环境中恢复的能力。

representations of interactions generalised（RIGS）/ 互动的概括性表征：对互动的表征，被概括化为关系可能如何发展的预期。

scaffolding / 支架式教学：布鲁纳（Bruner）有关促进学习的观点，即在之前的学习基础上重温原有的知识来加强学习。

secondary intersubjectivity / 次级主体间性：在大约 9 个月大时，婴儿可以分享对另一个物体的感知，这在社会参照、联合注意和原初叙述指向中可以看到。

second-skin defence / 次级皮肤的防御：精神分析术语，表示婴儿通过

"自我抱持"以防御焦虑，如通过肌肉运动或抓紧物体。

serotonin / 血清素：一种神经递质，与积极的感受关系密切。

social capital / 社会资本：一个来自经济学的比喻，表示个体积累的社会能力和优势，在各种情况下能够发挥作用。

social referencing / 社会参照：使用非言语线索来判断他人是否认可。

sociocentric / 社会中心：一种重视亲社会的价值观的文化，把社会团体的需求放在个人需求之前。

Strange Situation Test / 陌生情境测验：一种依恋程序，测试 1 岁左右的婴儿与照护者分离时的反应。

stress / 压力：对变化的环境的生理和心理反应，通常与焦虑有关，也与压力激素皮质醇的释放有关。

symbolism / 象征性：通过符号来代表其他事物。

sympathetic nervous system / 交感神经系统：负责对危险的唤醒反应，如心跳加快、血压升高和浅呼吸增加。

telomere / 端粒：位于每条 DNA 链末端、保护染色体的盖子。端粒短是不健康的标志。

temperament / 气质：以某种方式做出反应的倾向，至少部分是遗传的。

testosterone / 睾酮：一种激素，在男性中更常见，它与性欲和攻击性水平有关，同时还能调节其他身体功能。

thalamus / 丘脑：感官知觉的中心，将信息传递给大脑皮层等脑区。

theory of mind / 心智理论：理解和推断他人的心智、心理状态和感受的能力，通常在 4 岁前得到充分发展。

transgender / 跨性别者：性别与其天生的性别相反的人，或者那些不符合二分的男性 / 女性分类的人。

transsexual / 变性者：正在改变或已经改变其天生性别（有时是通过外科手术）的人。

vagal tone / 迷走神经张力：自主神经系统的一种健康指数，与迷走神经有关，通过心率变异性测量。

vasopressin / 加压素：一种具有多种功能的激素，它与爱的感觉有关，在性活动后会增多。

wet nurse / 乳母：受雇为另一位母亲的孩子喂奶的妇女。

zone of proximal development / 最近发展区：维果斯基提出的概念，它描述的是，如何促进能够独立掌握某个水平的学习的儿童进行下一个水平的学习。

参考文献 *

Abbass, A. (2015) *Reaching Through Resistance: Advanced Psychotherapy Techniques*. Kansas City, MO: Seven Leaves Press.

Abraham, E. et al. (2014) Father's brain is sensitive to childcare experiences. *Proceedings of the National Academy of Sciences*. 111 (27), 9792–9797.

Abu-Akel, A. et al. (2015) Oxytocin increases empathy to pain when adopting the other-but not the self-perspective. *Social Neuroscience*. 10 (1), 7–15.

Adam, K. S. et al. (1995) 'Attachment organization and vulnerability to loss, separation, and abuse in disturbed adolescents', in S. Goldberg et al. (eds.) *Attachment theory: Social, Developmental, and Clinical Perspectives*. London: Routledge. pp. 309–341.

Adams, Jimi & Light, R. (2015) Scientific consensus, the law, and same sex parenting outcomes. *Social Science Research*. 53, 300–310.

Adelman, A. J. (2014) Review of resilience: the science of mastering life's greatest challenges. *Journal of the American Psychoanalytic Association*. 62 (2), 377–384.

Adler, J. M. & Hershfield, H. E. (2012) Mixed emotional experience is associated with and precedes improvements in psychological well-being. *PloS ONE*.

---

* 为了环保，也为了节省您的购书开支，本书参考文献不在此一一列出。如果您需要完整的参考文献，请通过电子邮箱1012305542@qq.com联系下载，或者登录www.wqedu.com/download下载。您在下载中遇到问题，可拨打010-65181109咨询。